知识产权金融创新与实践
南京江北新区模式

主　编◎聂永军　于立彪　陈　庆

副主编◎李小春　董朝岚　杨　倩　彭绘羽　胡　伟

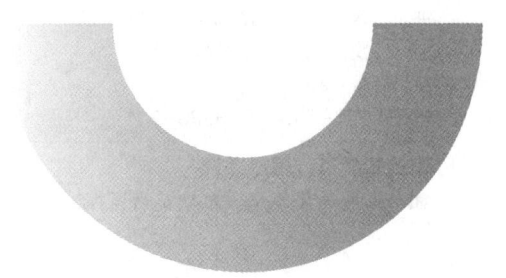

图书在版编目（CIP）数据

知识产权金融创新与实践：南京江北新区模式/聂永军，于立彪，陈庆主编. —北京：知识产权出版社，2022.10

ISBN 978-7-5130-8336-2

Ⅰ.①知… Ⅱ.①聂… ②于… ③陈… Ⅲ.①知识产权—金融改革—研究—南京 Ⅳ.①D927.531.340.4

中国版本图书馆 CIP 数据核字（2022）第 159453 号

内容提要

本书在对我国知识产权创新发展顶层生态、知识产权保护体系及知识产权金融政策法规体系系统梳理的基础上，全面地介绍了南京江北新区知识产权金融工作，不仅点明了南京江北新区知识产权金融工作蓬勃发展的顶层设计和政策因素，还聚焦在具体创新产品上详细揭示南京江北新区在解决知识产权评估难、授信难、风控难的问题中的宝贵经验，最后从国内外知识产权金融发展的大视角，对南京江北新区的知识产权金融工作的未来做了展望，提出了未来的工作建议。为了提升本书的学术价值，在其中加入了专题访谈，邀请了多位知识产权、金融、企业等各界专家学者、实务精英从政府管理、企业发展、金融创新等多个角度分享观点、介绍经验。

本书的读者对象广泛，包括从事知识产权转移转化工作、知识产权金融工作或致力于通过金融方式提升知识产权价值的读者，政府知识产权政策制定部门人员、知识产权管理部门人员、知识产权研发人员、金融从业人员，以及社会公众等。

责任编辑：张利萍　　　　　　责任校对：王　岩
封面设计：杨杨工作室·张冀　　责任印制：刘译文

知识产权金融创新与实践
——南京江北新区模式

主　编　聂永军　于立彪　陈　庆
副主编　李小春　董朝岚　杨　倩　彭绘羽　胡　伟

出版发行：	知识产权出版社 有限责任公司	网　　址：	http://www.ipph.cn
社　　址：	北京市海淀区气象路 50 号院	邮　　编：	100081
责编电话：	010-82000860 转 8387	责编邮箱：	65109211@qq.com
发行电话：	010-82000860 转 8101/8102	发行传真：	010-82000893/82005070/82000270
印　　刷：	三河市国英印务有限公司	经　　销：	新华书店、各大网上书店及相关专业书店
开　　本：	720mm×1000mm　1/16	印　　张：	15.25
版　　次：	2022 年 10 月第 1 版	印　　次：	2022 年 10 月第 1 次印刷
字　　数：	270 千字	定　　价：	89.00 元

ISBN 978-7-5130-8336-2

出版权专有　侵权必究
如有印装质量问题，本社负责调换。

编审委员会

主　编	聂永军	于立彪	陈　庆
副主编	李小春	董朝岚	杨　倩
	彭绘羽	胡　伟	
编　委	仇菁源	张　敏	陈　超
	曹　莉	刘思其	杨学伟
	战　虹	陈　伟	

序

  我国知识产权金融事业经过了前期探索和发展，我认为还是比较新的事物。一是学术界尚未形成知识产权金融的完备理论，对知识产权金融促进经济增长和转型升级的作用机制的研究也尚在探索中，例如需要将技术因素融入传统金融学与经济学的研究体系，研究和明确知识产权金融的基本理论原理、社会效应、定价机制等内容。二是产业界还未能构建国内统一、与国际接轨、清晰可操作的知识产权金融标准体系，而这是推动我国知识产权金融规范和健康发展的重要手段。三是制约知识产权金融发展的狭义因素还未能得到解决，知识产权金融服务与传统的知识产权金融服务体系的不适配的广义因素仍然存在。相比较国外上百年的知识产权发展而言，我国知识产权的发展仍处于探索的初级阶段，知识产权金融更是新中之新，且在后疫情时代的"再全球化"进程中，我们对其中金融形式的运用、金融创新的方向、金融体系的建设、金融风险的控制等方面还没有深入的认识。

  我也一直希望能看到关于知识产权金融发展的新观点，尤其是和产业链条、国家发展紧密结合的系统认识。当我看到这本以南京江北新区发展为视角的《知识产权金融创新与实践——南京江北新区模式》，思考良久。

  知识产权对于科技企业等创新主体是最重要的无形资产，一端是创新，另一端是市场。知识产权金融化与产业化相辅相成，前者以后者为基础。产业化就是促进知识产权的保护和转化，是基于管理和应用的创新成果的转化，是连接技术创新和工业应用的桥梁。金融化是产业化的基础与衍生，是刺激市场、促进经济行为转变、构建服务型产权的主要驱动力。一方面，知识产权金融要服务于国家重大需求，协助科技企业等创新主体在关键技术、核心技术和基础研究领域取得突破。另一方面，知识产权金融与经济社会的多个方面密切相关，激发知识产权要素在科技、文化、产业、外交等领域融合、链接的效能，发挥知识产权在促进经济社会高质量发展中的作用。

从当前知识产权金融的发展来看，有几个现象：首先，是信息不对称问题。知识产权金融服务体系既涉及银行、保险、担保等金融机构，也涉及非金融主体，如企业、政府等，但各类主体之间信息不对称的现象明显。比如，金融机构对企业知识产权价值的判断缺乏依据，企业对知识产权金融产品缺乏深入的了解，政府对扶持政策的效果也缺乏准确掌握等。其次，是联动问题。尽管知识产权质押贷款、知识产权保险、知识产权证券化等产品均已有不同程度的发展，但仍以单打独斗为主，协作配合较少。再次，是服务链条断裂问题。知识产权的培育、研发、应用、运营、成果转化等环节离不开政策、资金的支持，知识产权金融的需求也多种多样。然而，传统的知识产权融资主要集中在知识产权的运营上，在知识产权链的前端和后端存在许多服务缺口。

这里面涉及的原因有多种。第一是监管问题。知识产权金融是传统金融业与知识产权的结合，它与传统产业有着本质的区别，其市场特征也不同于传统金融产业。以知识产权质押融资和知识产权保险为代表的市场在一些方面已经相对成熟，其他知识产权金融服务仍处于初级阶段，而知识产权金融市场的资源配置仍倾向于产品导向和市场导向，尚未转变为服务导向市场，带来了知识产权金融活动的多样化、不确定化和复杂化，在一定程度上加大了现有框架下市场监管的难度。第二是风控问题。知识产权证券化、信托等知识产权与金融服务深度融合仍处于发展初期，难以在市场上占有一席之地。对于市场风险与知识产权金融体系风险并存的金融形式，如若相关监管不到位，服务也将缺乏整体性和主动性。此外，知识产权金融风险控制体系的不完善也加剧了行业风险。一方面，服务提供者和接收者之间的信息不平等；另一方面，相关部门、金融服务提供商和企业之间存在权责重叠或监管真空区等问题。第三是规范问题。从源头控制的角度来看，企业与金融机构之间的交易过程也易于缺乏法律保护，从本质上讲，行业不规范主要是由于标准体系和法律规范等缺乏约束。在这类约束中，前者的强制性较低，操作空间较大，而后者属于强制性约束。总的来看，在探索中成长，还有很长的路要走。

疫情影响了"再全球化"，生命科学、生物技术、信息技术等新业态加速发展，改变了全球治理要素的运作机制与互动方式，也迫使知识产权进行边界扩展与更新，需要借此重新审视后疫情时代知识产权在国际经贸秩序建构及全球治理体系中的作用。同时我们也应该看到，在全球治理和国际竞争中，知识产权的地位不降反升，知识产权的制度价值也将被更充分地挖掘，知识产权金融更将积极稳妥发展。如何做好理论研究、顶层设计和体系探索将成为知识产权金融发展的方向，本书也正在以蓬勃发展的南京江北新区的视角做可借鉴、思考的实践，这对于进一步做好地方知识产权工作是颇有裨益的。

仅以此对知识产权金融发展进行些许思考，期待能促进和带来更多有益的探讨。

（吴汉东）

2022 年 8 月 31 日

目 录
Contents

第一章　绪　论 ·· 001

第一节　构建知识产权创新发展顶层生态 / 001

　　一、建立面向社会主义现代化的知识产权制度 / 001

　　二、战略构建国家层面知识产权顶层政策体系 / 005

　　三、强力擘画江苏省知识产权发展蓝图 / 010

　　四、深入部署南京市与南京江北新区知识产权新格局 / 013

第二节　构建支撑国际一流营商环境的知识产权保护体系 / 018

　　一、中央系统性谋划具有时代特点的知识产权保护工作 / 018

　　二、江苏省集聚全球资源建设快速高效的知识产权保护体系 / 022

　　三、南京江北新区加强核心引领，打造知识产权保护"新高地" / 024

第三节　打造推动知识产权资本化的知识产权金融 / 028

　　一、中央加快推进知识产权金融创新，促进知识产权金融价值实现 / 028

　　二、江苏省健全产业金融服务体系，开放性打造知识产权金融 / 029

　　三、南京江北新区抢抓战略机遇，五大发展定位服务实体经济高质量发展 / 030

　　【专题访谈】高标准推进知识产权金融工作，推动新区经济高质量发展 / 038

　　【专题访谈】新形势下推动面向产业的知识产权金融发展 / 041

第二章 南京江北新区知识产权质押融资 …… 045

第一节 知识产权质押融资概述 / 045

  一、相关概念 / 045

  二、主要特征 / 045

  三、参与主体 / 047

  四、业务流程 / 048

  五、知识产权质押融资场景下的专利价值评估 / 053

第二节 "互联网+知识产权+金融"知识产权质押融资的"江北模式" / 055

  一、建立健全政策法规体系，推动"知产"变"资产" / 055

  二、打造"我的麦田"优势品牌，形成质押融资标杆工程 / 060

  三、"我的麦田"多途径探索，培育知识产权质押"江北模式" / 066

  【专题访谈】挖掘"知产"价值，深耕知识产权融资服务"麦田" / 068

第三节 "江北模式"知识产权质押融资代表性产品 / 072

  一、中银知贷通 / 072

  二、云知贷 / 074

  【专题访谈】挖掘知识产权价值属性，赋能公司的不同阶段发展 / 076

第三章 南京江北新区知识产权证券化 …… 080

第一节 知识产权证券化概述 / 080

  一、知识产权证券化政策及发展历程 / 080

  二、知识产权证券化基本概念及运行模式 / 090

  三、国内知识产权证券化模式 / 092

  四、知识产权证券化的优势 / 097

  五、证券化场景中的专利价值评估 / 097

  六、南京江北新区知识产权证券化发展历程 / 099

第二节 江北扬子1期知识产权资产支持专项计划 / 101

  一、南京市首单知识产权证券化产品 / 101

  二、专利二次许可授权模式 / 103

  三、南京江北新区19家科技型企业受益 / 106

【专题访谈】搭上知识产权证券化融资快车,坚守轨道交通高端装备创新之路 / 108

【专题访谈】知识产权证券化融资,为公司发展注入新的"血液" / 111

【专题访谈】借科技融资租赁优势,以知识产权证券化加大中小微企业服务力度 / 112

第三节 江北科投—绿色担保灵雀知识产权1—5期资产支持专项计划 / 115

一、全国首单交易所市场特定信托架构知识产权证券化产品 / 115

二、特定信托模式 / 117

三、专注灵雀企业,首期16家企业受益 / 120

【专题访谈】灵雀企业知识产权证券化,灵雀企业融资新渠道 / 122

【专题访谈】积极探索知识产权证券化,支持"灵雀企业"发展 / 124

第四章 南京江北新区知识产权数字化交易 ·········· 127

第一节 知识产权资产数字化交易概述 / 127

一、数字经济是中国经济高质量发展的新引擎 / 127

二、数字资产——数字经济发展的必然产物 / 130

三、区块链技术助力数字资产的价值产生 / 132

四、知识产权资产数字化有效推动知识产权交易 / 134

五、公证存证为知识产权数字化插上"信用"翅膀 / 143

第二节 南京江北新区知识产权数字化交易运作模式 / 145

一、打造知识产权资产数字化交易平台,激活闲置知识产权 / 145

二、知识产权资产数字化交易平台设计理念 / 146

三、知识产权资产数字化交易平台业务模式及核心产品 / 148

四、平台运营现状及实践效果 / 153

【专题访谈】要进行知识产权金融和数字金融的创新,需要使用数字经济的新思路、新办法 / 156

第五章 南京江北新区知识产权金融其他相关成果 ·········· 160

第一节 南京江北新区政策精准匹配服务平台——政策罗盘 / 160

一、背景概述 / 160

二、为平台运营建设铺好路、把好关 / 167
　　三、为平台服务对象谋便利，谋发展 / 169
第二节　政企银一体化数字金融服务平台——科创数金 / 173
　　一、背景概述 / 173
　　二、贯通数字金融服务主体，构建服务新形态 / 178
　　三、夯实数字金融创新驱动，打造服务新路径 / 180
第三节　知识产权保险 / 182
　　一、相关背景 / 182
　　二、知识产权保险产品案例 / 190
　　三、南京市知识产权保险发展状况 / 193
　　四、南京江北新区知识产权保险展望 / 195

第六章　南京江北新区知识产权金融未来展望 …………… 198

第一节　国内外知识产权金融发展现状 / 198
　　一、美英日韩——多层次金融市场催化知识产权价值实现 / 198
　　二、中国——知识产权金融模式逐渐多样化 / 206
　　三、地方省市——积极创新实践知识产权质押融资及证券化业务 / 208
第二节　南京江北新区知识产权金融展望：优化运营环境 / 214
　　一、完善政府引导机制 / 214
　　二、发挥南京国际知识产权金融创新中心枢纽作用 / 215
　　三、持续建设优化知识产权金融服务集聚区 / 217
　　四、建设数字服务体系 / 218
　　五、善用监管沙盒制度 / 220
第三节　南京江北新区知识产权金融展望：创新业务模式 / 222
　　一、设立并有效运用知识产权基金 / 222
　　二、鼓励知识产权信托业务 / 223
　　三、建设运营产业标准专利池 / 224
　　【专题访谈】数字金融赋能知识产权金融创新发展 / 226
　　【专题访谈】以区域发展需求为导向建立区域知识产权金融
　　　　　　　　服务体系 / 229

第一章 绪 论

第一节 构建知识产权创新发展顶层生态

一、建立面向社会主义现代化的知识产权制度

1. 国际通行规则

一个国家治理体系的基础和前提是制度体系,知识产权制度是中国特色社会主义制度的有机组成部分,是推进国家治理体系和治理能力现代化的重要内容。知识产权制度是以市场化方式配置创新资源、解决创新投入市场失灵问题的基础性制度,对于实现国家科技自立自强、构建双循环新发展格局具有重要的支撑作用。伴随着改革开放的伟大进程,我国建立了门类较为齐全、符合国际通行规则的知识产权法律制度,加入了几乎所有主要的知识产权国际公约(见图1-1)。作为知识产权大国,我国是知识产权国际规则的坚定维护者、重要参与者、积极建设者。

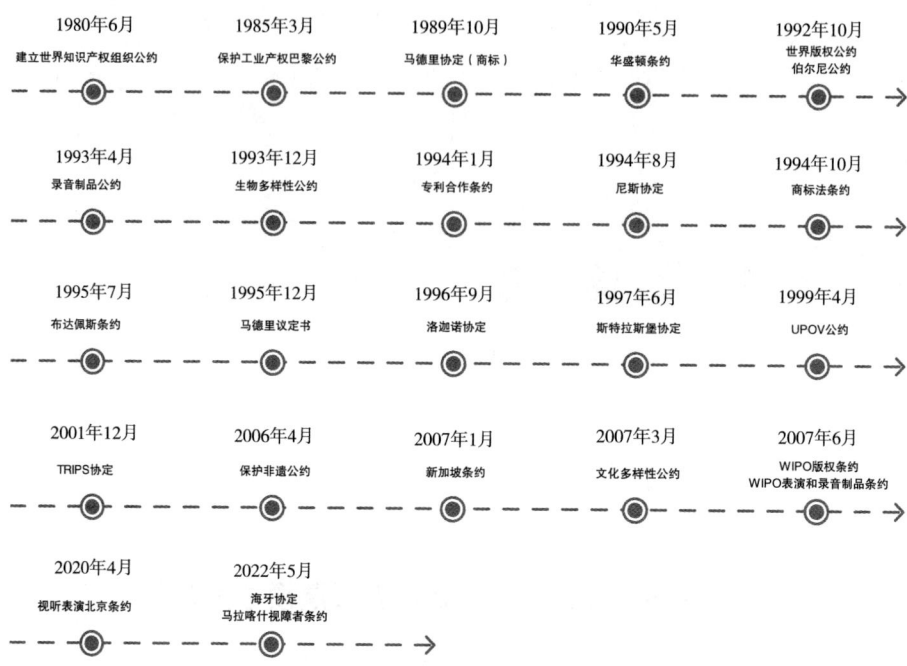

图1-1 改革开放以来我国加入的主要知识产权国际条约

2. 国内法律制度

党的十八大以来,党中央、国务院围绕知识产权工作作出一系列重大部署,有力地指导和推动了知识产权事业发展,知识产权创造、运用、保护、管理水平全面提升,国际合作纵深推进,为国家完善产权保护制度、实施创新驱动发展战略和高水平对外开放提供了有力支撑。党的十九大以来,我国对专利法、商标法等多部涉及知识产权的法律进行了修订(见图1-2),使得知识产权法制建设不断完善,持续推动我国知识产权强国建设和知识产权战略实施接续推进、压茬进行。

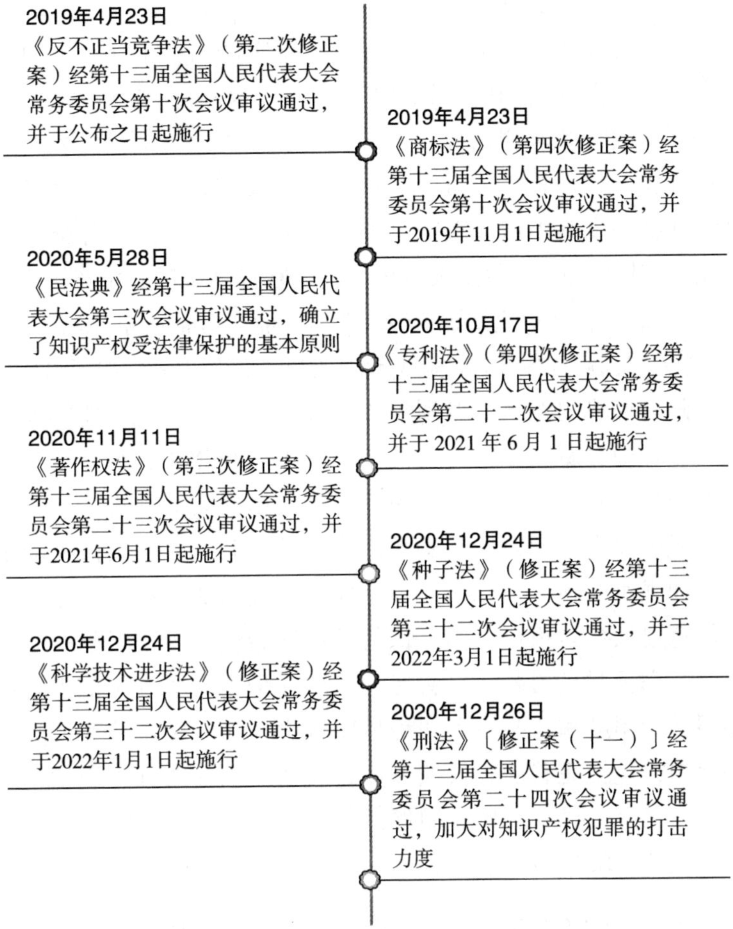

2019年4月23日
《反不正当竞争法》（第二次修正案）经第十三届全国人民代表大会常务委员会第十次会议审议通过，并于公布之日起施行

2019年4月23日
《商标法》（第四次修正案）经第十三届全国人民代表大会常务委员会第十次会议审议通过，并于2019年11月1日起施行

2020年5月28日
《民法典》经第十三届全国人民代表大会第三次会议审议通过，确立了知识产权受法律保护的基本原则

2020年10月17日
《专利法》（第四次修正案）经第十三届全国人民代表大会常务委员会第二十二次会议审议通过，并于2021年6月1日起施行

2020年11月11日
《著作权法》（第三次修正案）经第十三届全国人民代表大会常务委员会第二十三次会议审议通过，并于2021年6月1日起施行

2020年12月24日
《种子法》（修正案）经第十三届全国人民代表大会常务委员会第三十二次会议审议通过，并于2022年3月1日起施行

2020年12月24日
《科学技术进步法》（修正案）经第十三届全国人民代表大会常务委员会第三十二次会议审议通过，并于2022年1月1日起施行

2020年12月26日
《刑法》〔修正案（十一）〕经第十三届全国人民代表大会常务委员会第二十四次会议审议通过，加大对知识产权犯罪的打击力度

图1-2 党的十九大以来我国不断完善知识产权制度情况

（1）完善《专利法》制度，服务建设创新型国家

《中华人民共和国专利法》（以下简称《专利法》）是为保护专利权人合法权益、鼓励推动发明创造、提高创新能力、促进科学技术进步和经济社会发展而制定的，《专利法》的每一次修改都更加突出了促进经济社会发展的立法宗旨。《专利法》最早颁布于1984年，此后于1992年以及2000年加入世贸组织后、2008年分别进行了修正，在完善专利授权条件程序等制度、延长保护期限、强化专利保护救济等方面都获得了较好的效果。2014年以来，国家知识产权局根据实际情况启动了针对《专利法》的第四次修改工作，此次修改在延长外观设计专利年限、提高赔偿数额、优化举证责任、加强行政执

法等方面均有所突出（见图1-3）。

2019年修正草案对外公布，正式开启第四次修法，2021年6月1日正式实施。过去的十年不仅是国内知识产权创新保护快速发展的一个时期，同时也是国内知识产权行政和司法保护水平大幅提升的关键时期。党中央、国务院高度重视知识产权保护。习近平总书记就完善知识产权保护法律体系、加大知识产权保护力度等工作多次作出重要批示指示，指出"加强知识产权保护。这是完善产权保护制度最重要的内容，也是提高中国经济竞争力最大的激励"，强调要"着力营造尊重知识价值的营商环境，全面完善知识产权保护法律体系""要加大知识产权侵权违法行为惩治力度，让侵权者付出沉重代价"。

当前，随着形势的发展，专利领域出现了一些新情况、新问题，例如专利法在施行过程中显露出专利审查周期长、未能与相关法律接轨、企业维权周期长、取证难、效果差等不足，为进一步贯彻落实党中央、国务院部署要求，解决实践中存在的问题，有必要修改现行专利法。本次修改的主要内容包括：一是加强对专利权人合法权益的保护，包括加大对侵犯专利权的赔偿力度，对故意侵权行为规定一到五倍的惩罚性赔偿，将法定赔偿额上限提高到五百万元，完善举证责任，完善专利行政保护，新增诚实信用原则，新增专利权期限补偿制度和药品专利纠纷早期解决程序有关条款等；二是促进专利实施和运用，包括完善职务发明制度，新增专利开放许可制度，加强专利转化服务等；三是完善专利授权制度，包括进一步完善外观设计保护相关制度，增加新颖性宽限期的适用情形，完善专利权评价报告制度等。

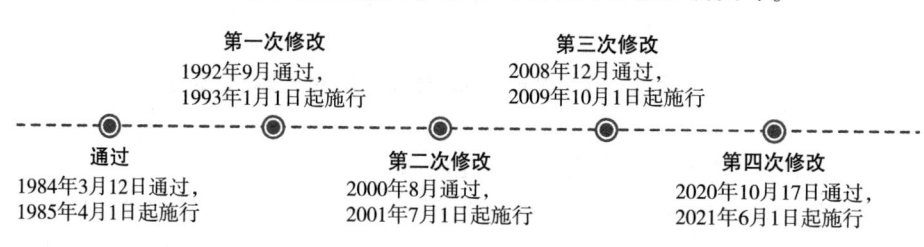

图1-3 我国专利制度伴随经济社会发展历经多次修改

（2）修订《商标法》制度，助力创新经济发展

《商标法》最早于1982年颁布，是我国改革开放以来颁布的第一部知识产权专门法律。此后分别于1993年、2001年、2013年、2019年进行了修改（见图1-4）。在四次修正过程中，完善了我国商标制度、屡次提高商标侵权赔偿数额、打击恶意侵权。在加入世贸组织与国际接轨、摸索符合中国国情

的商标保护规则等方面已经取得了不错的成绩。此外，国家知识产权局结合实践中出现的侵权判赔屡创新高、囤积商标、恶意维权等现象，响应政府职能转变，深化"放管服"改革，重点将实践中大量囤积商标注册的市场主体及代理机构纳入重点规制对象，禁止注册、禁止代理，从源头多渠道解决目前实际大量存在的"注而不用""囤积商标"现象。同时，将法定赔偿数额提高至500万元，以高赔偿鼓励权利人维权、威慑侵权主体，切实加强知识产权司法保护力度，解决实践中维权成本过高、侵权违法成本过低、维权乏力、侵权不止的尴尬现象，努力营造健康的营商环境，推动商标注册便利化改革，引导中国由商标大国向真正的商标强国、品牌强国转变。

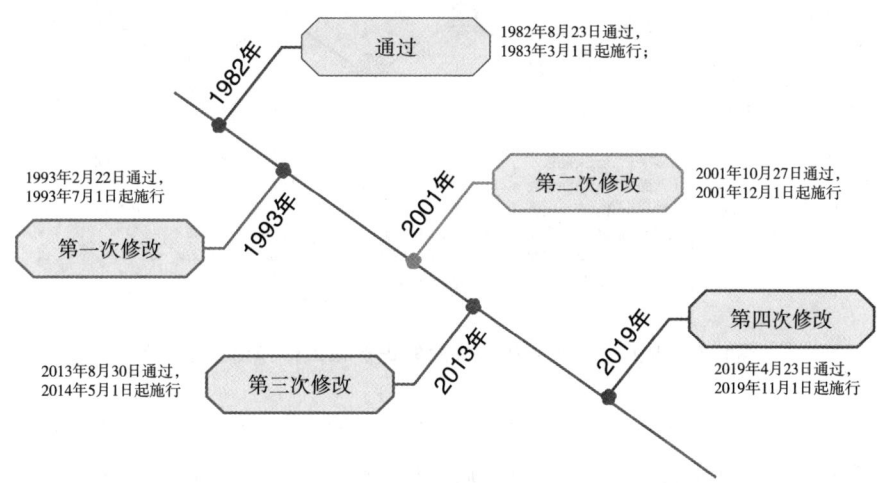

图1-4　我国商标制度伴随经济社会发展历经多次修改

重诚信、强保护、知识产权强国等是历来修法的最强音，虽然立法与实践存在一定的距离，或有不完美之处，但法治没有终点，只要一直在路上，摸索、调整，就总能为中国经济社会的快速发展护好航。

二、战略构建国家层面知识产权顶层政策体系

党中央、国务院高度重视知识产权保护工作，党的十八大以来，针对知识产权工作出台了多项政策和措施（见图1-5）。在以习近平同志为核心的党中央坚强领导下，我国知识产权事业发展取得显著成效，知识产权法规制度体系逐步完善，核心专利、知名品牌、精品版权、优良植物新品种、优质地理标志、高水平集成电路布图设计等高价值知识产权拥有量大幅增加，商业

秘密保护不断加强，遗传资源、传统知识和民间文艺的利用水平稳步提升，知识产权保护效果、运用效益和国际影响力显著提升，全社会知识产权意识大幅提高，涌现出一批知识产权竞争力较强的市场主体，走出了一条中国特色知识产权发展之路，有力保障创新型国家建设和全面建成小康社会目标的实现。

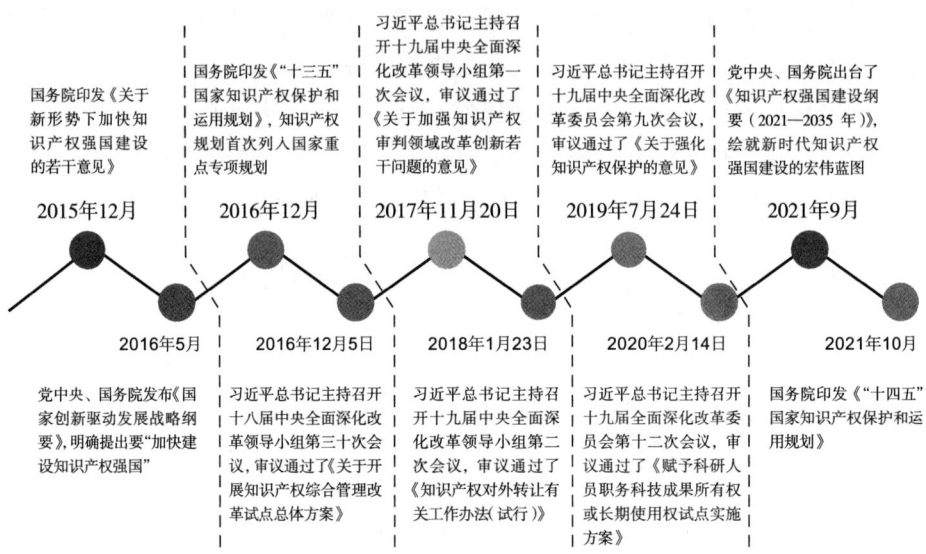

图1-5　党的十八大以来中央对知识产权工作作出顶层设计

近年来，我国加快知识产权强国建设，持续提高知识产权治理能力和治理水平，营造更好的营商环境和创新环境，为坚持和完善中国特色社会主义制度、推进国家治理体系和治理能力现代化，促进国家经济社会发展提供更加有力的支撑。世界知识产权组织发布的《2021年全球创新指数报告》显示，中国在创新领域的全球排名升至第12位，成为唯一一个进入前30名的中等收入经济体❶。知识产权肩负着发展更高层次的开放型经济，加快推动形成全面开放新格局，完善和发展中国特色社会主义制度的历史使命，实现国民经济和社会发展第十四个五年规划和2035年远景目标，离不开知识产权的有力支撑，离不开知识产权的保驾护航。

1. 中央高度重视知识产权工作，擘画新时代知识产权强国建设的宏伟蓝图

2020年11月30日，中共中央政治局就加强我国知识产权保护工作举行第

---

❶　2021年全球创新指数报告发布　中国名列第十二位　连续九年稳步上升［EB/OL］.（2022-04-02）［2022-06-05］. https://baijiahao.baidu.com/s?id=1712226120723022040&wfr=spider&for=pc.

二十五次集体学习。中共中央总书记习近平在主持学习时强调,知识产权保护工作关系国家治理体系和治理能力现代化,关系高质量发展,关系人民生活幸福,关系国家对外开放大局,关系国家安全。全面建设社会主义现代化国家,必须从国家战略高度和进入新发展阶段要求出发,全面加强知识产权保护工作,促进建设现代化经济体系,激发全社会创新活力,推动构建新发展格局❶。

2021年9月,党中央、国务院印发《知识产权强国建设纲要(2021—2035年)》(以下简称《纲要》)❷,这是以习近平同志为核心的党中央面向知识产权事业未来15年发展作出的重大顶层设计,是新时代建设知识产权强国的宏伟蓝图,在我国知识产权事业发展史上具有重大里程碑意义。

《纲要》对知识产权强国建设作出整体部署,明确了知识产权强国建设的指导思想、工作原则和发展目标(见图1-6),并指出通过建设六大方面的重点任务(见图1-7),到2025年,知识产权强国建设取得明显成效,知识产权保护更加严格,社会满意度达到并保持较高水平,知识产权市场价值进一步凸显,品牌竞争力大幅提升。到2035年,我国知识产权综合竞争力跻身世界前列,中国特色、世界水平的知识产权强国基本建成。

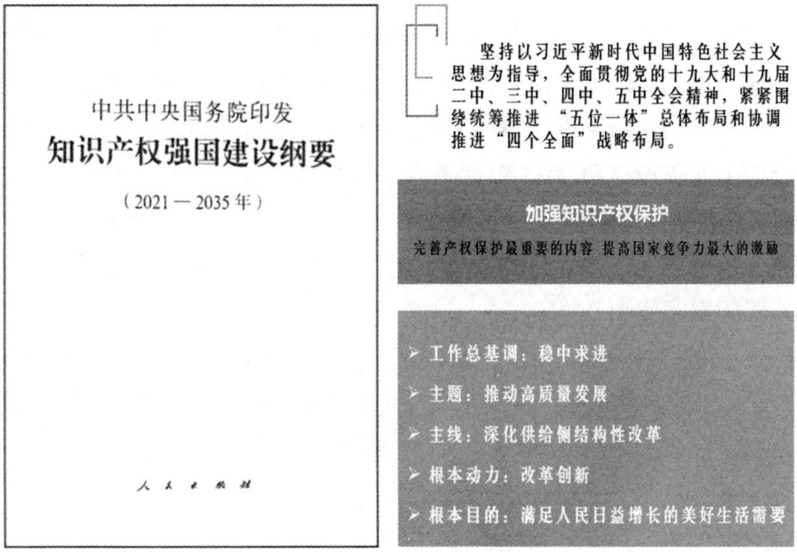

图1-6 《知识产权强国建设纲要(2021—2035年)》

❶ 习近平主持中央政治局第二十五次集体学习并讲话[EB/OL].(2020-12-01)[2022-06-05]. http://www.gov.cn/xinwen/2020-12/01/content_5566183.htm.

❷ 中共中央 国务院印发《知识产权强国建设纲要(2021—2035年)》[EB/OL].(2021-09-23)[2022-06-05]. http://www.cnipa.gov.cn/art/2021/9/23/art_2742_170305.html.

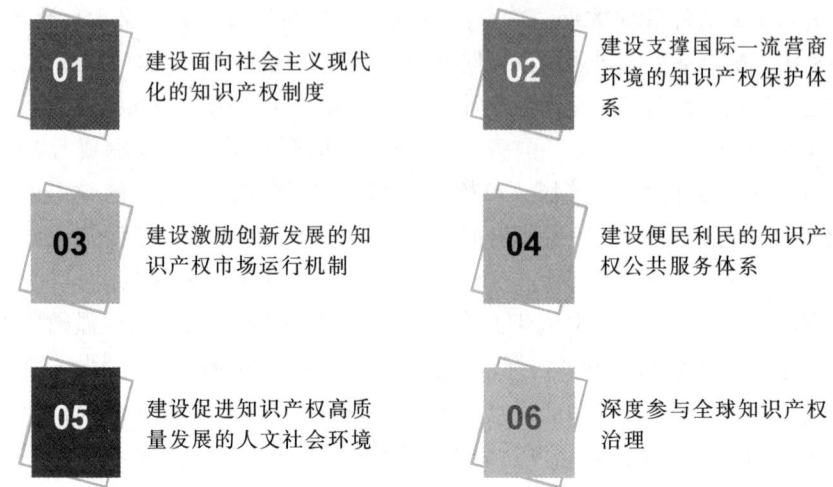

图1-7 《知识产权强国建设纲要（2021—2035年）》重点任务

2. 制定"十四五"时期知识产权规划，全面加强知识产权保护的决策部署

为深入贯彻党中央、国务院决策部署，国家知识产权局在全面总结"十三五"时期知识产权事业发展经验的基础上，按照我国《国民经济和社会发展第十四个五年规划和2035年远景目标纲要》以及《知识产权强国建设纲要（2021—2035年）》部署，会同有关部门共同编制了《"十四五"国家知识产权保护和运用规划》（以下简称《规划》，见图1-8），已于2021年10月9日由国务院印发实施❶。

图1-8 《"十四五"国家知识产权保护和运用规划》重点任务

---

❶ 国务院关于印发"十四五"国家知识产权保护和运用规划的通知［EB/OL］.（2021-10-11）［2022-06-05］. https://www.cnipa.gov.cn/art/2021/10/11/art_2758_170644.html.

《规划》明确了"十四五"时期知识产权保护迈上新台阶、运用取得新成效、服务达到新水平、国际合作取得新突破的"四新"目标,并提出每万人口高价值发明专利拥有量达到12件、海外发明专利授权量达到9万件、知识产权质押融资登记金额达到3200亿元、知识产权使用费年进出口总额达到3500亿元、专利密集型产业增加值占GDP比重达到13%、版权产业增加值占GDP比重达到7.5%、知识产权保护社会满意度达到82分、知识产权民事一审案件服判息诉率达到85%等8项预期性指标,确保知识产权强国建设阶段性目标任务如期完成。

为深化知识产权管理部门与公安机关在保护知识产权工作中的协作配合,2021年5月20日,国家知识产权局、公安部制定了《关于加强协作配合强化知识产权保护的意见》(以下简称《意见》)。《意见》明确深化知识产权管理部门与公安机关协作配合,加快构建知识产权行政保护与刑事司法有机衔接、优势互补的运行机制,服务科技创新、科技自立自强。《意见》明确,知识产权管理部门在日常工作中,发现违法行为明显涉嫌犯罪的,应当及时通报同级公安机关。知识产权管理部门和公安机关要主动会同相关行政部门、司法机关建立情况信息通报制度,逐步实现各部门数据共享,推动建立信息共享平台。知识产权管理部门就刑事案件的立案追诉标准、证据的固定和保全、违法犯罪行为人身份等问题征求公安机关意见的,公安机关应当及时答复。公安机关在办理案件的过程中,需要核实注册商标信息的,可以通过国家知识产权局商标注册证明公示系统核实,必要时,可以向国家知识产权局商标局核实;需要核实涉案专利法律状态的,可以向国家知识产权局在各地设立的专利代办处申请出具《专利登记簿副本》;需要核实地理标志相关信息的,可以向知识产权保护司核实。对于刑事案件中涉及的商标的使用、相同商标、同一种商品、假冒专利行为等认定问题,公安机关可以依据相关司法解释和国家知识产权局制定的商标、专利侵权判断标准等直接进行认定;必要时,可以商请同级知识产权管理部门提供专业意见。同级知识产权管理部门对相关问题无法认定的,该部门应当逐级请示上级知识产权管理部门,或者由公安机关逐级报公安部食品药品犯罪侦查局征求保护司意见。

2021年12月24日,国家版权局印发《版权工作"十四五"规划》(以下简称《版权规划》)。《版权规划》回顾了"十三五"时期全国版权工作取得的成绩,分析了当前面临的形势和任务,明确了"十四五"版权工作的指导思想、基本原则和发展目标，对全国版权工作进行了全面部署❶。

《版权规划》明确，到 2025 年，版权强国建设取得明显成效，版权重要领域和关键环节改革取得重要进展，版权法律制度体系更加完善，版权工作法治化水平大幅提高；版权执法监管不断加强，版权保护水平显著提升；版权社会服务能力明显提高，版权产业高质量发展成效显著；版权涉外工作深入推进，在国际版权体系中的话语权、传播力和影响力不断提升；版权宣传教育持续深入开展，尊重版权的社会风尚更加浓厚，版权营商环境明显优化，版权保护社会满意度保持较高水平。

三、强力擘画江苏省知识产权发展蓝图

近年来，在江苏省委、省政府的正确领导下，江苏省知识产权工作坚持以习近平新时代中国特色社会主义思想为指导，深入贯彻落实《知识产权强国建设纲要（2021—2035 年）》和《"十四五"国家知识产权保护和运用规划》，坚持高质量发展，强化全链条保护，加强顶层设计，深化改革创新。

1. 对标"五高五区"，精心勾勒，建设江苏特色、国内引领、国际一流的知识产权强省

随着新一轮科技革命和产业变革加速演进，知识产权已成为国家竞争的核心要素和国际贸易的"标配"，也已成为各地方构建新发展格局、实现经济由高速增长转向高质量发展转变的"刚需"。为进一步引领、巩固和放大江苏省在国家现代化全局中的先行优势，在改革创新、推动高质量发展上争当表率，江苏需要依靠科技创新推动质量变革、效率变革、动力变革，需要以高价值知识产权推动产业链、供应链优化升级，需要以加强知识产权工作来塑造以创新为核心的系统性竞争优势。

2021 年 8 月，江苏省政府发布《江苏省"十四五"知识产权发展规划》（以下简称《江苏省规划》），明确"十四五"时期江苏知识产权发展思路、主要目标、重点任务和保障措施❷。根据《江苏省规划》，到 2025 年，江苏知识产权发展主要指标要达到知识产权强国水平，知识产权综合实力和绩效领跑全国，万人高价值发明专利拥有量达 17 件，知识产权保护社会满意度达 80

---

❶ 国家版权局关于印发《版权工作"十四五"规划》的通知［EB/OL］.（2021-12-29）［2022-06-05］. http://www.ncac.gov.cn/chinacopyright/contents/12228/355734.shtml.

❷ 江苏省人民政府办公厅.省政府办公厅关于印发江苏省"十四五"知识产权发展规划的通知［EB/OL］.（2021-09-02）［2022-06-05］. http://www.jiangsu.gov.cn/art/2021/9/2/art_46144_9997752.html.

分以上，专利密集型产业增加值占 GDP 比重达 17%，新增贯标单位 1 万家，全省专利代理率达 80%，新增知识产权高层次人才 500 人等。同时，提出进一步加快建设知识产权强省的五大重点任务，即加强知识产权高质量创造，提升产业核心竞争力；加强知识产权高标准保护，持续优化营商环境；加强知识产权高效益运用，增强创新驱动效能；加强知识产权高水平合作，促进区域协调发展；加强知识产权高品质服务，夯实事业发展基础。同时，围绕五大重点任务，推动实施高价值专利培育升级、知识产权保护示范区建设、知识产权保护载体建设、海外知识产权护航、知识产权区域示范创建工程、知识产权乡村振兴、专利代理质量提升、知识产权高层次人才"百千万"培养等"八大工程"。在《江苏省规划》中提出要将江苏省打造成为"五区"：知识产权强国建设先行区、知识产权全链条保护样板区、知识产权引领产业高质量发展示范区、知识产权开放协作标杆区、知识产权高端人才培养试验区，以知识产权高质量发展支撑引领经济社会高质量发展，勾勒出未来五年江苏知识产权事业发展蓝图。

为贯彻国家《知识产权强国建设纲要（2021—2035 年）》《"十四五"国家知识产权保护和运用规划》精神，落实《江苏省"十四五"知识产权发展规划》目标任务，2022 年 4 月 24 日，江苏省政府发布《江苏省知识产权强省建设纲要（2021—2035 年）》（以下简称《强省纲要》），其中提出，到 2035 年，知识产权综合竞争力达到世界先进水平，全面建成江苏特色、国内引领、国际一流的知识产权强省❶。《强省纲要》目标定位和主要发展指标体现了江苏"争当表率、争做示范、走在前列"的使命担当。要求到 2025 年，专利密集型产业增加值占 GDP 比重达到 17%，版权产业增加值占 GDP 比重达到 8.6%，地理标志产品年度销售额达到 2000 亿元，战略性新兴产业、先进制造业等关键技术领域核心专利布局成效显著，每万人口高价值发明专利拥有量达到 17 件。同时，为了聚焦江苏特色，《强省纲要》提出建立长江经济带、长三角一体化、淮海经济区等区域知识产权合作共商机制，高水平打造江苏国际知识产权交流平台，加快构建江苏知识产权发展文化传播矩阵，实施知识产权专项人才培育计划，着力打造与江苏经济社会发展水平相匹配的知识产权发展支撑体系。《强省纲要》具体明确了 6 个方面 20 项具体任务，包括布局了高价值专利培育示范工程、商标品牌培育工程、知识产权强企行

---

❶ 江苏省知识产权局. 江苏省知识产权强省建设纲要（2021—2035 年）[EB/OL].（2022-05-05）[2022-06-05]. http://jsip.jiangsu.gov.cn/art/2022/5/5/art_85038_10438500.html.

动等一批在全国具有引领性的重要发展项目，提出了构建"1+13+N"全链条保护体系等，既全面细化落实了《知识产权强国建设纲要（2021—2035年）》，又体现了江苏知识产权工作的创新性和引领性。

2. 严格政策落实，加强立法，切实优化营商环境和创新环境

经济高质量发展需要良好的营商环境，产权保护特别是知识产权保护是塑造良好营商环境的重要方面，强化知识产权保护，是推动经济高质量发展的必然要求。高质量发展的关键在创新，核心在知识产权。强化知识产权保护，完善重点产业知识产权保护体系，将为关键技术创新成果穿上权利的"盔甲"，为自主可控产业体系提供有力的法律保障，提升高质量发展的"成色"和水平。世界银行用来衡量国际营商环境便利度的10项指标中至少有7项涉及知识产权保护制度。近年来，江苏省既重视知识产权保护又关注激励创新，持续打造知识产权创造、运用、保护、管理和服务全链条，促进知识产权高质量创造运用和高标准保护。

2020年8月9日，中共江苏省委办公厅、江苏省人民政府办公厅印发《关于强化知识产权保护的实施意见》（以下简称《实施意见》），落实知识产权"严保护、大保护、快保护、同保护"要求，加快推进引领型知识产权强省建设，切实优化营商环境和创新环境，为推动高质量发展走在前列、加快建设"强富美高"新江苏提供有力支撑❶。

2022年1月14日，江苏省十三届人大常委会第二十八次会议通过《江苏省知识产权促进和保护条例》（以下简称《条例》），并自2022年4月26日起施行。作为全国首部知识产权促进和保护的省级地方性法规，该《条例》❷围绕高质量发展这一主题，从以下几个方面对江苏省知识产权工作作出规定：第一，明确江苏省知识产权高质量发展的导向。《条例》第一条明确将"促进知识产权高质量发展"作为立法目的之一；第三条从知识产权工作要求和市场主体创造、运用和保护知识产权应当遵循的基本原则两个方面，进一步明确了江苏省知识产权高质量发展导向。第二，明确构建知识产权促进政策体系。建立以企业为主体、市场为导向、产学研服相结合的知识产权高质量创造与运用机制，对专利、商标、地理标志等各类知识产权客体制定相应的促

---

❶ 江苏印发《关于强化知识产权保护的实施意见》[EB/OL].（2020-08-24）[2022-06-05]. http://www.zgjssw.gov.cn/fabuting/shengweiwenjian/202008/t20200824_6777657.shtml.

❷ 江苏省知识产权局. 江苏省知识产权促进和保护条例[EB/OL].（2022-01-20）[2022-06-05］. http://jsip.jiangsu.gov.cn/art/2022/1/20/art_85040_10398659.html.

进政策，为高质量创造提供政策支撑。第三，明确制定促进知识产权质量提升的制度。明确禁止非正常专利申请、恶意商标注册、违反诚信原则的作品登记申请行为，从源头上提高知识产权质量；建立知识产权申请前评估、职务科技成果披露和开放许可等制度，支持企业、高等学校、科研院所在信息技术等重点领域加强基础研究和原始创新；通过赋予完成人相关知识产权所有权或者长期使用权方式，推动创新成果转化运用。第四，明确鼓励金融机构创新。支持金融机构为中小企业提供知识产权质押融资、保险、风险投资、证券化、信托等金融服务；鼓励依法设立知识产权基金，引导社会基金为知识产权密集型产业、知识产权优势企业和高价值知识产权培育项目提供资金支持。第五，明确健全知识产权人才培养体系。建立知识产权人才培养评价激励机制，对在知识产权促进和保护工作中作出突出贡献的人员，可以按照规定放宽职称申报条件；鼓励和支持高等学校将知识产权教育纳入课程体系。

为进一步优化市场化、法治化、国际化的营商环境，2022 年 2 月 15 日，江苏省委、省政府联合印发《江苏省优化营商环境行动计划》❶（以下简称《行动计划》），这是继 2019 年《关于进一步优化营商环境更好服务市场主体若干措施的通知》以及 2021 年《江苏省优化营商环境条例》之后又一次全新的创新和升级。《行动计划》在打造综合更优的政策环境、公平有序的市场环境、高效便利的政务环境、公正透明的法治环境、亲商安商的人文环境等 5 个方面列出了 18 条 50 项具体举措，为企业发展打造更加优良的生态环境、增加发展内生动力方面作出了全方位的部署安排；努力将江苏打造成为具有全球吸引力和竞争力的投资目的地，为"强富美高"新江苏现代化建设新篇章提供了强有力支撑。

四、深入部署南京市与南京江北新区知识产权新格局

1. 支撑引领南京市创新驱动发展和经济转型，聚力打造具有全球影响力的创新名城

知识产权发展对南京市重点产业的升级、企业创新能力的提升发挥了重要的引导和支撑作用，促进了南京科技创新、经济发展和社会进步。近年来，国家、省、市重大发展战略和创新政策快速完善，构建"双循环"发展格局

---

❶ 江苏印发《江苏省优化营商环境行动计划》[EB/OL].（2022-03-28）[2022-06-05]. http://www.zgjssw.gov.cn/fabuting/shengweiwenjian/202203/t20220328_7480993.shtml.

等国家重大部署加速落地。全面加强知识产权保护工作，促进知识产权事业高质量发展，是南京市"十四五"时期打造融入"双循环"的创新引擎，推动"强富美高"新南京建设的重要任务，是南京市在社会主义现代化建设新征程中"争当表率、争做示范、走在前列"的必然要求，是南京市以新发展理念引领高质量发展、深化创新名城建设、推动南京都市圈发展、着力提升长三角中心城市功能和省会城市首位度的重要举措。依据《江苏省"十四五"知识产权发展规划》和《南京市国民经济和社会发展第十四个五年规划和二〇三五年远景目标纲要》，2021年11月2日，南京市政府办公厅印发《南京市"十四五"知识产权发展规划》，为全市"十四五"期间南京知识产权发展提供了行动指引❶。该规划提出到2025年，知识产权对经济社会发展的贡献度大幅提升，知识产权发展主要指标在全国同类城市中取得明显优势，在全国率先全面建成知识产权强市，知识产权支撑"创新名城"建设取得显著实效的发展目标，具体包括：万人高价值发明专利拥有量达50件，新增市级以上高价值专利培育中心60家，万人一般作品和软件著作权登记量超过150件，万企拥有有效注册商标企业数超过1300家；在国家副省级城市和地级市知识产权行政保护绩效考核中始终保持前列；版权产业增加值占GDP比重达8.6%；知识产权质押融资总额超200亿元；全市培训各类各层次知识产权专业人才超过5万人。

近年来，南京市全面贯彻党的十九届五中全会和习近平总书记关于全面加强知识产权保护工作的重要论述精神，牢固树立保护知识产权就是保护创新的理念，全面加强知识产权保护工作，坚持严格保护、统筹协调、重点突破、同等保护，推进南京知识产权治理体系和治理能力现代化，为高质量发展提供有力保障，激发创新活力，推动构建新发展格局。2021年4月24日，中共南京市委办公厅、南京市人民政府办公厅印发《关于强化知识产权保护的实施方案》（以下简称《实施方案》）。《实施方案》提出：力争到2022年，基本建立渠道更多、维权更快、保护更严的知识产权保护格局，保护能力有效提升，保护体系更加完善；到2025年，完善科研人员职务发明成果权益分享机制，大幅提高科技成果转移转化成效，知识产权保护社会满意度达

---

❶ 南京市"十四五"知识产权发展规划［EB/OL］．（2021-12-15）［2022-06-05］．http://amr.nanjing.gov.cn/gkml/202112/t20211228_3245319.html.

到并保持较高水平,成为制度完备、体系健全、环境优越的知识产权保护高地❶。《实施方案》明确了15项重点任务:强化制度约束、建设专业机构、锻造人才梯队、聚焦重点领域、突出技术支撑、重视源头保护、加强司法保护、严格行政保护、推动协同保护、促进社会共治、畅通快处渠道、密切国际交流、加强海外援助及支持自贸区建设。通过该实施方案,推进南京市高质量发展,进一步优化南京市尊重知识价值的营商环境,聚力将南京打造成具有全球影响力的创新名城。

2. 发挥知识产权对产业的引领与激发作用,推动南京江北新区和自贸区南京片区高质量发展

南京市是国家首批知识产权强市创建城市、国家知识产权服务业集聚发展试验区、国家知识产权运营服务体系建设重点城市,已建成中国(南京)知识产权保护中心,打造了知识产权运营交易、金融服务、海外维权三大专业服务平台。为充分发挥知识产权制度对创新激励的基本保障作用,着力构建知识产权运营服务体系,加快知识产权强市建设步伐,推动南京创新名城建设,南京市政府办公厅印发《南京市知识产权运营服务体系建设实施方案(2018—2020年)》❷。通过实施高价值知识产权培育工程、运营服务能力提升工程、知识产权大保护工程,构建"一核两翼多平台"(1+2+N)知识产权运营服务体系,使知识产权资本化、商品化和产业化渠道更加畅通,知识产权与创新资源、金融资本、产业发展结合更加紧密,知识产权创造质量和运营效益明显提升。一核:以中国(南京)知识产权保护中心为基础,建设一个集数据支持、情报研究和运营展示为一体的知识产权运营服务体系支持中心;两翼:建设南京江宁区国家知识产权服务业集聚实验区、南京江北新区知识产权金融创新中心为两大功能服务区;多平台:打造若干个专业功能特色显著的知识产权公共服务平台,培育一批以大学技术转移中心、知识产权服务机构为主体的知识产权运营中心。

2019年11月,中共中央办公厅、国务院办公厅印发的《关于强化知识产权保护的意见》中提出要"不断改革完善知识产权保护体系,综合运用法律、行政、经济、技术、社会治理手段强化保护,促进保护能力和水平整体提

---

❶ 中共南京市委办公厅 南京市人民政府办公厅印发《关于强化知识产权保护的实施方案》的通知[EB/OL].(2021-04-24)[2022-06-05]. http://www.njsw.gov.cn/sjb/zyfb/202106/t20210608_2963073.html.

❷ 关于印发南京市知识产权运营服务体系建设实施方案的通知[EB/OL].(2018-11-28)[2022-06-05]. http://www.cneip.org.cn/html/250/30648.html.

升"。与此同时，中国（江苏）自贸试验区工作领导小组印发的《中国（江苏）自由贸易试验区建设实施方案》中也明确提出了"对接国际通行规则，实施最严格的知识产权保护制度"的要求。为了顺应南京江北新区和自贸区南京片区高质量发展要求，强化知识产权协同保护，打造与国际领先水平等高对接的知识产权保护体系，南京江北新区出台了《关于加强中国（江苏）自由贸易试验区南京片区知识产权保护体系建设的若干意见》，该意见共涉及十条内容，重点突出以下方面❶：一是突出协同化，建立南京片区知识产权保护工作联席会议制度，支持和引导各类知识产权保护载体高水平建设，建立健全涵盖知识产权行政执法、司法保护、仲裁调解等要素的协同保护机制，对知识产权领域严重失信主体开展联合惩戒，形成知识产权保护合力；二是突出国际化，加强全球高端资源集聚，支持国际高端法律机构依法开展业务，建立海外知识产权维权援助机制，加大跨境知识产权保护交流合作，积极争取技术与创新支持中心落户，鼓励高端智库参与知识产权国际规则制定，推动知识产权国际等高；三是突出先行先试，支持引入区块链和大数据技术，创新知识产权保护监管方式，鼓励开展国家级试点示范创建，探索开展出口货物专利侵权纠纷担保放行机制，研究设计自贸区知识产权保护指标体系，在知识产权领域加快形成一批可在全国复制推广的创新经验。

3. 加强知识产权保护工作力度，提升知识产权支撑产业发展韧性

从产业发展的禀赋看，南京江北新区重点打造的"两城一中心"主导产业均为知识密集型、创新驱动型，对知识产权的保护力度决定着新区能否抢占产业创新的制高点。一直以来，南京江北新区高度重视知识产权工作，从提升产业发展韧性的战略高度推动知识产权保护工作。南京江北新区知识产权保护和"两城一中心"主导产业发展实现了同谋划、同部署、同推进，专利申请量、专利授权量、PCT申请量较建区之前相比均实现大幅增长。

为切实发挥知识产权制度对创新驱动发展战略的支撑和保障作用，率先将南京江北新区建设成为全国知识产权强区，南京江北新区建立了专利、商标统一知识产权管理机构，知识产权综合管理改革成效显著；形成了行政保护、司法保护、仲裁调解、社会监督"四位一体"的知识产权保护格局，知识产权保护氛围浓厚；构建了知识产权综合服务体系，知识产权金融与产业

---

❶ 关于加强中国（江苏）自由贸易试验区南京片区知识产权保护体系建设的若干意见［EB/OL］.（2020-07-24）［2022-06-05］. http://swt.jiangsu.gov.cn/art/2020/7/24/art_79289_9323926.html.

发展深度融合富有成效；培育了更多高价值专利、高知名度商标、核心版权，知识产权创造质量显著提升；造就了一批知识产权密集型企业，知识产权运用能力大幅增强；加强了知识产权高层次人才培养，知识产权发展环境更加优化。

围绕资源集聚、载体布局、生态优化等关键节点，南京江北新区先后布局了知识产权法庭、知识产权检察室、知识产权保护中心、海外知识产权维权联盟等多元保护载体，打造了全国首个法治园区，集聚了一批高端法律服务机构，搭建了国际知识产权和涉外法律服务平台、原创认证保护平台、商业秘密公证保护平台等一批特色显著的专业支撑平台，形成了多维度、宽领域、立体式的全链条保护体系。创新打造"知识产权风险门诊"在线问诊平台、"知识产权案例大讲堂"活动、"听懂IP·一周风险提示"等服务品牌，广受企业好评。

4. 营造南京江北新区良好营商环境，推动南京国际知识产权金融创新中心建设

为了有利于加大新区知识产权促进与保护力度，有效提升投资者投资入驻的信心和积极性，有力保障新区企业、人才的知识产权合法权益，促进新区科技创新人才集聚，营造新区良好的营商环境，《南京江北新区知识产权促进与保护办法（试行）》在2018年1月正式发布，内容包括总则、知识产权激励与扶持、知识产权保护、政府服务和附则五个部分❶。该办法在制定过程中遵循激励创造、有效运用、依法保护、科学管理的原则，充分体现了加大对企业激励扶持力度，健全新区知识产权保护机制，完善知识产权行政管理体系和执法体系，促进新区知识产权工作高质量发展的工作思路。

近年来，南京江北新区积极建设国际知识产权金融创新中心，引导金融机构和知识产权专业机构开展创新，探索形成南京江北新区知识产权金融服务新模式、新经验。2021年3月18日，南京江北新区管理委员会印发了《关于进一步促进南京江北新区（自贸区南京片区）知识产权金融发展的若干政策》。该政策的主要亮点包括：一是结合工作实际和重点，拓展知识产权质押融资奖励支持范围，细化支持标准，形成全市首个知识产权金融发展专项政策；二是涉及主体广：政策支持对象涉及企业、服务机构、金融机构、保险、智库、行业联盟等众多相关市场主体；三是支持领域宽：覆盖知识产权质押

---

❶ 江北新区知识产权促进与保护办法出台［EB/OL］．（2018-01-10）［2022-06-05］．http://njna.nanjing.gov.cn/cxrc/cxrcdt/201801/t20180110_613072.html.

融资、知识产权证券化、知识产权保险、知识产权交易四大板块；四是支持力度大：针对知识产权质押融资、知识产权证券化，分别安排 300 万元专项资金池，对相关机构、企业给予补助；五是形成知识产权质押融资流程闭环：支持第三方机构收储处置银行出险贷款质物，对知识产权交易平台建设给予配套奖励，畅通知识产权处置和变现通道，实现知识产权质押融资流程闭环；六是鼓励机制创新：首次将新模式、新经验纳入政策支持范围，鼓励相关机构、组织发挥各自优势，在知识产权金融服务领域形成更多新模式、新产品和新经验。

第二节 构建支撑国际一流营商环境的知识产权保护体系

一、中央系统性谋划具有时代特点的知识产权保护工作

以习近平同志为核心的党中央高度重视知识产权保护工作。2020 年 11 月 30 日，中共中央政治局就加强我国知识产权保护工作举行第二十五次集体学习。中共中央总书记习近平在主持学习时提出知识产权保护工作的"五个关系"：关系国家治理体系和治理能力现代化，关系高质量发展，关系人民生活幸福，关系国家对外开放大局，关系国家安全（见图 1-9）。同时，提出全面建设社会主义现代化国家，必须从国家战略高度和进入新发展阶段要求出发，全面加强知识产权保护工作，促进建设现代化经济体系，激发全社会创新活力，推动构建新发展格局。《中共中央关于党的百年奋斗重大成就和历史经验的决议》肯定了我国在"强化知识产权创造、保护、运用"方面所取得的成就。继中共中央办公厅、国务院办公厅印发《关于强化知识产权保护的意见》及其推进计划后，2021 年 9 月中共中央、国务院发布《知识产权强国建设纲要（2021—2035 年）》，10 月国务院印发《"十四五"国家知识产权保护和运用规划》，进一步对知识产权保护工作作出了部署。知识产权保护工作在推动经济高质量发展、构建新发展格局方面发挥出更加重要的作用。

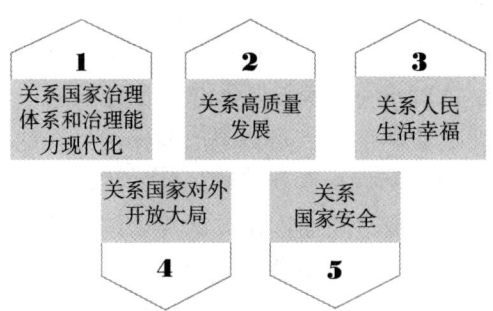

图1-9　知识产权保护工作的"五个关系"

近年来,中共中央总书记、国家主席习近平先后在世界经济论坛"达沃斯议程"对话会、二十国集团领导人第十六次峰会、第三次"一带一路"建设座谈会等多个国际重大场合强调加强知识产权保护,并在《求是》杂志发表重要文章,对全面加强知识产权保护工作作出部署。李克强总理在2021年《政府工作报告》中也明确要求"加强知识产权保护"。各地各部门认真贯彻落实党中央、国务院决策部署,完善知识产权相关法律、法规、制度,深化知识产权保护工作体制机制改革,组织开展多领域知识产权保护专项行动,广泛开展知识产权保护宣传培训,提升全社会尊重和保护知识产权意识,各项工作取得积极进展。

中国知识产权保护成效显著,得到国际社会和各国创新主体广泛认可。以2021年为例,我国知识产权保护社会满意度持续提高,满意度得分达到80.61分(百分制,不含港澳台地区)。世界知识产权组织(WIPO)发布的《2021年全球创新指数报告》显示,中国排名第12位,较上年上升2位,连续9年保持创新引领积极态势。2021年中国通过《专利合作条约》(PCT)途径提交的国际专利申请量连续3年居全球第一位。中国欧盟商会发布的《商业信心调查2021》显示,认为中国的知识产权执法力度足够或非常好的欧盟企业首次占到受访企业的一半❶。

1. 持续优化,全面改革,大力推进知识产权保护能力建设

党的十八大以来,党中央把知识产权工作摆在了更加突出的位置,引领我国知识产权事业走出一条中国特色知识产权发展之路,在知识产权保护方

---

❶ 2021年全球创新指数报告发布,中国排名第12位,上升2位 [EB/OL]. (2021-09-20) [2022-06-05]. https://baijiahao.baidu.com/s?id=1711431562292154243&wfr=spider&for=pc.

面取得了历史性成就。一是知识产权保护顶层设计得到前所未有的加强,法律制度不断完善。知识产权保护工作连续多年被纳入中央督检考计划,推动各项工作落地落实。商标法、专利法、著作权法完成新一轮修改,建立了国际上高标准的惩罚性赔偿制度。二是知识产权保护机构建设全面加强,各项工作有序推进。按照中央部署,重新组建国家知识产权局,实现了专利、商标、原产地地理标志、集成电路布图设计的集中统一管理;开展了知识产权保护司法体制改革,最高人民法院挂牌成立知识产权法庭,最高人民检察院设立知识产权检察办公室,为知识产权司法保护工作的开展提供了有力保障。三是知识产权保护国际合作纵深推进,重大成果不断涌现。深度参与全球知识产权治理,推动《视听表演北京条约》正式生效,成功加入《工业品外观设计国际注册海牙协定》;成功举办两届"一带一路"知识产权高级别会议,若干务实合作项目取得重要成果;参与完成中欧地理标志保护与合作协定、《区域全面经济伙伴关系协定》(RCEP)知识产权章节谈判及生效实施工作,有力服务了国家对外开放大局。四是知识产权保护工作成效显著,相关指标快速提升。党的十八大以来,国内知识产权保护社会满意度由63.69分提升至80.61分,我国在世界知识产权组织发布的《全球创新指数报告》中的排名,由第35位提升至第12位,位居中等收入经济体之首,是世界上进步最快的国家之一,在总排名上超过不少发达经济体,而且在多个细分指标上位居前列,包括PCT国际专利申请量已经连续多年位居世界首位。知识产权收入在贸易总额中的占比持续提高,创意产品出口、知识传播等指标进步明显,进入全球百强的科技集群数量跃居全球前列❶。

2. 司法为民、公正司法,全面加强知识产权司法保护能力

全国各级司法机关深入贯彻落实党中央、国务院决策部署,紧紧围绕"努力让人民群众在每一个司法案件中都感受到公平正义"的目标,坚持服务大局、司法为民、公正司法,为实施创新驱动发展战略,营造稳定公平透明、可预期的法治化营商环境提供有力的司法保障。

以2021年为例,在加强知识产权民事审判工作方面,最高人民法院新收知识产权民事案件4243件,审结3557件。全国地方各级人民法院共新收知识产权民事一审案件550263件,审结515861件。其中,新收涉外知识产权民事一审案件673件,审结6419件;新收专利案件31618件,商标案件124716

---

❶ 全面加强知识产权保护 优化创新环境和营商环境[EB/OL].(2022-05-23)[2022-06-05]. https://www.sohu.com/a/549641666_120325604.

件，著作权案件360489件，技术合同案件34015件，竞争类案件8419件，其他知识产权民事纠纷案件21006件。全国地方各级人民法院共新收知识产权民事二审案件49084件，审结45468件❶。在发挥知识产权行政审判职能方面，最高人民法院新收知识产权行政案件2852件，审结2487件。全国地方各级人民法院共新收知识产权行政一审案件20563件，审结19342件。其中，新收涉外知识产权行政一审案件3894件，审结3749件；新收专利案件1810件，商标案件18734件，著作权案件19件。全国地方各级人民法院新收知识产权行政二审案件8215件，审结7418件。审结案件中，维持原判5636件，改判1597件，发回重审1件，撤诉145件，驳回起诉11件，其他28件。在依法审理知识产权刑事案件方面，全国地方各级人民法院共新收侵犯知识产权刑事一审案件6276件，审结6046件。其中，新收涉外知识产权刑事一审案件2件，审结1件。在审结的侵犯知识产权刑事一审案件中，假冒注册商标罪案件2558件，销售假冒注册商标的商品罪案件2623件，非法制造、销售非法制造的注册商标标识罪案件476件，侵犯著作权罪案件313件，销售侵权复制品罪案件15件，侵犯商业秘密罪案件61件。在高压严打知识产权刑事犯罪方面，我国开展了"昆仑2021"专项行动，依法严厉打击侵犯知识产权犯罪。全国公安机关侦破侵犯知识产权和制售假冒伪劣商品犯罪案件2.1万余起，抓获犯罪嫌疑人3.7万余名。坚持对各类市场主体依法平等保护，先后侦破一批侵犯知识产权的大要案件，以严明法治保障优良营商环境❷。

3. 强化行政，加大力度，着力提升知识产权行政保护效能

近年来，我国各地加快推进线上线下一体化保护监管，持续聚焦侵权易发多发重点领域和重点区域，突出电商平台、实体市场等关键环节，不断提升知识产权保护法治化水平，知识产权行政保护工作成效不断显现❸。

一是专利侵权纠纷办案力度持续加大。2019—2021年，全国共立案处理专利侵权纠纷案件依次为3.86万件、4.24万件、4.98万件，同比增长依次为13.7%、9.9%、17.4%；办结专利侵权纠纷案件依次为3.66万件、4.07万件、4.95万件，同比增长依次为5.8%、11.2%、21.5%。专利侵权纠纷案件集中在东中部地区，排名全国前十的浙江、广东、江苏、四川、福建、湖

---

❶❷ 2021年中国知识产权保护状况白皮书正式发布［EB/OL］.（2022-04-26）［2022-06-05］. http://www.cnipa.gov.cn/art/2022/4/26/art_2863_175169.html.

❸ 专利行政裁决工作迈上新台阶［EB/OL］.（2022-03-28）［2022-06-05］. http://www.iprchn.com/Index_NewsContent.aspx?newsId=133611.

北、安徽、河北、山东、上海等地案件合计占总量的 87.4%，长三角、珠三角地区最为集中，浙江、江苏、广东、上海四地案件占比合计 61.7%。

二是专利侵权纠纷办案质量效率持续提升。我国各地 9 成专利侵权纠纷案件通过出具侵权意见、达成和解或调解协议方式办结，持续推动矛盾纠纷多元化解、实质性化解，有效实现案结事了、定分止争，切实维护当事人合法权益。浙江、广东、江苏等地对涉及新一代信息技术、数字创意产业、生物制药产业等一批专利侵权纠纷案件及时作出行政裁决，有效制止专利侵权行为，加大对科技创新成果保护力度。专利侵权纠纷办案平均周期在 10 天左右，作出行政裁决决定办案平均周期约 2 个月，比法定时限压缩 1/3，充分彰显行政保护效率高、程序简便等优势。

三是专利侵权纠纷办案效果显著。各地不断强化跨地区跨部门协作配合，加大线上专利侵权行为整治力度，办结线上案件 10.12 万件，有力促进了平台经济规范健康持续发展。依法保护民营企业和企业家合法权益，坚持平等保护、全面保护、依法保护的基本原则，在请求人为企业的案件中民营企业请求人占比达 71.5%，帮助中小企业纾困解难，助力民营企业高效解纷，促进民营经济高质量发展。加强外资企业知识产权保护力度，平等保护中外权利人的知识产权合法权益，办理涉外企业专利侵权纠纷案件近 1.3 万件，有效打击侵犯外商投资企业知识产权违法行为，营造内外资企业一视同仁、公平竞争的法治环境和市场环境。

二、江苏省集聚全球资源建设快速高效的知识产权保护体系

1. 严保护政策导向更明确，知识产权保护开创新局面

知识产权保护是个系统工程，江苏省从完善保护制度、构建保护网络、加大惩戒力度、建设保护载体、强化宣传引导五个方面同步发力，优化知识产权保护环境。江苏省委省政府将知识产权保护工作纳入省级督查检查考核事项，对设区市党委、政府开展知识产权保护工作检查，全面压实属地责任。将"每十亿元 GDP 发明专利拥有量"指标纳入年度省对设区市高质量发展绩效评价考核共性指标体系，将知识产权保护工作纳入线上展会招标、评审标准和展会绩效考核标准，进一步调整优化省营商环境评价知识产权指标体系。省财政加大对知识产权保护资金投入支持，不断优化资金分配方式，提高知识产权保护类资金在专项资金中的比重。苏州、南京完善保护体系做法入选全国营商环境评价标杆城市典型做法，南京市、昆山市、武进高新区在全国

率先试点建设知识产权保护示范区。

截至2021年年底，江苏省已初步形成行政保护、司法保护、仲裁调解、社会监督协同运行的知识产权大保护格局。同时，知识产权保护公共服务体系建设也进一步完善，江苏省已获国家知识产权局批准建设知识产权保护中心8家、知识产权快速维权中心2家，申报国家知识产权快速维权中心5家，全省"1+13+N"的知识产权保护快速协同服务体系建设初具规模。

2. 司法保护力度持续加强，司法保护主导作用充分发挥

近年来，江苏省持续推进最严格知识产权司法保护。省法院发布《关于进一步加强涉外知识产权审判工作的纪要》，编制《侵害商标权民事纠纷案件审理指南》《侵犯商业秘密民事纠纷案件审理指南》，指导全省知识产权审判工作。2021年，全省法院系统新收各类知识产权案件31137件，审结29154件，适用惩罚性赔偿判决案件80件，知识产权案件裁判文书连续3年入选全国百篇优秀裁判文书。省法院联合省知识产权局印发《关于建立知识产权纠纷在线诉调对接机制的通知》，推动知识产权纠纷在线诉调对接工作，构建知识产权纠纷人民调解、行政调解司法确认制度，进一步畅通纠纷解决渠道，全年调解案件1021件。省检察院实质化推进高检院部署的知识产权检察职能集中统一试点工作，抽调骨干组建知识产权检察办公室，负责知识产权"四检"案件办理和业务指导，相关做法得到高检院的肯定。全省检察机关共办理各类知识产权案件1193件，其中刑事案件1118件，民事支持起诉案件58件，公益诉讼案件7件，1件案件入选高检院第二十六批指导性案例，2件案件入选高检院2020年度检察机关保护知识产权典型案例❶。

3. 行政执法成效提升，行政执法力度持续加强

江苏省知识产权行政管理部门认真贯彻落实党中央、国务院以及省委、省政府关于知识产权"严保护、大保护、快保护、同保护"的总体要求和决策部署，深入实施知识产权战略，不断健全知识产权保护体制机制，着力加大执法与监管力度，积极构建多元化知识产权保护体系，知识产权行政保护工作取得明显成效。

江苏省坚持实行严格的知识产权保护，不断加大知识产权行政执法监管力度。一是开展专项行动。在全省范围内积极开展知识产权执法专项行动，

---

❶ 2021年江苏法院知识产权司法保护状况通报［EB/OL］.（2022-04-25）［2022-06-05］. https://new.qq.com/omn/20220425/20220425A03CAI00.html.

围绕专业市场、商业街区、电商平台等重点商贸流通领域,严厉打击专利、商标等侵权违法行为。二是实施"双随机"监管。在全国较早开展"双随机"监管工作,着重加强商标代理机构、商标印制企业、企业商标使用行为等"双随机"抽查,有效维护了公平有序的竞争秩序。三是加强日常执法。针对专利、商标侵权假冒和制假售假行为,持续开展日常执法监管工作,查办了一大批专利、商标违法案件。

三、南京江北新区加强核心引领,打造知识产权保护"新高地"

南京江北新区承担建设自主创新先导区的国家使命,坚持把知识产权保护摆在全局工作的突出位置,加速健全链条、转化价值,为激励创新提供有力保障。全国首份《国家级新区知识产权保护指数报告》以国家级新区为研究对象,从知识产权保护工作的"投入—产出"角度出发,构建了一套由8个一级指标、21个二级指标和56个三级指标构成的综合评价指标体系,全方位考察国家级新区知识产权保护的服务供给、人才基础、创新能力、市场活力、社会满意和示范效应。报告显示,南京江北新区知识产权保护在各方面表现良好,与其他参评新区比较,综合指数排名第二位,其中6项一级指标均进入前三❶。

1. 对标国际领先水平,打造具有新区特色的知识产权保护体系

南京江北新区获批设立后,围绕集成电路、生物医药等主导产业,快速集聚了超1500家高新技术企业,87家新型研发机构,有效发明专利拥有量从2015年的3224件增长到2021年的10014件。研创经济对区域发展贡献率持续提升。2021年,新区PCT专利申请量超400件,专利授权量、有效发明专利拥有量均超过万件。南京江北新区充分发挥国家级新区和自贸试验区"双区联动"优势,综合实力大幅提升,经济增速领跑全省全市,走出了一条自主创新之路。在知识产权方面,新区不断深化知识产权的创造、运用、保护和服务,在顶层设计、载体建设、资源集聚等方面不断发力,采取了一系列创新举措,形成了一批创新经验。江北新区还推进了建设以知识产权为核心的综合服务业态,着力打造更加完善的知识产权保护体系,以最优创新生态和营商环境为企业和新区高质量发展赋能助力。

发展初期,面对知识产权保护工作底子薄、资源弱、管理体制不完善的

---

❶ 首份《国家级新区知识产权保护评价报告》发布[EB/OL].(2022-05-17)[2022-06-05]. http://www.stdaily.com/index/kejixinwen/202205/768ec2593a4d46979c600ed433038bc6.shtml.

困境，南京江北新区着力推动"三化"建设，即渠道"多样化"、手段"智慧化"、体系"链条化"，加快形成工作闭环。一是充分发挥行政保护、司法保护、仲裁调解等在各自领域的独特优势，形成各渠道优势互补局面。二是借力新技术，搭建自贸区首个原创认证知识产权保护平台，建设智慧法庭、"互联网+"行政执法工作机制，全面提升保护效率。三是推动人民法院、检察室、维权援助分中心等协同发展，强化多维度、宽领域、立体式的全链条保护。

南京江北新区注重点上发力，联合专业平台联动创新。先后设立知识产权仲裁院、中国（南京）知识产权保护中心、知识产权维权援助中心、知识产权法律保护联盟，组建南京江北新区知识产权全链条保护合作平台；引入香港国际争议解决及风险管理协会，设立江苏自贸区首家国际商事调解中心，健全国际商事多元化解机制；编制全国首个国家级新区法治指数，强化法治建设责任落实；组建江苏自贸区南京片区企业合规研究中心，成立南京江北新区涉案企业合规第三方监督评估机制管理委员会，不断提升营商环境法治化水平❶。此外，还打造了全国首个法治园区，挂牌成立全省首个自贸区法庭，引进多家高端法律服务机构，形成集司法、行政、仲裁、调解于一体的完整知识产权保护链条。

2. 打造知识产权保护中心，强化知识产权保护载体布局

知识产权的高效益运用转化，必须以高质量创造为前提，否则难以确保其法律状态的稳定性，更加无法在中长期经得住市场的检验与资本的认可。坐落在南京江北新区知识产权大厦的中国（南京）知识产权保护中心，是国家级知识产权综合服务平台。2017年11月，国家知识产权局批复同意建设中国（南京）知识产权保护中心，2018年10月19日，中国（南京）知识产权保护中心在南京江北新区正式挂牌成立（见图1-10）。保护中心面向新一代信息技术产业开展专利申请、专利复审和无效快速预审等服务。经过多年精心发展与聚力建设，开展了集快速审查、快速确权、快速维权于一体，审查确权、行政执法、维权援助、仲裁调解、司法衔接相联动的知识产权快速协同保护工作，对产业发展充分发挥了引领、支撑和保障作用。快速审查可将发明专利授权周期由原来的平均22个月缩短为3~6个月，实用新型专利授权周期由原来的7~8个月缩短为1个月，外观设计专利授权周期缩短为7个工

---

❶ 知识产权全链条保护和高效率运用的江北新区实践［EB/OL］.（2022-04-26）［2022-06-05］. http://www.js.xinhuanet.com/2022-04/26/c_1128598663.htm.

作日；快速确权可对专利复审或无效宣告请求进行审核，无效确权由原来的平均 6 个月缩减为 4 个月，复审确权由原来的 14 个月缩减为 6 个月；快速维权的假冒专利案件和外观设计侵权案件一般可在 10 日内办结，发明及实用新型侵权案件一般在 1 个月内办结。

图1-10 中国（南京）知识产权保护中心

中国（南京）知识产权保护中心是南京江北新区继引进知识产权法庭、知识产权维权援助分中心、仲裁院之后，在完善知识产权保护体系建设方面的又一重大举措。近年来，中国（南京）知识产权保护中心积极发挥区域内统筹协调作用，建立信息共享和协作机制，大力提升新区知识产权工作的服务效率，促进知识产权分析与产业运行决策深度融合，加速企业转型升级，完善知识产权运营服务体系，推动建立南京江北新区知识产权大保护工作格局，为江北新区经济创新发展提供助力，推动江北新区经济高质量发展。

3. 加强知识产权司法保护力度，深入推进知识产权民事、行政、刑事审判"三合一"

2020 年 7 月，经最高人民法院批准，南京江北新区人民法院（以下简称江北法院）集中管辖南京江北新区直管区、鼓楼区、浦口区、六合区范围的基层一审知识产权案件。在上级法院的坚强领导下，江北法院激发创新活力，积极落实南京市委、市政府以及市法院党组对加强知识产权司法保护的要求，以执法办案为中心，不断创新司法理念，优化知识产权司法保护机制，深入推进知识产权民事、行政、刑事审判"三合一"工作，积极探索破解知识产权司法保护困境的新模式。

据统计，2021年江北法院受理各类知识产权案件1779件（其中新收1300件，旧存479件），审结1480件。主要案件类型包括侵害商标权、侵害著作权、特许经营合同纠纷，这三类案件占比超90%。知识产权"三合一"审判工作稳步推进。新收各类知识产权刑事案件22件，其中假冒注册商标罪6件、销售假冒注册商标的商品罪15件、侵犯著作权罪1件；新收知识产权行政案件1件。

面对不断出现的新形势、新变化，江北法院坚决贯彻"司法主导、严格保护、分类施策、比例协调"的知识产权司法保护基本政策；坚持以公正裁判引领社会良好风尚和价值导向，更加重视价值引领，不断提高公众对裁判的认同感，加强产权保护、服务营商环境、推动创新驱动发展战略，传播知识产权司法保护正能量。

4. 提升知识产权保护力度，探索知识产权服务多元化发展模式

强化全链条保护，服务新发展格局。提高企业的知识产权保护意识和能力，从源头上为金融创新保驾护航，是南京江北新区知识产权金融创新的重要组成部分。为优化新区知识产权工作的内容形式，积极探索知识产权服务多元化发展模式，深化知识产权工作实践效果，充分发挥知识产权专业服务的力量和优势，加强企业在创新发展中的知识产权保护、运用、风险管理，南京江北新区管委会综合治理局、南京江北新区管委会科技创新局联合南京理工大学知识产权学院、南京知识律师事务所共同推出了"企业知识产权风险门诊"公共服务平台。"企业知识产权风险门诊"采用线上预约专家，开展线上、线下、现场咨询问诊的方式，既方便企业及时咨询和深度咨询的选择需要，也方便企业寻找信赖的知识产权专业人员咨询的需求，更能有效地发挥知识产权专业人员服务企业知识产权高质量发展的效率。"企业知识产权风险门诊"由来国内外著名的知识产权律师、专利代理师和企业法务人员组成会诊专家团队，特邀专家由来自国内外的知识产权法律专家、学者组成，能够为企业知识产权风险诊断和发展提供专业全面的理论支撑和指导，为企业重大、疑难、复杂知识产权风险防控提供专业全面的支持和帮助，为建立健全知识产权引领产业发展工作机制提供有益参考，同时推动了企业知识产权的创造、运用、保护、管理综合体系的建立。

"企业知识产权风险门诊"立足南京江北新区（自贸区），借助智慧科技赋能企业知识产权保护创新，面向全省、全市企业，旨在以开放性、务实性的工作,深化知识产权工作和法律服务的实践效果,方便企业及时化解创新发展活动中的知识产权风险,不断增强知识产权在企业转型中的驱动力❶。

第三节 打造推动知识产权资本化的知识产权金融

  知识产权是国家发展的战略性资源和国际竞争力的核心要素,金融是现代经济的核心。知识产权作为技术要素的核心载体对于市场化配置创新资源具有重要意义,技术、数据、知识等生产要素的交易流转和价值实现都离不开知识产权载体。知识产权金融是科技金融的重要组成部分与重要工具,知识产权金融在企业的发展过程中起着重要的作用。加强知识产权金融服务是贯彻落实党中央、国务院关于加强知识产权运用和保护战略部署的积极举措,也是知识产权工作服务经济社会创新发展、支撑创新型国家建设的重要手段。

一、中央加快推进知识产权金融创新,促进知识产权金融价值实现

  知识产权是我国普惠金融政策改革的重要突破口,我国不断深化和拓展知识产权金融服务工作,引导和促进银行业、证券业、保险业、创业投资等各类金融资本与知识产权资源有效对接,加快完善知识产权金融服务体系,切实落实国家对中小微企业发展金融扶持政策,为深入实施创新驱动发展战略和知识产权战略提供有力保障。近年来,我国知识产权质押融资、知识产权证券化等知识产权金融创新措施正在如火如荼地推出和实施。

  多项政策陆续出台,支持知识产权金融发展。2020年7月,《国务院关于促进国家高新技术产业开发区高质量发展的若干意见》提出支持在国家高新区开展知识产权投融资服务,支持知识产权质押融资。《中共中央 国务院关于构建更加完善的要素市场化配置体制机制的意见》和《中华人民共和国国民经济和社会发展第十四个五年规划和2035年远景目标纲要》等文件提出鼓励金融机构开展知识产权质押融资,加强了知识产权与金融资源的融合,拓宽了中小微企业融资渠道,改善了市场主体创新发展环境。同年,国家知识产权局出台了知识产权业务便利化办理、期限放宽与权利恢复、质押融资促

---

 ❶ 江北新区"企业知识产权风险门诊"已上线[EB/OL].(2021-04-29)[2022-06-05].http://njna.nanjing.gov.cn/njsjbxqglwyh/202105/t20210524_2946309.html.

进、专利信息服务、服务窗口管理等一系列具体的措施。在支持企业开展知识产权质押融资上，国家知识产权局还设立了质押登记的绿色通道、组织地方开展质押需求和存量项目的摸排、加大政策的集成和工作创新的力度。除了中央政策以外，北京、上海、深圳等城市也结合地区产业特点出台了知识产权方面的支持政策，包括风险补偿、贷款贴息等方面❶。

多途径发展、发力，活用知识产权金融，全面促进知识产权转移转化。2017—2020年，财政部、国家知识产权局在全国选择了若干创新资源集聚度高、辐射带动作用强、知识产权支撑区域发展需求迫切的重点城市（含直辖市所属区、县），开展了知识产权运营服务体系建设重点城市建设，建设内容包括提高知识产权质押融资额度，拓宽知识产权质押贷款质押物范围，探索专利商标混合质押新模式；完善知识产权质押融资风险分担及补偿机制，发挥知识产权保险作用，推广知识产权质押融资保证保险；完善投融资活动中的知识产权尽职调查服务。

政策激励成效显著。"十三五"期间专利商标质押融资金额年均增长19%。2019年，我国专利、商标质押融资总额达到1515亿元，同比增长23.8%。其中，专利质押融资金额达1105亿元，同比增长24.8%，质押项目7060项，同比增长30.5%。2020年，我国专利、商标质押融资登记金额达到2180亿元，同比增长43.9%，质押项目数1.2093万项，同比增长43.8%，实现了"十三五"时期最大幅度的增长。❷ 2021年，全国专利、商标质押融资总额达3098亿元，同比增长42%，融资项目达1.7万项，惠及企业1.5万家，其中1000万元以下的普惠性贷款惠及企业1.1万家，占惠企总数的71.8%，充分显示知识产权质押融资服务企业的普惠特点。❸

二、江苏省健全产业金融服务体系，开放性打造知识产权金融

1. 激励创新，集聚发展，加速推动江苏省知识产权金融创新

江苏省知识产权资源和金融资源拥有量均居全国前列。江苏省高度重视知识产权金融创新工作，将其作为推动普惠金融、加快产业转型、支持民营

---

❶ 中银研究：知识产权普惠政策成效显著，推动湾区科技金融服务创新［EB/OL］．（2022-03-03）［2022-06-05］．https：//baijiahao.baidu.com/s?id=1726269950607801030&wfr=spider&for=pc．

❷ 国家知识产权局．我国专利商标质押融资实现"十三五"期间最大增幅［EB/OL］．（2021-02-19）［2022-06-05］．https：//www.cnipa.gov.cn/art/2021/2/19/art_53_156785.html．

❸ 2021年中国知识产权发展状况成绩单来了！［EB/OL］．（2022-04-26）［2022-06-05］．https：//m.gmw.cn/baijia/2022-04-26/35689804.html．

经济、促进中小企业创新的工作举措。近年来，在银行等金融机构的大力支持下，全省知识产权质押融资规模稳步提升，在缓解中小企业融资问题上发挥了积极作用。

近年来，随着江苏科技创新型企业的逐步发展，江苏省相关政府部门、银行业金融机构先后推出"苏科贷"等系列专属金融产品。以中国银行江苏分行为例，该行推出"苏科贷"6年来，累计为800余家中小型科技企业提供了授信支持近30亿元；针对高新技术企业的"苏银高企贷"，目前授信余额162亿元；围绕知识产权陆续创新研发的知识产权质押特色授信产品，服务客户473户，余额达29.83亿元。2022年第一季度，江苏省开展知识产权质押融资业务的银行数量达35家，比上年同期增加11家。其中，业务量超过1亿元的银行达10家，而上年同期仅有4家。江苏银行、南京银行等业务数量同比大幅增长，其中江苏银行第一季度累计知识产权质押融资额突破10亿元。此外，"知识产权证券化产品""百亿融资行动""知识产权债券产品"等创新产品也不断在江苏落地，进一步拓宽企业融资渠道。

2. 加速推进，抢占高地，为中小企业融资创造良好条件

江苏省大力推进提升知识产权服务便利化水平、强化知识产权金融服务等全面深化服务贸易创新发展试点任务。省地方金融监管局指导省担保公司与银行业金融机构合作，为江苏省小微科技型企业提供普惠性质的知识产权质押融资服务，破解科技型企业融资过程中抵押物不足的问题。2021年，省担保公司为20余家小微企业提供了4000余万元知识产权融资担保服务。江苏省南京市知识产权局联合南京市财政局制定出台了知识产权质押融资奖励和知识产权证券化融资奖励两个实施细则，规定"对合作银行知识产权质押贷款按每年增量的2%给予奖励"和"对知识产权证券化融资的发起单位，按融资额2%、最高200万元给予奖励"。这一支持政策，能够为中小企业融资创造良好条件，进一步解决中小微企业融资难、融资贵的问题，助力企业发展。

三、南京江北新区抢抓战略机遇，五大发展定位服务实体经济高质量发展

1. 首次发布金融业五年发展规划，推动金融服务实体经济高质量发展

2021年12月21日，南京江北新区科技金融发展大会上发布了《南京江北新区"十四五"金融业发展规划》，这也是新区首次发布金融业五年发展规

划。《规划》全面总结了"十三五"期间新区金融业发展取得的主要成绩,系统梳理出今后五年新区推动金融服务实体经济高质量发展的脉络❶。

《规划》提出,到2025年,新区将形成强大的资本吸纳能力、产融结合能力和创新转化能力,基本建成现代金融监管体系;基本实现金融治理现代化,成为"两城一中心"主导产业的重要支撑;基本建成全市领先、国内一流、国际知名的扬子江新金融中心。到2035年,新区金融业规模实力显著增强,金融业增加值占全市比重达到40%,成为长三角区域具有重要战略地位、影响力和带动力的新金融支点,打造国际金融中心的协同承载区,成为国内具有重要竞争力的新金融产业集聚区、产融结合创新引领区(见图1-11)。

图1-11 扬子江新金融示范区

2. "金融十条"政策重磅推出,全力助推新区打造新金融中心

南京江北新区作为江苏省唯一的国家级新区,在设立之时,就被国家赋予了建设"自主创新先导区、新型城镇化示范区、长三角地区现代产业集聚区、长江经济带对外开放合作重要平台"的光荣使命。

2018年,南京江北新区获批江苏省知识产权服务业集聚发展试验区;2019年,中国(江苏)自由贸易试验区南京片区正式挂牌,花落南京江北新

---

❶ 南京江北新区:全力打造扬子江新金融中心!新区金融业发展"十四五"规划发布[EB/OL].(2021-12-22)[2022-06-05]. https://baijiahao.baidu.com/s?id=1719842888661732672&wfr=spider&for=pc.

区，更大程度打开了企业对"创新"的需求。知识产权保护与金融创新成为南京江北新区打造最优创新生态的先手棋。为集聚各类金融机构，全力打造全国一流的新金融中心，南京江北新区出台了《加快建设扬子江新金融集聚区的若干意见》（以下简称"金融十条"，见图1-12）。这是自南京江北新区成立后，继双创政策、服贸政策、高端人才引进政策陆续出台后倾力推出的重大金融政策，共同助推新区打造"两城一中心"主导产业集群。南京江北新区扬子江新金融中心，以"一心一镇"为主阵地，即CBD（中心商务区）资产管理与证券化中心、创业创新基金小镇，着力构建多区域联动发展的现代金融产业发展格局。

图1-12　南京江北新区"金融十条"

南京江北新区出台的"金融十条"政策，涵盖面全、支持力度大、发展导向性强。从金融企业落户奖励、办公用房支持、经济贡献奖励，到金融高端人才引进、金融项目创新支持、投资风险补偿都有涉及，并且在全国同类支持金融产业发展的政策下，新区扶持力度国内领先，特别突出了对新金融业态的支持，鼓励金融研发、金融创新，鼓励金融机构对创新型科技企业的直接投资，支持金融科技融合创新发展，打造科技金融示范区。"金融十条"政策的出台为全力助推新区打造具有强大资本吸纳能力、产融结合能力和创新转化能力的新金融中心提供了有力的政策保障。

3. 推进制度集成创新实践，厚植创新主体发展土壤

创新主体的需求，就是改革推进的方向；城市发展的需求，就是改革优化的动力。南京江北新区聚焦影响企业发展的痛点与难点问题，进一步解放思想、抢抓机遇，深入推进"放管服"改革，不断提升创新能力，不断优化

法治化营商环境。经国务院批准，商务部、国家发展改革委、科技部等多部委联合下发《关于推广服务贸易创新发展试点经验的通知》，通知指出，要在全国范围内，复制推广南京江北新区等试点地区的服务贸易创新发展经验，其中南京江北新区共有四条经验入选：建立服务贸易跨部门协调机制、全国首家设立服务贸易创新发展引导基金、支持服务贸易企业开拓国际市场、针对中小服务贸易企业开展知识产权质押融资（见图 1-13）。

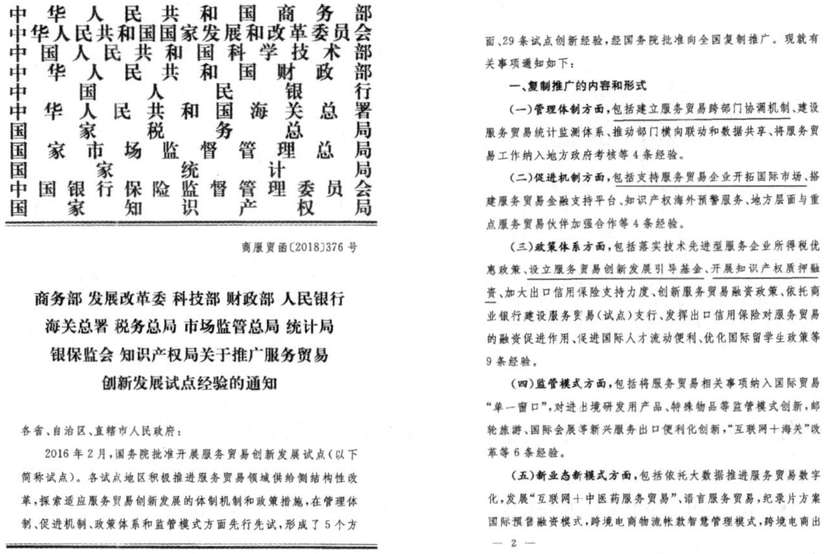
中华人民共和国商务部
中华人民共和国国家发展和改革委员会
中国人民共和国科学技术部
中华人民共和国财政部
中国人民银行
中华人民共和国海关总署
国家税务总局
国家市场监督管理总局
国家统计局
中国银行保险监督管理委员会
国家知识产权局

商服贸函〔2018〕376号

商务部 发展改革委 科技部 财政部 人民银行 海关总署 税务总局 市场监管总局 统计局 银保监会 知识产权局关于推广服务贸易创新发展试点经验的通知

各省、自治区、直辖市人民政府：

2016年2月，国务院批准开展服务贸易创新发展试点（以下简称试点）。各试点地区积极推进服务贸易领域供给侧结构性改革，探索适应服务贸易创新发展的体制机制和政策措施，在管理体制、促进机制、政策体系和监管模式方面先行先试，形成了5个方面、29条试点创新经验，经国务院批准向全国复制推广。现就有关事项通知如下：

一、复制推广的内容和形式

（一）管理体制方面，包括建立服务贸易跨部门协调机制、建设服务贸易统计监测体系、推动部门横向联动和数据共享、将服务贸易工作纳入地方政府考核等4条经验。

（二）促进机制方面，包括支持服务贸易企业开拓国际市场、搭建服务贸易金融支持平台、知识产权海外预警服务、地方层面与重点服务贸易伙伴加强合作等4条经验。

（三）政策体系方面，包括落实技术先进型服务企业所得税优惠政策、设立服务贸易创新发展引导基金、开展知识产权质押融资、加大出口信用保险支持力度、创新服务贸易融资政策、依托商业银行建设服务贸易（试点）支行、发挥出口信用保险对服务贸易的融资促进作用、促进国际人才流动便利、优化国际留学生政策等9条经验。

（四）监管模式方面，包括将服务贸易相关事项纳入国际贸易"单一窗口"，对进出境研发用产品、特殊物品等监管模式创新，邮轮旅游、国际会展等新兴服务出口便利化创新，"互联网+海关"改革等6条经验。

（五）新业态新模式方面，包括依托大数据推进服务贸易数字化，发展"互联网+中医药服务贸易"、语言服务贸易，纪录片方案国际预售融资模式，跨境电商物流帐款智慧管理模式，跨境电商出

— 2 —

图1-13 南京江北新区入选多个国家部委推广的服务贸易创新发展试点经验

南京江北新区在打造全国领先的知识产权金融创新试验区中全力推进制度创新实践，在加快政府职能转变、促进投资贸易便利化、推动实体经济创新发展等方面先行先试，先后总结形成了多项创新性强、成效明显、广受市场主体好评的经验做法。在金融开放创新方面，深入推进知识产权质押融资改革创新，积极拓宽科技企业融资渠道；在助推实体经济创新发展方面，创新推动专利精准导航工作，助力产业集成创新，赋予创新发展强大动能。知识产权质押融资与专利精准导航助力产业集成创新这两项经验做法均为国内或省内显著的创新举措，具有突出原创性、针对性、实效性等特点，入选 2020 年江苏省复制推广的中国（江苏）自由贸易试验区第一批改革试点经验（见图 1-14），体现了南京江北新区以制度创新驱动创新升级取得的卓著成效。南京江北新区在新时代持续推进改革开放的各项

战略举措，作为排头兵，承担着为全面深化改革和扩大开放探索新途径、积累新经验的使命，不断开创探索更有针对性、更有创新性的改革试点经验。

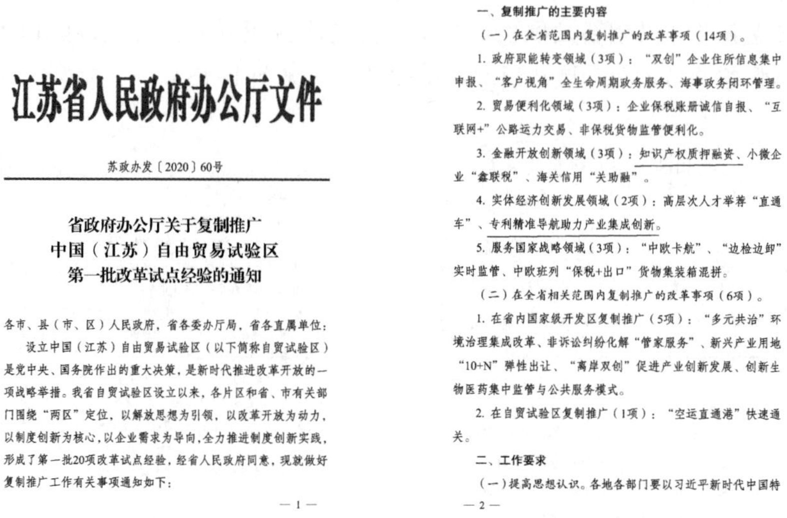
江苏省人民政府办公厅文件

苏政办发〔2020〕60号

省政府办公厅关于复制推广
中国（江苏）自由贸易试验区
第一批改革试点经验的通知

各市、县（市、区）人民政府，省各委办厅局，省各直属单位：

设立中国（江苏）自由贸易试验区（以下简称自贸试验区）是党中央、国务院作出的重大决策，是新时代推进改革开放的一项战略举措。我省自贸试验区设立以来，各片区和省、市有关部门围绕“两区”定位，以解放思想为引领，以改革开放为动力，以制度创新为核心，以企业需求为导向，全力推进制度创新实践，形成了第一批20项改革试点经验，经省人民政府同意，现就做好复制推广工作有关事项通知如下：

— 1 —

一、复制推广的主要内容

（一）在全省范围内复制推广的改革事项（14项）。

1. 政府职能转变领域（3项）：“双创”企业住所信息集中申报、“客户视角”全生命周期政务服务、海事政务闭环管理。

2. 贸易便利化领域（3项）：企业保税账册诚信自报、“互联网+”公路运力交易、非保税货物监管便利化。

3. 金融开放创新领域（3项）：知识产权质押融资、小微企业“鑫联税”、海关信用“关助融”。

4. 实体经济创新发展领域（2项）：高层次人才举荐“直通车”、专利精准导航助力产业集成创新。

5. 服务国家战略领域（3项）：“中欧卡航”、“边检边卸”实时监管、中欧班列“保税+出口”货物集装箱混拼。

（二）在全省相关范围内复制推广的改革事项（6项）。

1. 在省内国家级开发区复制推广（5项）：“多元共治”环境治理集成改革、非诉讼纠纷化解“管家服务”、新兴产业用地“10+N”弹性出让、“离岸双创”促进产业创新发展、创新生物医药集中监管与公共服务模式。

2. 在自贸试验区复制推广（1项）：“空运直通港”快速通关。

二、工作要求

（一）提高思想认识。各地各部门要以习近平新时代中国特

— 2 —

图1–14　江苏省推广中国（江苏）自由贸易试验区第一批改革试点经验

2019年，随着南京国际知识产权金融创新中心的揭牌运营，南京江北新区在知识产权与金融资源深度融合方面精彩不断。快速发展的中国（南京）知识产权保护中心，已为超3000家科技企业提供近万件高质量专利的快速预审服务，大幅缩短了专利申请与授权的周期。为了更加便捷地向企业提供含政策发布、匹配、测评与申报、兑现等在内的一站式、全流程政策服务，南京江北新区在2021年3月推出了“政策罗盘”智能化服务平台。这是全国首个依托大数据实现政策精准匹配的服务平台，直面长期以来企业在面对政府发布的大量惠企政策时束手无策的痛点，解决了企业中存在的“政策找不到、政策看不懂、政策难操作”的三大难题。南京江北新区充分发挥国家级新区与自由贸易试验区“双区叠加”的功能优势，谋划新思路，展现新作为，在知识产权金融创新方面不断取得丰硕成果。

与生俱来的创新基因必然会孕育出一流的营商环境，一流的营商环境必然会为新区创新主体带来快速发展的机遇。多年来，南京中网卫星通信股份有限公司（以下简称中网卫通）以知识产权战略为核心，大力践行“保护知识产权就是保护创新”理念，截至2022年5月30日，中网卫通共申请专利

363件，已授权且有效的专利127件，注册商标31件，参与主持了3项国家卫星通信标准、1项行业标准、1项地方标准，填补了通信卫星领域内国家标准的空白。世界知识产权组织（WIPO）为表彰运用知识产权对世界做出积极影响的企业和个人，设立"全球奖"。2022年6月22日，世界知识产权组织（WIPO）发布首届中小企业"全球奖"入围名单❶，南京江北新区的中网卫通榜上有名（见图1-15），该奖项全国仅6家，全省仅3家企业入围❷。这是南京江北新区多年来紧密围绕知识产权保护全链条集聚资源、布局载体、优化生态，努力打造国际领先的知识产权工作，为打造国际一流的营商环境结成的硕果。

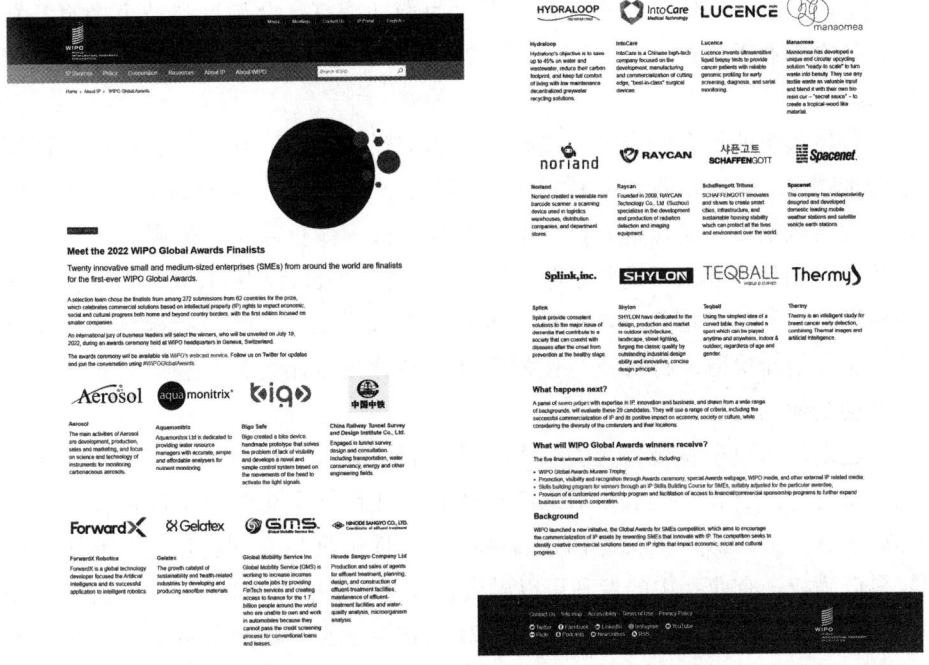

图1-15 世界知识产权组织（WIPO）官方网站公布首届产权组织全球奖的入围者

---

❶ 2022年产权组织全球奖入围名单［EB/OL］.（2022-06-22）［2022-06-24］. https://www.wipo.int/global-awards/zh/2022/finalists.html.

❷ 江苏省知识产权局. 我省三家企业入围WIPO首届中小企业全球奖［EB/OL］.（2022-06-22）［2022-06-24］. http://jsip.jiangsu.gov.cn/art/2022/6/22/art_75875_10512484.html.

4. 激活知识产权金融"南京江北新区模式"活力，全面开启新金融赛道

南京江北新区既是国家级新区，又是国家级自贸区。知识产权金融创新不仅为科技创新型企业带来了活力，也促进了南京江北新区芯片之城、基因之城和新金融中心地标产业的建设。

南京江北新区抢抓双区叠加战略机遇，充分发挥政策和体制优势，聚焦金融制度创新，形成了"1+N"的科创综合融资解决方案。新区先后出台多个支持科技型企业融资的文件，构建起涵盖贷款、保险、担保、基金等全方位的政策支撑体系。在此基础上，南京江北新区探索创新了"灵雀计划""科创数金""我的麦田"等产品，加上"苏科贷""宁科贷""宁创贷"等传统科技金融产品，形成了N个产品矩阵。目前，南京江北新区科技金融服务覆盖科技类企业千余家，"1+N"科创综合融资解决方案有效解决了企业的融资需求。

科技型企业具有轻资产、高投入、高成长等特点，在融资过程中往往面临抵押物少、银企信息不对称等突出问题，严重制约了它们的发展壮大，南京江北新区推出的实现企业科技增信的政企银一体化数字金融服务平台"科创数金"很好地解决了这些难题。"科创数金"平台首创科技企业授信额度测算模型与"科技增信"两项功能，通过企业大数据进行模型指标评价，挖掘科技企业创新价值，将科技企业创新能力转化为信用价值，利用科技增信大力推动企业创新变现。

建设的知识产权交易融资服务运营平台，以区块链技术为支撑，在线特色交易为主，能够让技术和知识产权持有人在市场上更快更精准地找到相应的需求方，为知识产权交易构建直通桥梁，促进沉睡专利转化，无形知识产权得以确权，企业手中的专利得以融资，促进"知产"向"资产"转化。知识产权交易融资服务运营平台入选2021年国务院全面深化服务贸易创新发展试点"最佳实践案例"，由商务部在全国进行推广（见图1-16）。

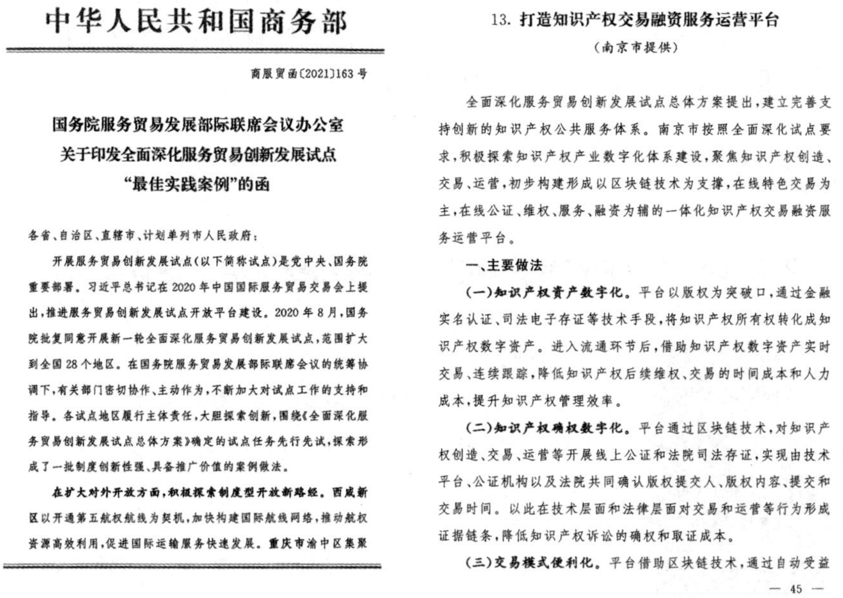

中华人民共和国商务部

商服贸函〔2021〕163 号

国务院服务贸易发展部际联席会议办公室
关于印发全面深化服务贸易创新发展试点
“最佳实践案例”的函

各省、自治区、直辖市、计划单列市人民政府：

开展服务贸易创新发展试点（以下简称试点）是党中央、国务院重要部署。习近平总书记在 2020 年中国国际服务贸易交易会上提出，推进服务贸易创新发展试点开放平台建设。2020 年 8 月，国务院批复同意开展新一轮全面深化服务贸易创新发展试点，范围扩大到全国 28 个地区。在国务院服务贸易发展部际联席会议的统筹协调下，有关部门密切协作、主动作为，不断加大对试点工作的支持和指导。各试点地区履行主体责任，大胆探索创新，围绕《全面深化服务贸易创新发展试点总体方案》确定的试点任务先行先试，探索形成了一批制度创新性强、具备推广价值的案例做法。

在扩大对外开放方面，积极探索制度型开放新路经。西咸新区以开通第五航权航线为契机，加快构建国际航线网络，推动航权资源高效利用，促进国际运输服务快速发展。重庆市渝中区集聚

13. 打造知识产权交易融资服务运营平台

（南京市提供）

全面深化服务贸易创新发展试点总体方案提出，建立完善支持创新的知识产权公共服务体系。南京市按照全面深化试点要求，积极探索知识产权产业数字化体系建设，聚焦知识产权创造、交易、运营，初步构建形成以区块链技术为支撑，在线特色交易为主，在线公证、维权、服务、融资为辅的一体化知识产权交易融资服务运营平台。

一、主要做法

（一）知识产权资产数字化。平台以版权为突破口，通过金融实名认证、司法电子存证等技术手段，将知识产权所有权转化成知识产权数字资产。进入流通环节后，借助知识产权数字资产实时交易、连续跟踪，降低知识产权后续维权、交易的时间成本和人力成本，提升知识产权管理效率。

（二）知识产权确权数字化。平台通过区块链技术，对知识产权创造、交易、运营等开展线上公证和法院司法存证，实现由技术平台、公证机构以及法院共同确认版权提交人、版权内容、提交和交易时间。以此在技术层面和法律层面对交易和运营等行为形成证据链条，降低知识产权诉讼的确权和取证成本。

（三）交易模式便利化。平台借助区块链技术，通过自动受益

— 45 —

图1-16　入选 2021 年国务院全面深化服务贸易创新发展试点“最佳实践案例”

创新质押融资让“知产”变“资产”也是新区在知识产权金融方面的大胆尝试。我的麦田—知识产权互联网公共服务平台是一家落户在南京江北新区的第三方服务平台。作为一家专注于知识产权金融体系建设和互联网一站式服务的平台，它以知识产权质押作为单一融资方式，为科技型中小企业提供了集金融、服务商供应、大数据为一体的知识产权公共服务，并在这个基础上构建形成了政府引导、多方参与、利益共享、责任共担的“一站式”知识产权融资服务体系。可以说，我的麦田—知识产权互联网公共服务平台开创了“互联网+知识产权+金融”知识产权质押融资的“江北模式”。

南京江北新区围绕知识产权金融创新积极探索，在知识产权质押融资、知识产权交易融资服务运营平台等方面走在了全国前列，对于融资额度更高，对科技型企业资金支持力度更大的知识产权证券化，也积累了一定的经验，发行了专利二次许可模式的“江北扬子 1 期知识产权资产支持专项计划”，并创新性地发行特定信托模式的“江北科投—绿色担保灵雀知识产权 1—5 期资产支持专项计划”。同时，为更好地凝聚共识和智慧，充分发挥自贸试验区“先试先行”的优势，还积极与相关研究机构进行合作，深化理论研究和实践探索，以更好地发挥知识产权对金融创新的激励作用。

南京江北新区的发展，将持续围绕创新驱动发展战略，建立全要素、全链条、全周期的科技金融服务体系，引导金融机构聚焦科技型企业的实际需求，创新融资增信方式，全面助力科技企业成长。

【专题访谈】

高标准推进知识产权金融工作，推动新区经济高质量发展

宋河发

中国科学院科技战略咨询研究院研究员，中国科学院知识产权研究与培训专项负责人，中国科学院大学知识产权学院副院长，教授。

随着社会资本的不断介入与参与，金融与知识产权相结合的融资方式与商业模式也呈现出愈加多元化的趋势，知识产权金融从单一的知识产权质押贷款向包括知识产权保险、知识产权融资租赁、知识产权信托、知识产权出资入股、知识产权证券化等多元化金融模式的方向发展。知识产权金融如何更好地服务于新时代的经济与发展，是目前面临的重要研究课题。

1. 加速提升知识产权创新活力，引领带动南京江北新区创新发展

分析师： 南京江北新区近年来抓住国家级新区和自由贸易试验区"双区"叠加优势，勇于探索、大胆实践，积极打造全国领先的知识产权金融创新试验区。从总体上看，我国知识产权金融目前发展存在哪些问题？从南京江北新区来看，发展区域知识产权金融服务体系，在顶层设计和建设过程中有哪些需要重点关注的问题？

宋河发： 知识产权金融是科技金融的重要组成部分，近年来我国对科技金融非常重视。知识产权金融作为科技创新金融的重要工具，在我国的科技创新发展中取得显著成绩。近年来，我国知识产权金融发展迅速，但也面临着一些现实的问题：

首先，我国知识产权金融的体量还比较小。例如，知识产权融资租赁产品比较多的是著作权、电视转播权、专利权的融资租赁，但是因为融资租赁期限比较短，每年的许可费比较高，新的知识产权融资租赁产品还不太多。

知识产权证券化也存在一些不足或风险，体现在：一是目前的证券化产品中担保或增信方主要是地方政府投资机构，参与其中的中介服务商通常需要政府给予较高的服务费用，服务机构选取的市场化程度低；二是知识产权总体质量不高、价值评估难；三是证券化产品周期短，二级市场存在需求向企业信息传导慢、二级市场投资者信心不足等问题。

其次，我国部分企事业单位的知识产权的管理还不够科学。目前的政策在可持续培育高价值专利组合上还存在短板。作为创新主体，企事业单位都需要加强知识产权科学化、现代化管理，将知识产权管理和研发管理紧密结合，和发展战略紧密结合，使得知识产权能够真正体现企业的竞争力和企业的价值。只有不断创造出高水平、高价值的知识产权，知识产权金融才有可能比较好地发展起来。

对于区域知识产权金融服务体系，顶层设计需要有好的战略或规划的引领：首先，需要做好五年甚至中长期的知识产权金融的战略或规划来推进区域知识产权金融服务体系建设，最好要建立一个专班，吸收国内外的知识产权金融领域的专家，来共同对具体的知识产权金融产品进行开发设计，包括产品设计、模型设计、方法设计、政策设计等。有必要参考国内外已经发生的知识产权金融领域的成功与失败的案例，并根据实际需要进行设计，防止设计不精细产生的知识产权金融产品风险。其次，需要做好各类知识产权金融产品和政策工具的开发设计，包括知识产权作价出资、知识产权风险投资、IPO上市、知识产权形成的股权交易、知识产权证券化、融资租赁、保险、担保、信托等业务。再者，需要有专业的、高水平的知识产权金融服务机构和人才队伍。例如，开展知识产权保险业务的保险公司，不仅需要掌握知识产权保险精算模型的人才，也需要能设计出可行的知识产权保险政策的人才。

2. 发挥创新资源集聚优势，知识产权赋能产业发展

分析师：促进新区产业转型升级、新兴产业培育壮大，在国家级新区建设发展过程中，南京江北新区不断拓宽科技企业融资渠道，赋予企业创新发展强大动能，为了引导知识产权金融更好地服务于实体产业发展，南京江北新区需要从哪些方面着力？国内外在建设发展知识产权金融体系过程中有何先进案例和模式可以借鉴？

宋河发：从前期的实践成果来看，国内外知识产权金融创新还是比较多的，尤其是国外知识产权金融有很多成功案例。例如美国的鲍伊证券、哥伦比亚大学的专利许可证券化模式等案例，都可以为我们发展知识产权证券化

提供借鉴。我国目前知识产权证券化形成了质押贷款、许可费、融资租赁、保险理赔四种模式。其中，质押贷款比较多，许可费和保险理赔相对比较少。我国的知识产权金融产品创新，如知识产权保险关于知识产权转让许可、作价出资、价值评估等保险模式很多还没有建立起来，这需要充分调动各方面的积极因素，例如政府引导基金、政策研究者、保险公司、评估机构等，来共同设计新的知识产权金融产品并进行试点实验。

目前，我国促进知识产权金融发展要注意四个问题：一是知识产权的快速保护，保护不及时，证券化发展不起来；二是要解决知识产权证券化中的信息不对称和风险问题，知识产权服务机构要和保险、证券等公司建立长期战略合作关系，形成紧密的一体化机构，最好在保险公司、银行、投资机构中有专业的机构和人才团队；三是降低成本，知识产权证券化服务费总体还是比较高的，政府不仅可以通过补贴支持，也可以通过政府引导基金的担保、垫资甚至结转税收返还进行支持；四是探索新模式，比如以企业未来知识产权实施生产所形成的现金流为基础资产的知识产权证券化。

结合目前，在南京江北新区发展中，建议可以加大政府知识产权金融引导基金力度，引导社会风险投资来投资知识产权，尤其是引导国内外高校、科研机构的知识产权在本地转化实施，这是创新创业的重要融资渠道。实体经济发展尤其是中小微企业的发展中最缺的就是资金，引导企业将知识产权与金融结合，不仅对于提升企业自主创新能力非常重要，对于企业健康快速发展也极其重要，这就需要把相关的金融工具和技术与知识产权统筹考虑。

分析师：南京江北新区在加速推进中国（江苏）自由贸易试验区南京片区建设，我们知道，自贸区的建设不同于其他类型的经济区域，自贸区的建设需要持续推动各项工作的改革创新，探索适合本地特色的自贸区服务模式和经验来进一步激发市场活力，那么自贸区在建设过程中对于知识产权工作有哪些要求需要加以关注？

宋河发：一是要加强知识产权的保护工作。自贸区最主要特点是自由贸易，涉及跨境商品的贸易问题，必然涉及知识产权保护问题。如果没有强有力的知识产权保护，就没有良好的、有序的一流营商环境。二是要加强知识产权运用能力提升。自贸区将会带来大量的知识产权和知识产权产品的交易，例如国外高校、科研机构、企业及其知识产权到自贸区落地，如何引导这些机构和知识产权到本地落地、实施与转化，如何发挥好本地的风投基金、天使轮资金的作用，加速国内外知识产权运用和转化，为自贸区的建设提供更多的创新力量；如何将国外的知识产权运营平台，如区块链知识产权交易平台引进来，这都是自贸区在建设中需要关注的问题。在此过程中，政府也可以发挥政府知识产权金融引导基金的作用进行支持。三是要加强培养本地的知识产权金融人才。通过建设本地的知识产权学院等，建立知识产权交叉学科，培养具有技术背景、知识产权金融知识和技能的复合型人才。

【专题访谈】

新形势下推动面向产业的知识产权金融发展

刘志东

博士，教授，博士生导师，中央财经大学管理科学与工程学院院长。国家级一流专业投资学专业负责人。

随着科学技术的发展，如今技术与金融的融合已经变得越来越普遍。技术价值的实现逐渐地从单一的产品转化、交易许可等方式演化出新的金融价值。将技术与金融进行有机结合，形成高效、长久、稳健的金融机制是未来企业科技成果转化的一个重要内容。特别是对于技术型企业和中小型企业而言，是破除行业融资壁垒、分担市场开发风险和资金成本、扩宽融资渠道的重要举措。

1. 政策环境、市场机制与产品供给多维度协同创新发展

分析师：金融是现代经济的核心和血脉，构建新发展格局离不开金融对科技创新的支持。作为重要的创新要素，知识产权与金融的有机结合的知识产权金融既是构建新发展格局的重要抓手，也是金融供给侧结构性改革的内在要求。您认为，我国知识产权金融目前发展现状如何？存在哪些问题？应如何突破？

刘志东：目前，我国知识产权金融服务主要包括知识产权质押融资、知识产权证券化和知识产权保险三大类。知识产权金融体系建设仍面临许多问题与挑战，主要包括知识产权金融服务法律法规供给不足、评估和处置存在较大难度、供给侧积极性和专业化程度有待提升、需求侧市场认知度和参与

度不高。

围绕上述几方面的问题，可以从以下方向进行突破：一是健全知识产权金融服务法律法规和政策，创新金融机构考核管理模式和风险监管机制；二是统一知识产权价值评估行业标准，健全知识产权动态管理和知识产权风险评估体系；三是建立统一的知识产权交易市场；四是创新产品与服务种类，提高金融供给的匹配度，加强知识产权金融服务人才队伍建设和宣传力度。

分析师：对于地方而言，推进知识产权金融服务发展是践行创新驱动发展战略的重要方式。知识产权金融服务工作也具有它的某些特点，在知识产权金融政策支持上，各省市的高新区也采取了许多因地制宜的举措。那么从地方、区域的角度来看，区域知识产权金融服务体系的顶层设计和建设过程中有哪些需要重点关注的问题？有无可借鉴的模式？

刘志东：知识产权金融体系建设的主要目标在于三个方面：一是建立共识。增进金融机构与企业之间的共识，是建设和发展知识产权金融体系首要解决的问题，建立共识其实就是建立信任关系。二是增进沟通。建立企业与金融机构之间共识的重要措施，是打通信息通路，增加两者之间的沟通渠道，缓解信息不对称。三是提升信心。金融机构参与知识产权融资业务积极性不高的主要原因，在于对知识产权融资中所涉及的价值评估、风险防范等重要问题缺乏信心。政府部门需将风险管理作为提升金融机构信心的重要措施，以完善知识产权价值评估作为突破口，以期实现解决金融机构后顾之忧、提升信心，进而推动知识产权金融整体发展水平的目标。

在知识产权金融服务体系的顶层设计方面，英国知识产权金融体系可以关注。2013年，英国国家知识产权局发布的Banking on IP报告是英国知识产权金融体系发展的整体规划，其中明确了以知识产权为代表的无形资产在企业融资方面的重要作用。这个规划从政府主管部门的角度指出了英国知识产权金融体系建设和发展的"两项原则"和"十项建议"，初步构成了基本原则与具体建议相结合的知识产权金融体系发展规划框架，确立了英国知识产权金融体系"政府规划"型的基本模式。

两项基本原则是英国知识产权金融发展的基石。第一个基本原则为：为解决知识产权融资过程中的信息不对称问题，需要在知识产权局的支持下建立"资源工具箱"；第二个基本原则为：知识产权金融体系必须构建于现有的制度之上，而不是创造一种全新的企业融资模式。十项建议则覆盖了评估、尽职调查指南、金融领域基础设施等方面。

此外，现有国际知识产权金融服务模式可分为"政府主导型"和"市场主导型"两种主要类型，分别以日本与美国为典型代表，可供我国参考借鉴。

2. 建立"大连接、大服务、大场景"的知识产权金融服务生态

分析师：为了让知识产权成为撬动金融资本的好工具，我国各省各地都在探索知识产权金融的发展，也形成了一批实践案例，部分的金融实践很好地帮助创新企业解决了融资难题。在国家级新区建设发展过程中，为了引导知识产权金融更好地服务于实体产业发展，您觉得需要从哪些方面着力？

刘志东：知识产权金融可以着力的方向有以下几个方面：

一是不断完善现行法律法规。目前，我国知识产权金融相关的法律制度仍不完善，金融手段呈现泛化、不具体等特点，与原法规存在衔接不够、不兼容问题。针对法律法规存在的问题，应积极采取措施不断修订完善现行法律法规，尽量降低和避免金融支持知识产权转化中的法律制度阻碍，减少信息不对称和道德风险，做到在法律上支持知识产权金融的可持续发展。

二是建立完善知识产权质押贷款等机制。加强知识产权局与中国银保监会等部门的协作，推动银行等金融机构完善知识产权质押贷款、融资等相关机制，引导银行业建立符合知识产权特点的信贷审批制度和利率定价机制，加快推进知识产权证券化试点，让更多创新型中小微企业获得知识产权融资。

三是健全知识产权信息披露制度和评价体系。建立知识产权信息上报和查询平台，方便科技型中小企业在不影响其核心业务能力的前提下披露知识产权相关信息及盈利预期等，减少知识产权融资的信息障碍，提高信息透明度，提升企业信誉度。

四是扩大知识产权金融服务范围。比如，推动专利商标混合质押，鼓励开发知识产权质押融资保证保险等险种，持续完善风险分担机制；又如，"银行+政府基金担保+专利权反担保"模式、"银行+科技担保公司+专利权反担保"模式，以及知识产权银行等做法。

五是利用互联网金融，推动互联网知识产权金融的发展。互联网金融是发展知识产权金融的未来业务渠道之一，以知识产权为标的的互联网融资模式对于固定资产较少的初创型、扩张期科技型知识密集的中小企业而言，无疑是解决其融资难、融资贵问题的创新性手段。网上平台通过政、产、学、研、金等多方资源联动合作，效率较高，有助于实现"互联网+"知识产权综合服务。

总的来说，实现知识产权金融的"提质扩面"，需要转变现有思路，搭建

多方合作机制，整合各类金融资源，以知识产权全链条为视角，用"大连接、大服务、大场景"的方式打通知识产权金融服务链条的诸多断点。

新区政府可邀请相关部委和监管部门、金融机构、知名企业、高校以及主要知识产权服务机构，共同组建"知识产权融资创新实验室"，共同推进实验室的建设运营，打破主体间的信息不对称，创新政、产、学、研合作机制。一方面，实验室可以组织政府部门、金融机构、产业企业、高校和科研机构，围绕专利科技评价模型、知识产权智能撮合、知识产权质物收储模式等前沿课题，联合开展课题研究和产品开发，以实验室为"播种机"，以金融机构等成员单位为"试验田"，以研带创，以创促用，推动知识产权金融创新和成果推广；另一方面，实验室依托成员单位的相关活动和平台，积极开展知识产权金融主题的培训交流、政策宣导和人才培养，充分发挥"宣传队"的作用。

第二章 南京江北新区知识产权质押融资

第一节 知识产权质押融资概述

一、相关概念

知识产权质押融资，是指债务人或者第三人依法将其拥有的专利权、商标权、著作权等知识产权中的财产权作为质押物，向债权人申请融资，在债务人不履行或不能履行债务的情况下，债权人有权依法以该知识产权折价或者以拍卖、变卖该知识产权的价款优先受偿。其中，债权人为质权人，债务人或者第三人为出质人。出质设定担保的知识产权为质押标的物，即通常所说的"质物"。

《中华人民共和国民法典》第440条规定，可以转让的注册商标专用权、专利权、著作权等知识产权中的财产权可以出质。这里的财产权，指因取得知识产权而产生的具有经济内容的权利，包括独占实施权、实施许可权、转让权等，知识产权的质押合同应当约定被质押的是哪几项权利，其中，标记权和专利产品的进口权一般不得作为质押标的。

二、主要特征

1. 知识产权质押随主债权消灭或因质权实现而消灭

与实物资产质押相同，担保物权是依附于主债权而存在，当债权消灭时，担保物权随之消灭；当债务人不履行债务时，质权人行使质权，优先受偿其债权时,质权自然消灭,质押同时消灭❶。

2. 知识产权质押融资以无形资产作为抵押物

不同于传统质押贷款要求提供有形资产作为抵押物、质押担保物,知识产权的质押融资是以无形资产作为抵押物。这种创新给许多固定资产相对缺乏的新兴企业提供了获取银行贷款的新契机,使许多本来不能满足银行借款需求的企业,特别是中小企业获得了申请银行贷款的资格❷。

3. 我国知识产权质押融资尚未形成统一的运作模式

作为一种新兴的融资方式,尽管社会各界对其拓宽企业融资渠道、缓解中小企业融资难等寄予了较高的期望,许多企业保持高度关注,部分银行也已经积极尝试开发了相关产品,但总体而言我国知识产权质押融资市场尚未形成统一的模式,还存在较强的区域性特点。

4. 与实物资产质押相比,知识产权质押债权人承担的市场风险较高

以专利权质押为例,首先,专利权的质押标的具有无形性。专利权的质押本质上是以其财产权进行质押,而且这种财产权是无形的,其价值的实现必须通过商业化开发或产业实施才可以体现,如果有些技术在实践中得不到实施,那么经济价值就很难体现,因此,债权人在专利质押融资过程中,需要承担较高的市场风险。而实物资产作为抵押物,由于其价值的实现不需要通过中间过程的转化,而权利人可以较为方便地通过市场租赁、转让(包括清算)等方式对该实物资产行使权利,因此,接受实物资产抵押的债权人的风险远低于专利质押中债权人所承担的风险。其次,专利权的价值构成因素复杂,对其价值准确量化评估比较困难。专利权具有不稳定性、排他性、时间性、地域性等特点,专利文献是集技术、经济、法律为一体的信息资源,在判断其价值时,须充分考虑专利权特性和专利文献信息的复杂性,因此,较难准确地估量某一项专利或一个专利包的市场价值。而在实物资产抵押中,评估机构只需要说明在特殊市场情况下的变现风险对实物资产抵押价值的影响,而无须考虑抵押资产时间性、地域性等特性。最后,专利权的快速变现困难。由于专利权具有不确定性、排他性、无形性等特性,且其市场价值的认可度不高、交易市场相对狭小等问题,造成其快速变现困难,导致质权的

---

❶ 钱坤. 专利权质押融资理论与实践研究 [M]. 北京: 社会科学文献出版社, 2015: 012.
❷ 刘红霞. 知识产权质押融资模式运行中的问题及其优化对策研究 [M]. 北京: 经济科学出版社, 2015: 01-02.

实现面临较高的风险。实物资产虽然也存在一定的价值波动风险,但当价值波动威胁到债权人利益实现的时候,债权人可以采取适当的保护措施,及时要求出质人将实物资产变现,从而保护其债权的实现。

三、参与主体

知识产权质押融资示意图如图2-1所示,参与主体主要包括资金需求方、资金提供方、评估/评价机构、风险缓释机构、质押登记机关以及其他的利益相关方。

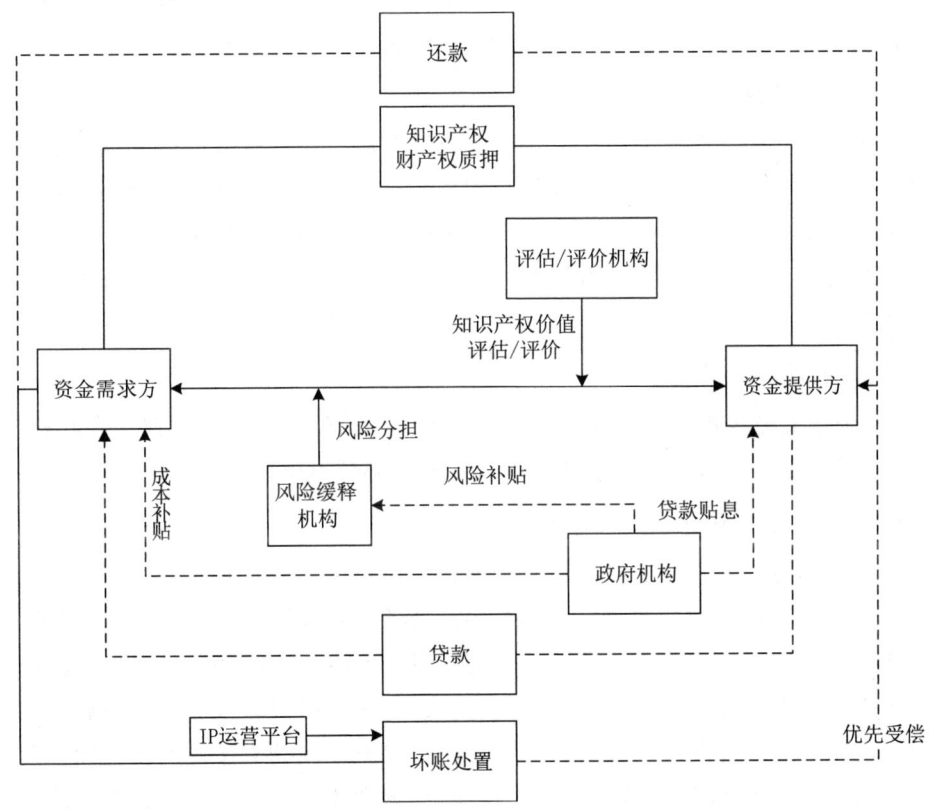

注:虚线表示资金流,实线表示业务流。

图2-1 知识产权质押融资示意图

1. 资金需求方

资金需求方通常指在拥有知识产权资产的同时有缺乏实物资产的科技型企业,其很难运用常规资产进行融资。资金需求方一般具有以下特点:主体多为初创期或成长期的中小型企业；不希望融资导致股权稀释；对资金的需求量有限；有中短期融资需求；对知识产权所有权确定。

2. 资金提供方

资金提供方主要包括银行、现金流充沛的知识产权运营机构、小额贷款公司等。

3. 评估/评价机构

由于与专利权人（资金需求方）相比，资金提供方处于信息劣势地位，所以需要借助专业的无形资产评估或评价机构进行专利权属的核实、对知识产权的价值进行预估。其中，评价机构一般为知识产权服务机构。

4. 风险缓释机构

由于与实物资产质押相比，知识产权质押融资中，资金提供方承担的市场风险较高，所以需要引入如保险、担保、风险处置资金池、风险补偿基金等风险缓释机构进行风险分担。其中，风险处置资金池一般由知识产权运营机构联合地方政府设立，风险补偿基金由政府出资引导，吸引社会资本参与共同设立。

5. 质押登记机关

《中华人民共和国民法典》第444条规定，以注册商标专用权、专利权、著作权等知识产权中的财产权出质的，质权自办理出质登记时设立。

6. 其他利益相关方

其他利益相关方主要包括政府机构、知识产权运营平台等。其中，政府机构主要对知识产权质押融资提供推选、监督、质押补贴成本等综合服务，由于知识产权资产的风险偏高，银行等金融机构表现出较强的风险规避性，为了推进知识产权质押融资的市场化运作，在引导阶段，政府往往需要提供配套的服务或信贷支持，以促进市场对该项融资创新的尝试和发展；知识产权运营平台主要提供供需信息展示、匹配及坏账专利处置（拍卖、转让等）场所。

四、业务流程

知识产权质押融资的业务流程如图 2-2 所示，一般按照企业申请、资格预审、尽职调查、风险防控保障机制约定并签订承保协议、签订质押合同、办理质押登记、发放贷款和贷后管理等程序进行。不同的质押融资模式可能会有不同程度的微调，以下按照资金提供方为银行举例说明。

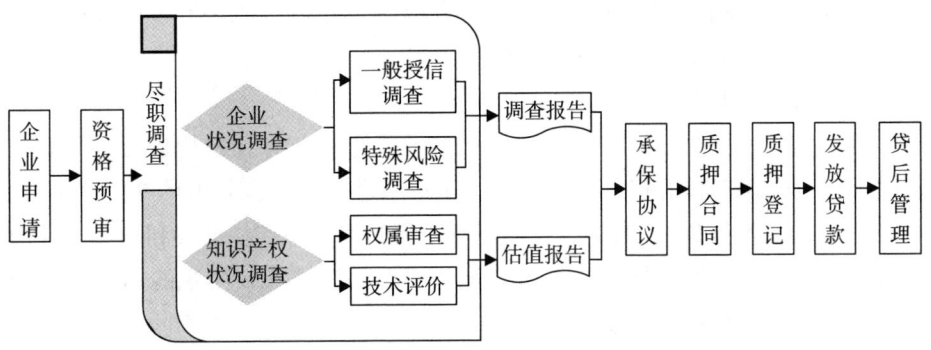

图2-2　知识产权质押融资业务流程图

1. 企业申请

资金需求方向银行或质押融资产品发起方提出贷款申请，填写申请表，一般包含企业基本信息（名称、社会统一信用代码、联系方式、注册资金、近三年财务情况、已有贷款情况等）、拟质押知识产权信息和融资需求等内容。

2. 资格预审

银行或质押融资产品发起方根据资金需求方（融资申请人）提供的申请信息对申请资格进行预审，含企业规模、财务情况、注册地或经营地等信息是否符合质押融资产品要求；拟质押知识产权的类别及有效期是否符合要求；权利人和融资申请人是否一致；多个权利人的，融资申请人是否依法征求了其他权利人的同意等。

3. 尽职调查

尽职调查一般由银行、风险缓释机构、价值评估/评价机构按照自由内部程序进行，主要包括企业状况调查和知识产权状况调查。

（1）企业状况调查

此部分调查主要由银行和风险缓释机构的项目经理进行，方式包括下户考察和资料审查，是对企业的整体状况进行调查，初步确定是否可授信、可承保，并结合"估值报告"拟定授信额度、承保额度。调查内容包括一般授信调查和特殊风险调查。一般授信调查主要包含：贷款企业最近两年（含）以上的经营业绩和盈利情况；历史信贷记录；财务制度建设情况以及工商部门年检手续办理情况；主营业务及市场占有率；经营团队；上下游主要合作伙伴情况。特殊风险调查主要关注知识产权项目的实施风险，主要有：拟质押知识产权项目的实施情况、产业化规模、市场准入限制、产业政策适应性、市场规模前景、竞争情况等。

（2）知识产权状况调查

此部分调查主要由知识产权运营机构或无形资产评估机构进行，主要是对拟质押的知识产权的权属进行审查，对技术进行评价，并出具价值评估/评价报告（即估值报告）。其中，权属审查主要是对知识产权的权利归属，目前质押、转让、实施许可情况，诉讼、无效情况等影响质权实现的因素进行审查；技术评价主要是对知识产权的法律地位稳固性、侵权可判断性、权利的保护范围、技术的独立性、技术的创新性、技术寿命周期、技术成熟度等一一进行分析，并结合行业发展趋势、企业状况调查情况，根据实际情况选择成本法、收益法或市场法对拟质押知识产权的市场价值进行预估。

4. 风险缓释机制约定并签订承保协议

银行和风险缓释机构根据前述调查，约定各方承担的风险比例，风险缓释机构经内部程序确定承保额度，为银行出具"承保函"，与资金需求方签订承保协议。

5. 签订质押贷款合同

银行结合承保额度和约定的风险分担比例，经内部程序最终确定授信额度，并通知资金需求方签署知识产权质押贷款合同。在风险缓释机构为担保公司的情况下，根据约定，由担保公司和资金需求方签署知识产权质押贷款合同。

其中，专利权质押合同中应当包括以下与质押登记相关的内容：当事人的姓名或者名称、地址；被担保债权的种类和数额；债务人履行债务的期限；专利权项数以及每项专利权的名称、专利号、申请日、授权公告日；质押担保的范围。可以在专利权质押合同中约定下列事项：质押期间专利权年费的缴纳；质押期间专利权的转让、实施许可；质押期间专利权被宣告无效或者专利权归属发生变更时的处理；实现质权时，相关技术资料的交付。

商标专用权质押合同一般包括以下主要内容：出质人、质权人的姓名（名称）及住址；被担保的债权种类、数额；债务人履行债务的期限；出质注册商标的清单（列明注册商标的注册号、类别及专用期）；担保的范围；当事人约定的其他事项。

著作权质押合同应当包括以下内容：出质人和质权人的基本信息；被担

保债权的种类和数额；债务人履行债务的期限；出质著作权的内容和保护期；质权担保的范围和期限；当事人约定的其他事项。

6. 办理质押登记手续

质押合同签署后，一般在订立书面合同之日起的 20~30 天内，由当事人向相应质押登记机关申请办理质押登记手续，质权自办理登记时设立。

（1）专利权质押登记

国家知识产权局负责专利权质押登记工作，当事人可以通过邮寄、直接送交等方式办理专利权质押登记相关手续，国家知识产权局自收到专利权质押登记申请文件之日起 7 个工作日内进行审查并决定是否予以登记。

申请专利权质押登记的，应当提交下列文件：出质人和质权人共同签字或者盖章的专利权质押登记申请表；专利权质押合同；双方当事人的身份证明；委托代理的，注明委托权限的委托书；其他需要提供的材料；专利权经过资产评估的，还应当提交资产评估报告。上述文件除身份证明外，当事人提交的其他各种文件应当使用中文。身份证明是外文的，当事人应当附送中文译文；未附送的，视为未提交。

专利权质押登记申请经审查合格的，国家知识产权局在专利登记簿上予以登记，并向当事人发送《专利权质押登记通知书》。经审查发现有下列情形之一的，国家知识产权局作出不予登记的决定，并向当事人发送《专利权质押不予登记通知书》：出质人与专利登记簿记载的专利权人不一致的；专利权已终止或者已被宣告无效的；专利申请尚未被授予专利权的；专利权处于年费缴纳滞纳期的；专利权已被启动无效宣告程序的；因专利权的归属发生纠纷或者人民法院裁定对专利权采取保全措施，专利权的质押手续被暂停办理的；债务人履行债务的期限超过专利权有效期的；质押合同约定在债务履行期届满质权人未受清偿时，专利权归质权人所有的；质押合同不符合登记要求的；以共有专利权出质但未取得全体共有人同意的；专利权已被申请质押登记且处于质押期间的；其他应当不予登记的情形。❶

（2）商标专用权

国家知识产权局负责办理注册商标专用权质权登记。申请人❷向登记机关申请登记的，应当提交下列文件：申请人签字或者盖章的《商标专用权质权登记申请书》；出质人、质权人的主体资格证明或者自然人身份证明复印件；

---

❶ 具体流程及注意事项详见国家知识产权局公告〔2021〕第 461 号《专利权质押登记办法》。

❷ 申请人应当是商标专用权质押合同的出质人与质权人。

主合同和注册商标专用权质权合同；直接办理的，应当提交授权委托书以及被委托人的身份证明；委托商标代理机构办理的，应当提交商标代理委托书；出质注册商标的注册证复印件；出质商标专用权的价值评估报告；如果质权人和出质人双方已就出质商标专用权的价值达成一致意见并提交了相关书面认可文件，申请人可不再提交；其他需要提供的材料。上述文件为外文的，应当同时提交其中文译文。中文译文应当由翻译单位和翻译人员签字盖章确认。

质权登记申请不符合规定的，允许在30日内补正。申请人逾期不补正或者补正不符合要求的，视为其放弃该质权登记申请，国家知识产权局应书面通知申请人。申请登记书件齐备、符合规定的，国家知识产权局予以受理。受理日期即为登记日期。国家知识产权局自登记之日起5个工作日内向双方当事人发放《商标专用权质权登记证》。有下列情形之一的，不予登记：出质人名称与国家知识产权局档案所记载的名称不一致，且不能提供相关证明证实其为注册商标权利人的；合同的签订违反法律法规强制性规定的；商标专用权已经被撤销、被注销或者有效期满未续展的；商标专用权已被人民法院查封、冻结的；其他不符合出质条件的。❶

（3）著作权质押合同登记

国家版权局负责著作权质权登记工作。以著作权出质的，出质人和质权人应当订立书面质权合同，并由双方共同向登记机构办理著作权质权登记。出质人和质权人可以自行办理，也可以委托代理人办理。申请登记时，应当向登记机关提供下列文件：著作权质权登记申请表；出质人和质权人的身份证明；主合同和著作权质权合同；委托代理人办理的，提交委托书和受托人的身份证明；以共有的著作权出质的，提交共有人同意出质的书面文件；出质前授权他人使用的，提交授权合同；出质的著作权经过价值评估的、质权人要求价值评估的或相关法律法规要求价值评估的，提交有效的价值评估报告；其他需要提供的材料。

经审查符合要求的，登记机构应当自受理之日起10日内予以登记，并向出质人和质权人发放《著作权质权登记证书》。经审查不符合要求的，登记机构应当自受理之日起10日内通知申请人补正。无正当理由逾期不补正的，视为撤回申请。有下列情形之一的，登记机关不予登记：出质人不是著作权人

---

❶ 具体流程及注意事项详见国家知识产权局公告〔2020〕第358号《注册商标专用权质押登记程序规定》。

的；合同违反法律法规强制性规定的；出质著作权的保护期届满的；债务人履行债务的期限超过著作权保护期的；出质著作权存在权属争议的；其他不符合出质条件的。❶

7. 发放贷款

办理完质押登记后，资金需求方根据银行要求办理相关的提款账户，银行根据质押合同中关于提款的相关规定，向资金需求方发放贷款。

8. 贷后管理

项目放款后直到完成项目退出期间的各项管理内容，主要包括贷后监控、投贷联动、坏账处置及IP资产管理等。

（1）贷后监控

有知识产权运营机构参与的，一般由知识产权运营机构和银行共同对借款方进行贷后监控。知识产权运营机构负责对企业生产经营情况及质物专利的法律状态、实施进展等进行监控，银行对企业财务情况、用款情况等进行跟踪管理。无知识产权运营机构参与的，知识产权的法律状态监控一般由银行通过政府官方网站进行查询。

（2）投贷联动

针对贷后的优质项目，各参与主体根据约定或基于其拥有的资源，优先为资金需求方对接相关的投资基金，实现投贷联动。

（3）坏账处置

对产生坏账的项目，依托知识产权运营类平台进行拍卖、许可、转让等方式进行运营，所得收益优先受偿给质权人，同时，风险缓释机构按照约定对银行进行风险补偿。

（4）IP资产管理

有知识产权运营机构参与的，知识产权运营机构根据约定，向企业提供知识产权创造、运用、保护和管理等相关的服务，以提升企业的知识产权质量、管理水平及运用价值。

五、知识产权质押融资场景下的专利价值评估

随着我国对于科技创新的支持力度不断加大，知识产权质押融资越来越成为解决科技型企业融资难题的重要途径。但是在进行专利权质押融资过程

---

❶ 具体流程及注意事项详见中华人民共和国国家版权局令（第8号）《著作权质权登记办法》。

中，专利价值评估是最为关键和困难的环节。目前，专利权质押融资中价值评估方法的选择主要有：

(1) 充分分析专利权自身的条件

我国的专利权主要包括发明、实用新型、外观设计三大类，不同类型的专利产生价值的方式也不同。因此，在进行价值评估方法选择时，首先要分析其自身的特点，充分考虑专利权所处的法律状态、技术条件和经济环境。专利能给企业带来持续的收益，并且该收益可以科学预测和货币计量，则可以采用收益法。该专利权具有同类型的专利可以参照，并且拥有活跃的交易市场则可以采用市场法。倘若该专利权作为独立的研发项目重新研发，可以采用成本法进行评估。专利权价值评估的方法比较多，每种方法的应用条件不一样，需要获取的相关资料也存在很大的差异。因此，需要结合专利权自身的特点以及获取相关资料的难易程度，进行价值评估方法的科学选取。

(2) 定量分析与定性分析相结合

专利权质押融资过程中，对于专利价值的评估结果最终是要以货币来进行衡量，因此，其主要还是需要依据定量分析的结果。但是专利价值评估过程涉及经济学、管理学、法学和会计学等多个领域的专业知识，很多内容无法直接量化。因此，在进行价值评估过程中，需要充分听取相关领域的专家意见，并将专家的判断结果进行合理量化。只有将定量分析和定性分析充分结合起来，通过科学的价值评估体系和量化分析模型得出的专利权价值评估结果才具有比较高的可信度。

(3) 多种方法结合并对不同结果进行科学判断

专利权质押融资的专利价值评估过程中，可以尝试采用多种方法进行价值评估。专利价值评估的诸多方法虽然均具有一定的科学性，但是又同时具有一定的局限性，不同的价值评估方法得出的结果可能会存在很大的差异。例如，不同专家的预测结果就会存在很大的差异，这就会使得价值评估结果存在很大的争议。因此，在进行专利价值评估过程中，如果条件允许，则需要采用两种或两种以上的方法进行评估，对每种方法的应用条件和资料可靠度进行有效分析，进而对不同的评估结果进行科学判断，从中选择出最优的评估结果。

(4) 加强企业、评估机构和金融机构的沟通和协调

在进行专利权质押融资过程中，一般需要委托专门的评估机构进行专利价值评估。专利价值评估结果最终还是需要得到金融机构的认可，才能获取

质押融资贷款。通过专利权质押融资向金融机构获取质押融资贷款过程中，实际上也存在着企业、评估机构和金融机构等多方的利益博弈，有效的沟通和协调就显得尤其重要。因此，企业、评估机构和金融机构对于价值评估的方法和程序需要及时进行多方面的沟通和协调，这样才能使专利权质押融资得以顺利进行。❶

第二节 "互联网+知识产权+金融"知识产权质押融资的"江北模式"

一、建立健全政策法规体系，推动"知产"变"资产"

1. 国家层面政策环境持续优化

1995 年颁布并实施的《中华人民共和国担保法》就对商标专用权、专利权、著作权中的财产权可用于权利质押作了明文规定，为知识产权质押融资制度的发展提供了法律保障。2006 年以来，国家为促进知识产权质押融资制度的发展和健全，从中央部门到地方政府都陆续出台了大批配套政策规定，涉及知识产权资产评估、知识产权质押融资试点、注册商标专用权质权登记、专利权质押登记、著作权质权登记等方面。2013 年，原银监局出台了《关于商业银行知识产权质押贷款业务的指导意见》（银监发〔2013〕6 号文），引导和规范商业银行开展知识产权质押贷款业务，充分利用知识产权的融资担保价值，支持企业创新。2019 年，银保监会联合国家知识产权局、国家版权局发布《关于进一步加强知识产权质押融资工作的通知》（银保监发〔2019〕34 号文），政策的亮点和意义体现在四个方面：建立专门融资服务体系、鼓励融资产品形式创新、健全完善风险管理机制、综合保障破解处置难题。2020 年，国务院办公厅印发《关于提升大众创业万众创新示范基地带动作用进一步促改革稳就业强动能的实施意见》（国办发〔2020〕26 号文），提出在有条件的区域示范基地设立知识产权质押融资风险补偿基金，对无可抵押资产、无现金流、无订单的初创企业知识产权质押融资实施风险补偿。2020 年，国家知识产权局出台了知识产权业务便利化办理、期限放宽与权利恢复、质

---

❶ 刘啸尘. 专利权质押融资中的价值评估研究［J］. 中小企业管理与科技（上旬刊），2021（5）：80-81.

押融资促进、专利信息服务、服务窗口管理等一系列具体的措施。在支持企业开展知识产权质押融资上，国家知识产权局还设立了质押登记的绿色通道、组织地方开展质押需求和存量项目的摸排、加大政策的集成和工作创新的力度。2021年，国家知识产权局会同中国银保监会、国家发展改革委联合印发《知识产权质押融资入园惠企行动方案（2021—2023年）》。2021年10月，《"十四五"国家知识产权保护和运用规划》中明确，"十四五"时期，我国每万人口高价值发明专利拥有量达到12件，知识产权质押融资登记金额达到3200亿元。从历史政策的演变不难看出，国家知识产权质押融资的发展工作一直在加大支持的力度，目前，对知识产权质押贷款的不良率也允许更高的容忍度，不作为监管部门监管评级和银行内部考核评价的扣分因素。

在我国自主创新能力不断增强、大力推进创新型国家建设的背景下，知识产权质押融资逐步发展起来。国家知识产权局统计数据显示，1996年至2006年9月，全国仅有682项专利在国家知识产权局进行专利权质押登记，质押总额不足50亿元人民币。2006年1月至2011年6月全国累计实现专利权质押3361件，质押金额达人民币318.5亿元（含外汇）。如图2-3所示，2011—2021年，十年间，在各级政府的支持下，全国知识产权质押融资取得了较大规模的发展。2011年，质押金额达90亿元，2021年，全国专利商标质押融资金额达到3098亿元，其中，专利的质押金额达2199亿元。

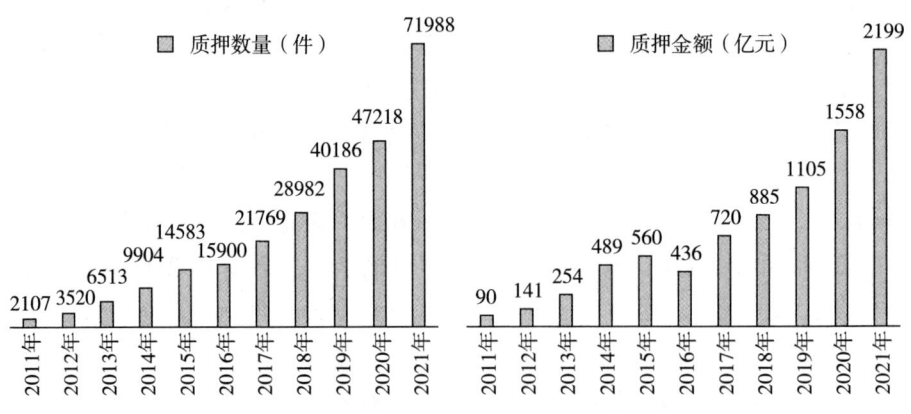

图2-3　近10年全国专利质押融资专利数量及金额趋势图❶

知识产权质押融资能取得如此成效，正如国家知识产权局运用促进司司

---

❶ 数据来源：国家知识产权运营公共服务平台及网络公开数据。

长雷筱云在国务院新闻办公室举办的2021年知识产权相关工作统计数据发布会上提到的，2021年我国专利商标质押融资登记金额首次突破3000亿元，普惠性也进一步增强。这是政策措施、市场环境、企业需求等多重因素叠加的结果，也是中央和地方两个积极性充分发挥的结果。一是中央高度重视知识产权质押融资工作。习近平总书记多次指出，要加大对中小微企业的金融支持力度。党的十九届五中全会提出完善金融支持创新体系。中央经济工作会议强调，要引导金融机构加大对实体经济，特别是小微企业科技创新的支持。知识产权强国建设纲要和"十四五"规划提出，积极稳妥发展知识产权金融。国务院常务会议专题研究部署知识产权质押融资工作。二是科技型中小微企业的融资需求日益旺盛。中小微企业是稳增长、促就业、保民生的重要力量。新冠肺炎疫情背景下，中小微企业承受了巨大的压力，面临不少困难，特别是一些处于初创期的科技型企业，创新能力强、成长性好，迫切希望以专利、商标等"轻资产"获得融资支持，实现更好发展。三是各方多措并举、点面结合、协同发力。政策引导方面，落实国务院部署，国家知识产权局联合银保监会、版权局印发《关于进一步加强知识产权质押融资工作的通知》，明确单列信贷计划、专项考核激励、放宽不良率等措施；印发《关于促进和规范知识产权运营工作的通知》，将加强知识产权融资服务作为重要内容；联合中国银保监会、国家发展改革委启动知识产权质押融资"入园惠企"三年行动，指导各地组织银企对接活动。在优化服务方面，修订《专利权质押登记办法》，扩大银行业金融机构知识产权质押登记线上办理试点；会同有关部门指导全国知识产权质押信息平台建设，汇聚专利商标质押和金融产品信息。在银企合作方面，与中国银行、建设银行开展战略合作，指导开发知识产权质押专门产品。

2. 因地制宜建立政策体系，为打造"江北模式"保驾护航

2015年6月27日，国务院印发《关于同意设立南京江北新区的批复》，正式批复同意设立南京江北新区。自此，南京江北新区建设上升为国家战略，成为中国第十三个、江苏省唯一的国家级新区。2019年8月，中国（江苏）自由贸易试验区获批设立，其中南京片区全部位于南京江北新区范围内。南京江北新区紧抓国家级新区和自由贸易试验区"双区"叠加优势，坚持以制度创新为核心，在知识产权质押融资工作的开展方面，伴随南京江北新区的发展作出了适应性的调整，以更好地解决新区科技型中小企业融资难的问题，逐步地形成南京"江北模式"，南京市、南京江北新区在知识产权质押融

资方面的政策概览如图2-4所示。

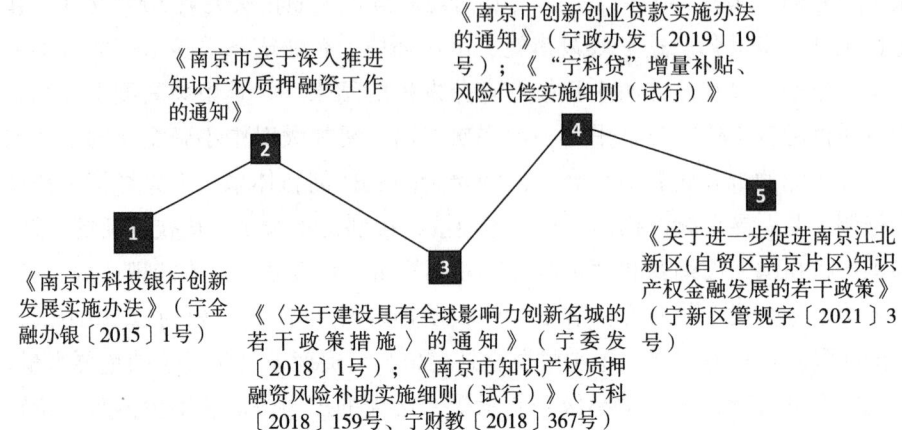

图2-4　南京市、南京江北新区在知识产权质押融资方面的政策概览

（1）创新风险代偿和利息补贴机制，加大政策引导和扶持

2015年1月，为贯彻落实《南京市政府关于全面深化金融改革创新发展的若干意见》（宁政发〔2014〕172号），深化科技创业投融资体系建设，进一步推动科技银行改革创新和专营专业发展，加强综合金融服务，加大对科技企业的信贷支持，促进科技创业创新发展，南京市金融发展办公室、市委宣传部、市文广新局、市财政局，联合拟订印发了《南京市科技银行创新发展实施办法》（宁金融办银〔2015〕1号）（以下简称《办法》）。《办法》对科技银行风险代偿、利息补贴等做了详细的规定。办法覆盖南京江北新区，国家级新区获批后，南京江北新区在《办法》的指导下常态化开展知识产权质押融资工作。

（2）打造互联网知识产权公共服务平台，开启"江北模式"新篇章

2017年4月，由南京江北新区管委会联合南京市知识产权局、江苏省知识产权局打造的"我的麦田"互联网知识产权公共服务平台（以下简称"我的麦田"）正式上线运营。2017年6月，南京市发布《南京市关于深入推进知识产权质押融资工作的通知》要求市级层面加快推进"我的麦田"建设，支持"我的麦田"与银行、担保机构共同开发知识产权质押融资新产品，建立标准化流程，加快企业知识产权质押融资办理速度。"我的麦田"的设立和运营，开启了知识产权质押融资"江北模式"新篇章。

(3) 借力"一号文",进一步激发金融机构动力

2018年,中共南京市委、南京市人民政府印发《〈关于建设具有全球影响力创新名城的若干政策措施〉的通知》(宁委发〔2018〕1号)(即"一号文"),第十条指出,对提供专利等知识产权质押融资的金融机构,给予实际融资额度2%的风险补助。为进一步明确适用范围、补助标准、工作流程、部门职责,更好推动南京市知识产权质押融资工作开展,南京市印发了《知识产权质押融资风险补助实施细则(试行)》(宁科〔2018〕159号宁财教〔2018〕367号)(以下简称《细则》),《细则》对知识产权质押融资的利率、风险补助条件等做了详细的规定。"一号文"及《细则》印发后,南京江北新区通过"我的麦田"等平台和机构,定期组织银企对接,并对政策进行深度宣贯,引导驻宁银行向南京江北新区企业放款。

(4) 对接"宁创贷""宁科贷",打造特色产品

2019年,为激励银行加大对南京市小微企业创新创业的信贷投放力度,根据《中共南京市委南京市人民政府关于支持民营经济健康发展的若干意见》(宁委发〔2018〕39号)设立"南京市创新创业贷款"(以下简称"宁创贷")要求,鼓励驻宁银行业金融机构自愿申请成为"宁创贷"合作银行,向在南京市注册并正常生产经营的小微企业提供贷款。市财政设立总额10亿元的风险代偿资金池,为合作银行提供80%~90%的风险代偿。2021年,为深入贯彻落实市委、市政府《关于新发展阶段全面建设创新名城的若干政策措施》(宁委发〔2021〕1号),鼓励银行加大对南京科技型中小企业、新型研发机构、海外人才创业企业的信贷投放力度,持续优化科技型企业融资环境,市金融局会同市财政局、科技局、市人才工作领导小组办公室,联合拟订印发了《"宁科贷"增量补贴、风险代偿实施细则(试行)》。该细则的实施,首先是进一步扩大科技贷款政策覆盖面。一是将"宁科贷"政策向所有"宁创贷"合作银行放开;二是将"宁科贷"政策扶持对象扩大至科技型中小企业、新型研发机构、海外人才创业企业。其次是进一步提升财政资金支持力度。将科技型中小企业、新型研发机构、海外人才创业企业单户贷款授信上限、风险代偿、增量补贴提高标准。最后是进一步集成优化系统服务效能。统一依托"南京金服平台"线上实施,集成企业认定、融资对接、政策兑现功能,提高政策实施效率。

在此背景下,南京江北新区有效地衔接"宁创贷""宁科贷",鼓励新区机构联合银行打造了具有江北特色的系列知识产权质押融资产品。

(5) 建设南京国际知识产权金融创新中心，打造知识产权金融体系

2018 年南京市政府根据《财政部办公厅国家知识产权局办公室关于 2018 年继续利用服务业发展专项资金开展知识产权运营服务体系建设工作的通知》（财办建〔2018〕96 号）要求，结合南京市实际，制定了《南京市知识产权运营服务体系建设实施方案（2018—2020 年）》。方案提出要构建"一核两翼多平台"（"1+2+N"）知识产权运营服务体系，其中南京国际知识产权金融创新中心为"两翼"中的一翼，建在南京江北新区。

为进一步推动南京国际知识产权金融创新中心建设，引导金融机构和知识产权专业机构开展创新，探索形成南京江北新区知识产权金融服务新模式、新经验，南京江北新区制定了《关于进一步促进南京江北新区知识产权金融发展的若干措施》（宁新区管规字〔2021〕3 号）（以下简称《若干政策》），以加大知识产权质押融资、知识产权证券化、知识产权保险、知识产权交易、质押物处置等支持力度。《若干政策》在知识产权质押融资工作的支持上不仅拓宽了支持的对象范围，还在支持力度上深下功夫，专门安排 300 万元的专项资金池对相关机构、企业给予补助，并且支持第三方机构收储处置银行出险贷款质物，对知识产权交易平台建设给予配套奖励，畅通了知识产权处置和变现通道，实现了知识产权质押融资流程闭环。

《若干政策》是南京江北新区制定的首个专门针对知识产权金融的政策，对推动知识产权质押融资、鼓励知识产权融资质押物处置等作出了大力的支持，也为知识产权质押融资"江北模式"的打造起到了保驾护航的作用。

二、打造"我的麦田"优势品牌，形成质押融资标杆工程

近年来，南京江北新区系统推动知识产权综合管理改革试点工作，在构建具有国际竞争力的知识产权保护体系的同时，以创新知识产权金融为切入点，深挖知识产权"变现"价值，推出了"我的麦田"服务平台。在系列知识产权质押融资政策措施的有力支撑下，"我的麦田"在知识产权质押融资的模式上进行了有效的方法创新，江北新区打造的"江北模式"也得以有效运行，"我的麦田"完成知识产权质押项数连续三年占全国当年总量的 1/10，截至 2022 年 3 月，累计服务全国约 8000 家企业，企业累计获得知识产权质押融资额超过 184 亿元。

1. "我的麦田"简介

"我的麦田"是南京市级知识产权公共服务平台、江苏省省级知识产权金

融服务平台，于2017年4月正式上线运营（见图2-5），是由江苏省知识产权局、南京市知识产权局、南京江北新区管委会、中国（南京）软件谷管委会、江苏省信用再担保集团有限公司、南京扬子国资投资集团有限公司和江苏智麦汇科技发展有限公司共同打造的专注于知识产权金融服务体系建设和互联网一站式服务的第三方服务平台。该平台通过实现产品定制化、系统工具化、服务下沉化，为政府、金融机构、企业之间架设桥梁，实现线上线下"一站式"全链条服务。

图2-5　"我的麦田"平台

"我的麦田"聚焦"互联网+金融+知识产权"，以中小企业为精准服务对象，以知识产权质押融资为切入点，逐渐发展成为集知识产权资讯、知识产权金融、知识产权大数据等服务为一体的金融服务平台。2018年，平台的知识产权质押融资模式被国务院批准成为29条全国可复制推广的服务贸易创新发展试点经验之一，"基于大数据知识产权评价的智能风控产品"成功入围中国人民银行金融科技监管试点项目。

目前，"我的麦田"与知识产权出版社、南京理工大学知识产权学院、工商银行、中国银行、交通银行、招商银行、兴业银行、上海浦东发展银行、江苏银行、南京银行、苏州银行、泰隆商业银行、紫金农商银行、苏州农商银行、江苏省信用融资担保有限责任公司等建立了深度合作，在知识产权金融领域协同创新，共同搭建"政府引导、市场运行、资源共享、合作共赢"的知识产权金融服务平台。

2. "我的麦田"的321业务模式

"我的麦田"以知识产权质押融资为切入点，综合运用大数据、云计算、人工智能、区块链等新一代信息技术，强化金融资源与知识产权资源、产业资源对接，不断强化知识产权金融服务链条，形成"三化两有一站式"的321麦田模式（见图2-6），即产品定制化、系统工具化、服务下沉化，有国资参股、有国家监管，及线上线下一站式服务。

图2-6 "我的麦田"的321业务模式

产品定制化。平台与金融机构有网络专线链接，为每家金融机构专门定制后台软件。开发了面向不同银行业务的后台系统，上线了基于移动端的面向企业用户和金融机构的知识产权金融服务App（见图2-7），大大提升了平台的工作效率和企业的体验。

平台还与各落地城市的银行和担保机构联合推出知识产权质押融资的系列产品，结合各地政府政策支持力度和方式推出相应组合产品，满足不同的政府、金融机构和不同企业的个性化需求。

图2-7 "我的麦田"线上网站截图

系统工具化。平台自主研发了知识产权金融智能服务系统,在与多家银行沟通合作的基础上,形成具有"麦田"特色和标准的全线上服务流程,即从企业提交需求申请到银行发放贷款中间的所有流程实现系统标准化服务,并且将知识产权数据转化为金融工具,帮助金融机构筛选科技型企业,利用系统智能分析,完善金融机构对科技型企业的整体画像,如图2-8所示。

图2-8 "我的麦田"知识产权质押融资的系列产品

服务下沉化。平台服务深入各地区、各街道板块的企业,与金融机构的紧密合作延伸的基层一线相关人员，并且实现与各地政府、金融机构的服务数据交互。

有国资参股。平台的发展得到了江北新区的大力支持，江北新区科投集团和扬子国资投资集团投资了平台，平台得到了国资的加持和背书，联合金融机构推出知识产权融资组合产品，满足不同的政府、金融机构和不同企业的个性化需求。

有国家监管。平台的"基于大数据知识产权评价的智能风控产品"成功入围中国人民银行金融科技监管试点项目，并在中国人民银行成功备案登记，面向全国的银行提供相应服务。平台的风控模型和产品在中国人民银行监管下，与银行的合作安全合规。"基于大数据知识产权评价的智能风控产品"是截至目前全国唯一一款经央行备案登记的知识产权风控类产品。

一站式服务。"我的麦田"公共服务平台在建设过程中，紧扣金融服务实体经济本源，发挥激发金融对创新的驱动力，持续丰富创新融资工具、拓宽企业融资渠道，打造了全链条"一站式"的专业知识产权融资服务，如图2-9所示。

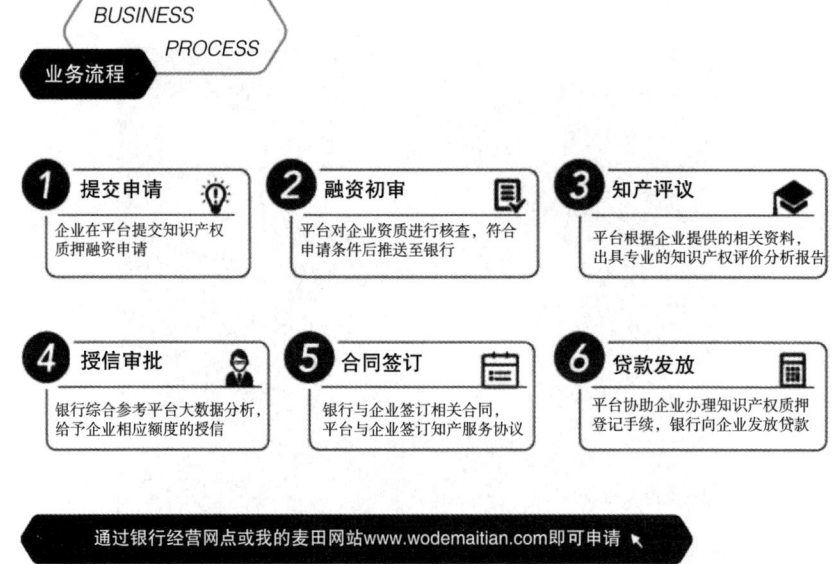

图2-9 "我的麦田"知识产权金融智能服务系统业务流程

（1）打通金融数字化通道，提升金融服务区域经济质效

基于南京江北新区在大数据、人工智能等方面的技术和创新环境，"我的

麦田"平台积极探索知识产权与金融的内在关联,推进知识产权资本化、金融化,提升金融服务经济质效。

2019年,由"我的麦田"、江苏银行股份有限公司和南京数字金融产业研究院三方共同建设的"长三角知识产权金融数字化创新实验室"在江北新区设立,旨在通过建立知识产权金融场景,融合大数据、区块链、人工智能等领先技术,构建知识产权数据模型降低金融风险,研发数字金融产品提升融资效率,并实现知识产权数据与金融数据、企业经营数据耦合,创新科技型中小企业评价模式,打通知识产权金融数字化通道,探索知识产权为企业发展赋能新路径,提高知识产权金融整体效率。

(2) 探索投贷联动模式,开展知识产权股权融资服务

"我的麦田"联合政府不同类型基金共同设立知识产权运营基金,探索知识产权股权融资和投贷联动模式,充分挖掘企业的需求,寻找高价值专利,开展知识产权股权融资服务,并可以为其实现产业化提供强有力的支撑。

(3) 打造知识产权融资闭环,开展知识产权质物处置服务

为推动知识产权质押融资工作的深入开展,"我的麦田"成立了面向全国的知识产权质物处置运营平台,打造知识产权融资闭环,并运用不良资产处置管理模式,探索创新知识产权证券化及知识产权交易的新途径。

作为全国首家上线的知识产权质物处置运营平台,"我的麦田"知识产权质物处置运营平台将以"我的麦田"知识产权公共服务平台质押融资服务为基础,设置知识产权质物处置运营资金池,面向全国金融机构、投资机构、资产管理公司、保险公司、知识产权交易平台、知识产权服务机构、政府和企业单位等构建知识产权质物处置运营网络。同时,通过建立标准化的流程和灵活多样的处置方式,对知识产权质物进行动态跟踪、定期监控、及时修正、补充预警,降低金融机构融资风险。❶

3. "我的麦田"运营情况

"我的麦田"专注于知识产权金融体系建设及互联网一站式服务,平台与众多金融机构合作,运用可信知识产权金融数据为企业知识产权赋予金融属性并提供知识产权债权与股权匹配对接服务。通过五年的探索,"我的麦田"初步建成具有较高的资源开放共享程度、安全可控水平和运营服务能力的垂

---

❶ 2020南京创新周发展观察:"我的麦田"知识产权公共服务平台挖掘"知产"价值探索企业融资服务新模式[EB/OL].(2020-06-28)[2022-06-05]. http://finance.sina.com.cn/roll/2020-06-28/doc-iirczymk9378069.shtml.

直化、专业化网络平台，以及与之配套的保障有力、服务协同、运行高效的线下服务能力，形成技术融合、业务融合、数据融合的知识产权金融创新平台体系，并在以下几个方面取得了较大的提高。

一是质押服务周期大幅压缩。企业知识产权质押融资第一笔从申请到下款四个半月，到目前从申请到下款只要 14 个工作日。二是平台辐射能力大幅提升。目前，平台日平均受理的质押融资服务申请 10 笔以上。服务区域逐渐从南京辐射到江苏全省，从江苏延伸到上海等长三角地区，累计区县达 79 个。三是融资总体规模大幅增长。如图 2-10 所示，截至 2021 年，"我的麦田"面向江苏省、上海市的科技型中小企业主办、承办知识产权金融服务专场活动超过 72 场，涉及 13 个城市、79 个区县（含园区），涉及 6000 余家企业，帮助超 3000 家企业获得知识产权质押融资超 174 亿元。2021 年通过平台申请知识产权质押融资的企业 2585 家，其中 1578 家获得融资 100.8 亿元，同比增长 166%。

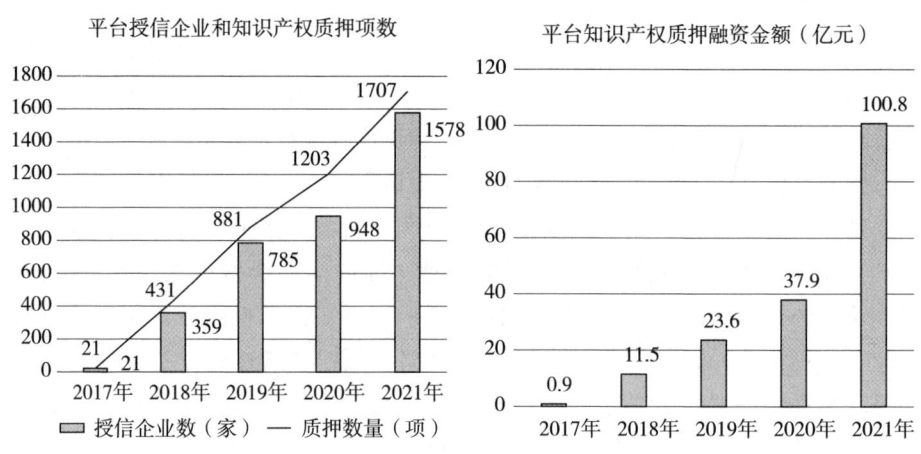

图2-10 "我的麦田"历年知识产权质押融资情况

三、"我的麦田"多途径探索，培育知识产权质押"江北模式"

1. 模式初探：1.0 版本 "6+3+1" 风险分担为融资增添 "安全栓"

"我的麦田"设立之初，为贯彻落实《南京市关于深入推进知识产权质押融资工作的通知》中关于"各区、园区积极建立与我的麦田、金融机构的合作，向企业推介系列知识产权质押融资产品，完善登记备案制度，在全市逐步实现知识产权质押融资产品化、流程的标准化和业务的规模化。'我的麦田'作为市级专门从事知识产权质押融资公共服务平台，要完善线上线下服务系统，开展知识产权质押融资一站式服务，做好与'苏科贷'、'宁科贷'的衔接工作，扎口统计通过平台操作的知识产权质押融资数据，按季度向市知识产权局报送质押融资统计数据。"的相关要求，"我的麦田"在南京江北新区管委会的指导下，联合江苏省信用再担保集团有限公司共同推出"政保银"合作的知识产权质押融资模式。

在该模式中，一项知识产权融资过程中，由江北新区管委会承担60%的金融风险，江苏省信用再担保集团有限公司承担30%的风险，银行承担10%的风险。这种"6+3+1"分担风险模式，大幅度减小了银行的担保风险百分比，提高企业实现知识产权融资的成功率，给企业融资增添了"安全栓"。在该模式的加持下，为更好地服务于创新型企业，"我的麦田"针对不同的融资条件，联合多家银行打造了"麦金"系列产品。由此开启了"互联网+知识产权+金融"的知识产权质押融资"江北模式"的1.0版本。

2. 模式再探：2.0版本信用加持，为纯知识产权质押奠定基础

随着和银行的合作深入，银行对知识产权质押融资的认识和理解也逐渐加深，"我的麦田"在充分理解《〈关于建设具有全球影响力创新名城的若干政策措施〉的通知》（宁委发〔2018〕1号）、《知识产权质押融资风险补助实施细则（试行）》（宁科〔2018〕159号 宁财教〔2018〕367号）、《中共南京市委南京市人民政府关于支持民营经济健康发展的若干意见》（宁委发〔2018〕39号）等政策文件精神的基础上，结合地方差异和实际情况，创新性地推出定制化的知识产权质押融资信用类产品，并与"宁创贷"进行有效衔接，与合作银行共同推出知识产权质押融资信用类产品。知识产权质押融资的"江北模式"进入了2.0时代，这期间"我的麦田"与合作银行共同推出了中银知贷通、"知信贷"等代表性产品。其中，中银知贷通是中国银行与"我的麦田"合作，通过建立知识产权融资专属模型，对企业知识产权、税务数据、结算及日常经营等情况进行综合评估，为企业核定信用贷款额度的一款质押融资产品，为已获得银行授信的科技型企业叠加知识产权质押融资额度，让企业在最短时间获得最大额度的资金支持，进一步解决了企业融资难、融资慢等问题。

3. 全面升级：3.0版本借力大数据持续提升平台能级，实现知识产权质押融资线上化

随着业务的不断扩展，"我的麦田"则借助完善的技术力量支持，将重点

放在了"互联网+知识产权+金融"的新生态模式上,先后在模型、管理系统、应用软件等方面大力投入,借助大数据、云计算等技术手段,搭建了一整套的智能化服务体系。其中,在模型方面,一是为解决评估难的问题,构建了知识产权的大数据分析模型;二是构建了大数据知识产权金融模型,汇集企业知识产权、经营、融资等大数据,对企业进行智能分析。在系统方面,一是开发了面向不同银行业务的后台管理系统;二是与金融机构通过网络专线链接,为每家金融机构专门定制后台软件。在应用软件方面,上线了基于移动端的面向企业用户和金融机构的知识产权金融服务智能服务系统。

目前,"我的麦田"推出了知识产权质押融资纯线上产品,由以往线下人工审批优化升级为在线自动审批出额,大幅提升了融资效率,帮助企业在线通过知识产权在线直接获得融资,不仅拓宽了企业融资渠道,丰富了知识产权质押融资产品体系,而且实现了真正意义上的知识产权质押融资,完成了知识产权质押融资"江北模式"2.0到3.0的华丽转身。3.0版本最具代表性的产品为云知贷。云知贷是中国建设银行在江苏省知识产权局指导下,为助力江苏省知识产权强省建设,推进知识产权转移转化与产业深度融合,联合"我的麦田"共同推出的小微企业知识产权质押融资新模式,是针对具有良好成长性的科技型小微企业,提供在线办理的专利质押贷款产品。

【专题访谈】

挖掘"知产"价值,深耕知识产权融资服务"麦田"

程 霞

江苏智麦汇科技发展有限公司创始人。

知识产权质押融资作为一种新的融资手段,对于实现知识产权价值、助力创新起到十分重要的作用,尤其在各行业经营发展受到疫情影响的当下,不啻雪中送炭。"我的麦田"的创始人程霞说:"麦田象征丰收,希望通过我们的耕耘让麦田长出金灿灿的麦子,也让知识产权融资结出硕果。"

1. 探索创新，高质量打磨拳头产品锻造核心竞争力

分析师：现在市面上的知识产权服务平台一般是通过借助信息化的技术，不断地更新迭代服务模式，据我们了解现在"我的麦田"所代表的"互联网+知识产权+金融"知识产权质押融资"江北模式"已进入3.0时代。在"我的麦田"产品迭代的过程中，您是如何布局的？在该过程中有哪些新的认识？

程霞：早期在做1.0版本产品的时候，为了降低银行的后顾之忧，我们选择和担保公司进行合作，用担保的方式来做增信。随着国家形势、国家政策的变化，国家支持科创型企业发展，引导资金流入科创企业。这对我们来说是一个比较好的机遇，我们对产品进行了升级，到2.0版本的时候，改成了纯信用加知识产权质押的信用类贷款，用去担保、去抵质押物的方式来做，但这是一个慢慢说服银行的过程，这种方式突破非常难。我们以大数据评价的方式代替传统的无形资产评估，银行刚开始比较谨慎，贷款额先是100万~200万元，然后逐步增加到300万~500万元。

随着合作的深入，银行也逐步认识到相对于传统型的小微企业来说，科技型企业抗风险能力较强，更愿意去关注科创型企业，这也是一个认识加深的过程。特别是在新冠肺炎疫情防控期间，很多的餐饮或者小微企业可能经营非常困难，但是对于有知识产权的科技型企业，相对来说抗风险能力更强一点。另外科技型企业的创始人或负责人基本长期从事科技工作，整体素质比较高，在贷款的出险率上相对较低。随着业务规模增大，合作银行数量增多，我们研发了自己的管理系统，3.0版本产品实现全流程线上化服务，这极大地提高了贷款时效，降低了人力成本。同时，我们也逐步拓展市场，从南京市拓展到江苏省全省，再到上海周边、长三角一带。向江苏省外拓展市场的过程中，我们发现了一个新的问题：银行具有地域性，江苏省的银行不能去做省外（如安徽）的业务。地域性限制了业务规模，原因在于银行端，每新增一家合作银行，都需要多轮谈判，需要去说服银行专利如何评价，未来资产如何处置，等等，不能迅速地、大范围地去进行业务复制，这导致业务不能快速覆盖到全国，只能一个省或者一个地区逐步去覆盖，但如果未来真的把它做成一个标准化全国通用的产品，对于科创的企业，特别是轻资产的企业，是非常利好的事情，我们也很愿意把这件事做好。

分析师：知识产权质押融资的一大难点，就是难以评估企业知识产权的价值。针对"评估难"的问题，"我的麦田"在这些方面做了什么样的工作，是如何破局的？您认为"我的麦田"模式的核心优势是什么？

程霞：针对评估的难题，我们通过曲线救国的方式去突破，不能说我们解决了评估难这个问题，因为知识产权的价格认定目前还是个世界难题，光靠我们一个平台无法解决。我们设计了一整套完善的大数据分析模型，由金融、知识产权以及各方面的专家参与建模，对申请的企业进行多维度立体化的大数据画像，最终给出企业整体的价值和前景评价，而银行则根据这个评价结果来进行融资贷款的考量。这同时也是我们管控知识产权融资风险的重要举措之一。大数据分析模型保证了融资过程中的公开、公平、公正，创建了可信任的交易环境，帮助企业获得融资，帮助金融机构降低风险。通过大数据评价代替评估，转变银行关注质押物价值的传统思维。以前，企业尽管请了第三方机构进行知识产权价值评估，到银行寻求知识产权质押融资依然难获认可。"我的麦田"通过综合大数据整理，从知识产权维度对企业进行综合性评价。通过平台专业性服务，银行省去了对企业尽职调查工作，缩短了审核周期，企业的评估成本也大大降低，解决了小微企业融资难、融资成本高问题。

"我的麦田"的这种模式之所以能推开，我认为核心优势是"我的麦田"跟银行之间建立了一整套有效的合作模式，这个模式经过我们跟多家银行磨合，他们认为是可接受、可复制的。银行的认可是我们开展业务的关键因素之一，因为在银行端，一般来说，其风控属于合规性的风控，各银行之间相差不大，如果该模式获得国有银行的认可，股份制银行或者城商银行一般都能接受。另外，我们的大数据分析模型是根据每家银行特色定制的，银行认可我们的模型，也认可我们系统出具的知识产权的评价报告。在模式、模型及报告均被认可的情况下，我们跟银行合作相对来说就会比较顺畅。现阶段，很多银行主动来找我们合作，对接知识产权质押融资产品。此外，完善的管理系统也至关重要。例如，我们目前和中国建设银行江苏省分行合作的国内的首款线上的知识产权质押融资产品，主要得益于我们的系统开发，得益于我们前期跟银行的整套的商业模式的建立，然后最终才能推出全线上化的产品。

2. 初心不改，耕"田"种"麦"持续破解科技企业融资难题

分析师：2016年以前，我国的知识产权金融的政策体系相对还不是很完善，部分城市探索开展知识产权的质押融资工作，但是基本上是依赖传统的评估模式，银行主要做传统的抵押、担保贷款。当时您是基于什么样的愿景创建了"我的麦田"？建立该平台的初衷是什么？

程霞： 党中央、国务院一直高度重视知识产权金融工作，也出台了系列的政策作为支撑，但知识产权的质押融资贷款还是没有突破原有的银行风控模式。我一直从事与金融相关的工作，对此种现象出现的原因比较好奇。所以就不断从银行、企业、政府的角度去思考，究竟是什么样的方式阻碍了该项业务的发展，应该怎样解决各方遇到的痛点。经过长时间的调研和整理，针对企业融资渠道窄、成本高和信息不对称，银行对知识产权领域不熟悉、对知识产权价值无法判断，政府出台政策知悉范围小、获取渠道有限等问题，我们的团队想要借助"互联网+"、大数据的手段，以"互联网+知识产权+金融"的模式，搭建一个政府、银行和企业之间的桥梁，做好政府政策的传递者、金融机构的知识产权的甄别者，进而成为企业融资的护航者。

明确问题及解决问题的途径后，我们的团队向南京江北新区管委会相关领导汇报了建的"田"以及田里种的"麦"，这些"麦"能对江北新区带来的"果"。经过多轮的沟通和讨论，南京江北新区管委会同意一起深耕这片充满希望的"麦田"，于是共同出资设立了"我的麦田"及运营主体江苏智麦汇科技发展有限公司。

经过多年的积累和发展，"我的麦田"长出的"麦"和我们当初预期的一致，甚至更好。对于企业来说，"互联网+知识产权+金融"的知识产权金融新生态模式替换了房产抵押和固定资产抵押的传统模式，让企业申请时少了许多条条框框的限制，提高了企业申请融资的效率，并在相关政策支持下，享受到最低的贷款利率。从平台上的订单量，我们已经感受到企业创新的内生动力，这得益于国家创新驱动政策的支持以及全社会鼓励企业创新的良好氛围。而作为一家支持和服务企业创新的知识产权质押融资平台来说，我们更应为国家促进企业知识产权质押融资的惠企政策做出应有贡献，也对未来更有信心。

分析师： 近年来，南京江北新区坚持实施创新驱动战略，努力营造一流营商环境，对各类企业在创新发展中给予了大量的政策支持。"我的麦田"在建设和运营中政府给予哪些支持？您对江北新区新金融发展有哪些希望与寄语？

程霞： 一路走来，"我的麦田"的发展，离不开省、市知识产权主管部门给予的大力支持，更为重要的是离不开江北新区给予的全方位的支持。回顾来路，心怀感恩，踔厉奋发，笃行不息。"我的麦田"自成立以来，江北新区在政策、资金、资源等方面都对平台大力支持，推动平台向更高的台阶提升。

在政策上，江北新区出台了《江北新区知识产权专项资金管理办法》《关于进一步促进南京江北新区知识产权金融发展的若干措施》等系列政策，"我的麦田"就是这些政策的直接受益者、得利者。"我的麦田"知识产权质押融资服务作为服务贸易创新发展试点经验之一，推动平台被国务院批准成为全国推广的29条服务贸易创新发展试点经验之一，提升了"我的麦田"的知名度、享誉度与美名度。在资源上，扬子国资投资集团和南京江北新区科技投资集团直接投资平台，用资本的力量推动平台发展，南京江北新区科技创新局多次助力平台对接政府、企业和服务机构资源，共同举办了多场知识产权金融专场活动，助力区内企业解决融资难题，助推企业发展。可以说，是南京江北新区科技创新局的用心"浇灌"，才使得麦田能长出金灿灿的"麦子"。在此，期待南京江北新区不断集聚科技、金融、人才、产业等全方位要素，加快打造具有金融特色、汇集资源、快速发展的国内最具活力的创新新区。

第三节 "江北模式"知识产权质押融资代表性产品

一、中银知贷通

"中银知贷通"是中国银行与"我的麦田"合作的知识产权质押融资产品，主要是通过建立知识产权融资专属模型，对企业知识产权、税务数据、结算及日常经营等情况进行综合评估，为企业核定信用贷款额度，进而为企业提供融资服务。

1. 聚焦知识产权特色，定制化阶梯型融资金额满足多类型企业需求

"中银知贷通"在确定融资金额时，充分结合企业的知识产权拥有情况，质押物除了发明专利、实用新型专利外，还接受商标权、软件著作权；要求申请融资的企业要具有良好的知识产权管理基础和信誉，拥有正式合法有效的专利权证书或证明材料，且企业纳税信用等级不低于B级；根据企业知识产权创造、运用、保护和管理水平，将企业划分为A、B、C三类，对应企业贷款额最高可达500万元、350万元、200万元，以满足不同体量、不同资质企业的融资需求。其中：

A类：承担过江苏省企业知识产权战略推进计划项目的企业，或被评为江苏省企业知识产权管理贯标绩效评价的优秀企业，或近三年有效处理过国

内外知识产权纠纷获得赔偿或避免损失的企业，或拥有 5 名以上高、中级知识产权工程师的企业，或获得省级（含）以上专利发明人或项目奖的企业，或拥有 20 件（含）以上有效专利（至少含 3 件发明专利）的企业，或拥有 10 件（含）以上有效专利且有 1 件专利在"我的麦田"出具的《知识产权综合评价报告》中评分不低于 80 分的企业，或为重点产业知识产权运营基金进行投资的企业。

B 类：被评为江苏省企业知识产权管理贯标绩效评价合格企业，或通过企业知识产权管理体系认证，或拥有 3~5 名高、中级知识产权工程师的企业，或获得市级（含）以上专利发明人或项目奖的企业，或拥有 10 件（含）以上有效专利（至少含 2 件发明专利）的企业，或拥有 5 件（含）以上有效专利且有 1 件专利在"我的麦田"出具的《知识产权综合评价报告》中评分不低于 70 分的企业。

C 类：参与江苏省企业知识产权管理贯标企业，或拥有 5 件（含）以上有效专利（至少含 1 件发明专利）的企业，或拥有 3 件（含）以上有效专利且有 1 件专利在"我的麦田"出具的《知识产权综合评价报告》中评分不低于 70 分的企业。[1]

2. 精简流程、提升服务，直击小微企业融资痛点

如图 2-11 所示，"中银知贷通"按照如下流程进行申请：企业通过"我的麦田"进行在线申请，"我的麦田"收到申请后，协助中国银行对申贷企业进行初审，并对初审合格的企业出具《知识产权综合评价报告》；中国银行收到"我的麦田"的《知识产权综合评价报告》后，对申贷企业进行贷款审批；审批通过后银行直接放款，同时将批复文件发给"我的麦田"；"我的麦田"收到批复后协助申贷企业办理质押手续。

"中银知贷通"创新的"先放款后质押"的方式，有效缩短下款时间，可以满足小微企业"短、平、快"的融资需求。此外，"中银知贷通"通过与"我的麦田"合作，在质押融资过程中，"我的麦田"为企业提供贷前、贷中、贷后的全链条知识产权服务，知识产权质押手续也由"中银知贷通"委托"我的麦田"代为办理，所有服务费用由中国银行支付，不仅想企业之所想，还忧企业之所忧。

---

[1] 企业融资难、融资贵怎么办？中银知贷通产品来帮您解决！[EB/OL]. (2019-04-1) [2022-06-05]. https://mp.weixin.qq.com/s/-54M3mMiREAl0pkE7yRA3A.

知识产权金融创新与实践 ——南京江北新区模式

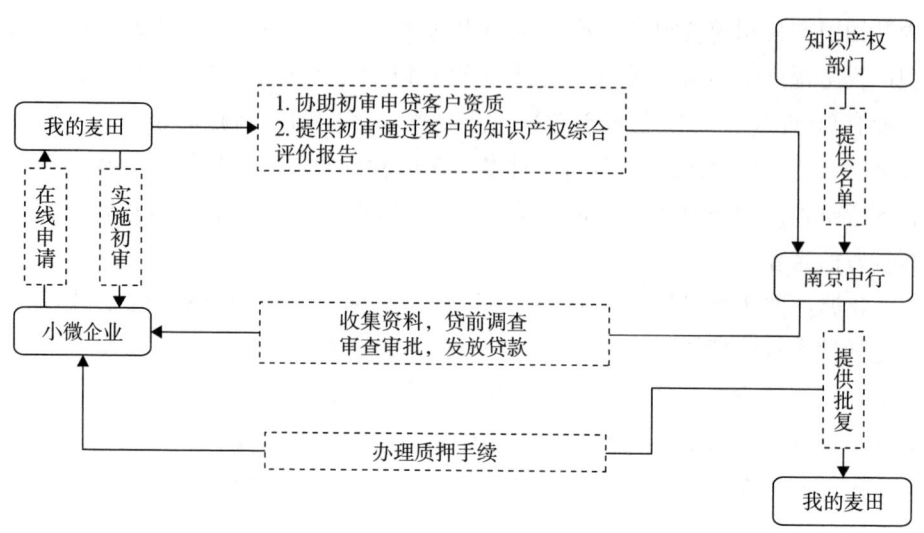

图2-11 中银知贷通的业务流程图❶

二、云知贷

1. 首创"线上办理+线下质押"创新融资模式,融资不看"砖头"看"专利"

"云知贷"是中国建设银行江苏省分行联合"我的麦田"内针对成长性良好的科技型小微企业推出的国内首款无线下审批人的知识产权质押融资线上产品。该产品充分结合中国建设银行的"科创评价"体系和"我的麦田"的"知识产权大数据分析模型"优势,在遵循信贷管理规律的前提下,围绕科技企业知识产权这一核心创新要素,运用大数据、智能决策、数据可视化等技术手段,以一系列量化指标评价企业的持续创新能力,自动生成企业的评价结果,并采用"线上办理+线下质押"的创新融资模式,为具有良好成长性的科技型小微企业发放的知识产权补充质押贷款。贷款额度最高可达200万元。

"云知贷"不仅可以实现全线上审批,还可解决中小科技企业仅凭财务指标难以获取银行融资的困境。"云知贷"一经推出,受到了各方关注,因其额度高、免抵押、使用易等特点在江苏省范围内得到快速的推广。截至2021年年底,"云知贷"在江苏省试点上线半年,申请的企业超过1000家,完成授

---

❶ 中银知贷通——南京市中小微企业金融服务中心[EB/OL].[2022-06-05]. https://njjf.cn/product/show/180.

信的企业超过 400 家❶。

2. 精简流程，助"云"化"雨"，解渴实体经济

如图 2-12 所示，企业在建行"惠懂你"App 上即可完成"云知贷"贷款申请、审批、签约、支用、还款等流程操作。具体流程如下：

企业先通过"我的麦田"进行在线申请，"我的麦田"收到申请后申贷企业进行认证、初审等操作，并对初审合格的企业出具《知识产权综合评价报告》。然后进入建行"惠懂你"App 发起贷款申请流程，建行收到企业申请后根据"我的麦田"出具的《知识产权综合评价报告》，结合建行的"科创评价"体系对企业进行融资线上审批，并向企业显示待签约额度，企业再次登录建行"惠懂你"App 后即可申领并支用相应款项。

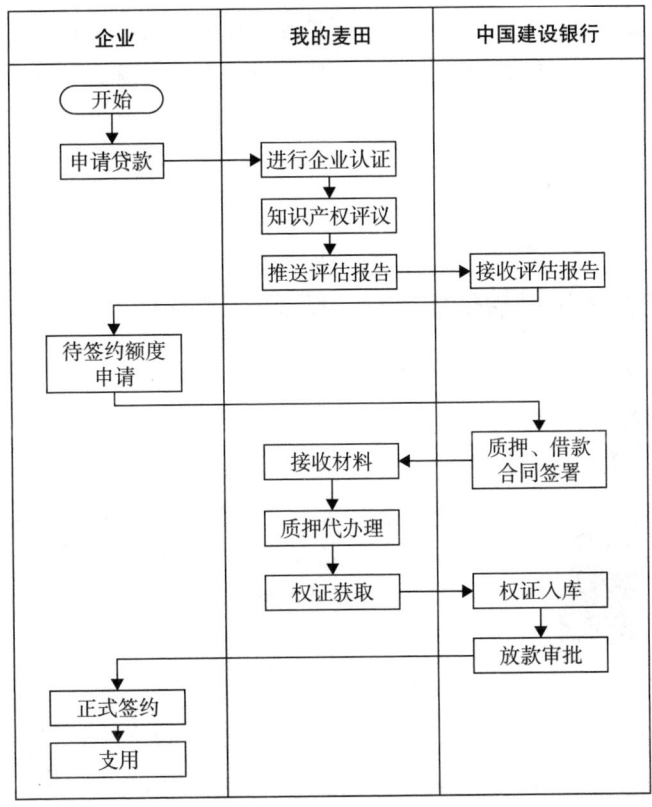

图2-12 云知贷的业务流程图

---

❶ 重磅！建行与"我的麦田"合作的"云知贷"产品首创无线下审批效果颇丰！[EB/OL]. (2021-12-24) [2022-06-05]. https://mp.weixin.qq.com/s/LFNnnQm6ua4Qc1Jh7XRZvw.

知识产权金融创新与实践
——南京江北新区模式

"云知贷"线上服务、远程协同的融资方式，企业不仅可以随借随还，有效降低财务成本，还可以足不出户享受安全、便捷的 7×24 小时金融服务。尤其是在针对受到新冠肺炎疫情影响不便于见面及资金收款不及时的具有知识产权的科技类企业，"云知贷"可以更好地为科创型小微企业纾困解难。例如，某新型产业有限公司是建行的客户，受新冠肺炎疫情影响，此前通过"云税贷"贷得的 100 万元到期还款后，企业面临着无充足流动资金开工生产的困窘局面。不过，据了解，作为科技型中小企业，此公司拥有 18 项发明专利。因此，在建行推出"云知贷"产品后，客户经理第一时间向公司法定代表人推荐了"云知贷"，以知识产权质押，审批快、下款快。客户听后立马着手申请，在客户经理耐心细致的指导下，通过我的麦田金融公司线上评估，这家公司在建行"惠懂你"App 上最终显示额度为 171 万元，这让客户喜出望外。7 个工作日后，所有流程就已全部走完，下款后迅速到账，解决了这家公司的燃眉之急。❶

【专题访谈】

挖掘知识产权价值属性，赋能公司的不同阶段发展

李红云

南京诺尔曼生物技术股份有限公司总经理。

科技型企业在初创期和成长期需要大量资金投入以保证创新产品能够顺利研发和生产，然而受"轻资产、高投入、高风险"等企业自身特征的影响，融资非常困难，往往面临的是资本选择企业，企业相对来说比较被动。当企业逐步进入正轨，进入到扩张期甚至成熟期，企业拥有一定的底蕴，对于引进什么样的资本逐渐地有了自己的选择权。知识产权融资尤其是质押融资能为企业在初创期和成长期的融资带来另一种融资渠道，让企业能多一种获得融资的可能。

---

❶ "输血给氧"不止息 金融助力齐抗疫——建行江苏省分行倾力做好疫情防控期间服务保障[EB/OL]. (2021-08-20) [2022-06-05]. https://www.163.com/dy/article/GHS02G6P0550D6TP.html.

1. 用"知本"换"资本",解燃眉之急

分析师：企业通过什么途径接触到知识产权质押融资？当时企业的发展处在什么阶段？该融资为企业的经营带来了什么样的促进作用？

李红云：南京诺尔曼生物技术股份有限公司是一家专注于医疗器械产品研发的创新型公司，研发创新一直是公司的核心驱动力。目前已建成涵盖仪器、试剂的诊断系统以及试剂原料综合技术平台，包括已研发成功的全自动化学发光诊断系统和即时诊断（POCT）免疫荧光诊断系统，融产品研发、生产、销售于一体，拥有医疗诊断领域完整的产业链。截至2022年第一季度末，公司取得了135项知识产权，其中国内发明专利21项，国际发明专利2项。

公司设立于2008年，2016年我们第一款小型全自动化学发光仪投入市场，公司的经营逐渐步入正轨，2018年搬进了自建的厂区。近几年，虽然公司销售收入以每年50%的速度快速增长，但前期投入大量的资金进行技术创新、人才引进和培育，每年的研发投入都在千万元以上，这样一个体量对于我们这样的创新型公司来说比较难支撑，前几年公司也一直没有利润，主要靠风投、银行和第三方的一些融资渠道维持现金流的运转。早期我们向银行进行融资的时候，因为缺乏厂房、设备等重资产作为抵押，从银行贷款比较困难。2017年的时候，一次偶然的机会了解到可以用知识产权进行质押贷款，于是抱着试试的心态提交了申请，没想到还真的通过了银行的审批，我们一共贷了两笔，总共800万元，这些钱对当时的公司来说犹如雪中送炭，解了我们的燃眉之急。这期间，南京江北新区管委会给了我们极大的帮助，如果没有南京江北新区融资模式上的创新，没有政策上的支持，公司也不可能通过专利质押就能获得贷款，公司可能也不会有今天如此好的发展势头。

2. 激发"知本"价值,选择优质"资本"

分析师：据了解，除了知识产权质押融资，公司2021年还通过知识产权证券化的方式进行融资。按照目前公司的发展阶段，从银行进行融资应该已经比较容易了，为什么还选择通过知识产权证券化的方式进行融资呢？您认为知识产权质押融资和知识产权证券化等债权类的融资方式和股权融资对企业来说有何异同？

李红云：2021年，南京江北新区开展知识产权证券化试点，由于公司当时的资质、规模及知识产权的拥有量和质量均符合要求，南京江北新区科技投资集团有限公司相关负责人找到我,跟我讲解了拟开展的知识产权证券化产品的运作模式、参与方式、优劣势等,拟邀请我们参与。基于以下几点,我们决定进行尝试:首先是考虑到南京江北新区科技投资集团有限公司是我们的重要股东,各项工作的开展沟通都比较顺畅;其次是公司的发展一直受益于南京江北新区管委会的各项利好政策,在公司最困难的时候,南京江北新区绿色融资担保有限公司在公司进行专利质押融资时就给予较大的支持,参加本次试点工作,也算是为南京江北新区的知识产权金融创新试点尽绵薄之力;最后因为通过该方式融资,政府承担担保费,整体下来融资成本很低,虽然对我们来说不处于急需资金的阶段,但该方式对我们的知识产权第一做了定价,第二做了变现,这样有力地促进了我们企业的研发创新和发展。一方面打开了我们的心结,我们不再担心资金的问题;另一方面就可以更加撸起袖子加油干,进一步加大产品开发和创新。

现在回顾一下,其实不管是通过知识产权质押融资和知识产权证券化融资,对企业尤其是初创时期的企业来说,都是带来现金流的一种很好的方式,在企业的初创时期,大多只能通过风投进行融资,该方式一方面会消减股东对企业的控制权力,另一方面该时期很难找到合适的战略投资人,大多是财务投资人,这对公司的发展来说有时候不是一个正向的激励。我们早期的时候就遇到过这样的问题,当时进来的一些投资人不是专业投资人,他们的加入对公司的战略并不能起到促进作用,甚至有的时候他们觉得公司发展达不到他的期望,就可能会做出如要求回购、赔偿等不利于公司发展的行为。当企业发展到一定阶段,企业可以有选择权,可以通过类似知识产权融资的方式获得成本较低的资金,也可通过股权融资来寻找能给企业带来正向作用的战略投资人或者专业投资人。

3. 持续布局高质量"知本",为企业发展护航

分析师:知识产权在贵公司经营尤其是融资的过程中扮演着较为重要的角色,在经过以上项目后,公司的知识产权布局战略上是否有变化?对南京江北新区知识产权金融产品的创新方面有何建议或意见?

李红云:目前公司知识产权布局方面,我们制订了详尽的三年计划,主要是在保证数量稳定增长的基础上更加注重提升质量,并且也在考虑逐步布局海外专利。同时,我们还从整体上规划知识产权的权属关系,会选择性地通过全资子公司来进行申报,在各关联公司之间形成一张网的知识产权保护体系。后续我们也会根据公司的整体战略及政府的政策导向不断地优化和调

整我们的知识产权战略。

至于江北新区知识产权金融未来怎么创新,个人建议增加和融资企业的交流和沟通频次和深度,多走访、多听企业心声,然后结合他们的诉求推出更多、更好、更有针对性的产品或模式。

第三章 南京江北新区知识产权证券化

第一节 知识产权证券化概述

一、知识产权证券化政策及发展历程

1. 国家政策大力支持知识产权证券化发展

（1）国家层面政策引领

2015年3月，中共中央、国务院印发《关于深化体制机制改革加快实施创新驱动发展战略的若干意见》，其中提到要"推动修订相关法律法规，探索开展知识产权证券化业务"，随后的《深化科技体制改革实施方案》以及支持海南、河北雄安新区全面深化改革和粤港澳大湾区发展规划、《关于支持深圳建设中国特色社会主义先行示范区的意见》中都提到要鼓励探索或者开展知识产权证券化业务。

2016年12月，国务院《关于印发"十三五"国家知识产权保护和运用规划的通知》中提出，探索开展知识产权证券化和信托业务。2017年9月，国务院《关于印发国家技术转移体系建设方案的通知》中提出开展知识产权证券化融资试点。2018年4月，国务院在《关于支持海南全面深化改革开放的指导意见》中提出，"鼓励探索知识产权证券化，完善知识产权信用担保机制"。2019年2月，中共中央、国务院正式印发《粤港澳大湾区发展规划纲要》，其中提出开展知识产权证券化试点工作。2019年6月，国务院知识产权战略实施工作部际联席会议办公室印发《2019年深入实施国家知识产权战略加快建设知识产权强国推进计划》，明确鼓励海南自由贸易试验区和雄安新区探索和开展知识产权证券化融资。2019年8月，中共中央、国务院《关于支持深圳建设中国特色社会主义先行示范区的意见》中指出支持深圳探索知识产权证券化。从图3-1所示政策发展历程可以看出，国家层面，知识产权证券化发展大致经历了探索、鼓励探索、硬件建设几个阶段，支持力度逐渐加大。

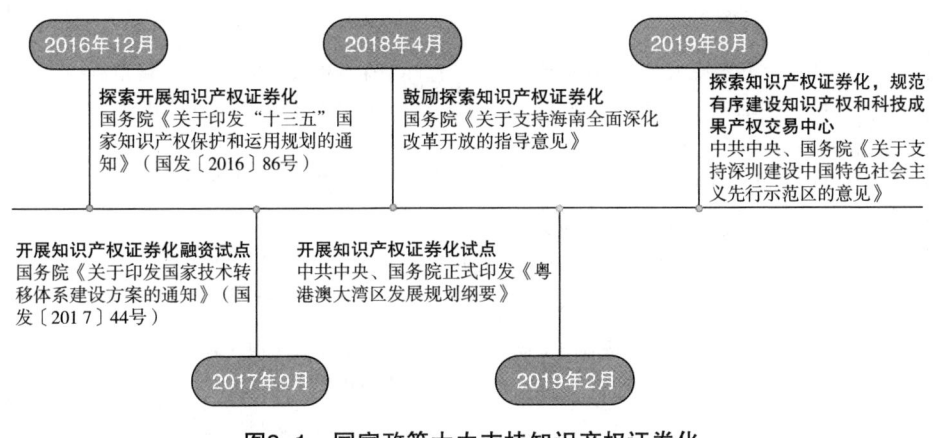

图3-1　国家政策大力支持知识产权证券化

为了适应中共中央、国务院的相关文件要求，国家知识产权局、财政部办公厅、科技部、教育部、国家发改委等部门陆续出台了相关的部门规章，促进知识产权证券化业务的开展。2017年11月出台的中华全国律师协会《知识产权尽职调查操作指引》，2018年8月最高人民法院《关于为海南全面深化改革开放提供司法服务和保障的意见》中对知识产权证券化的相关规定也为知识产权证券化业务的推广创造了良好的环境条件。

截至2021年3月底，国家层面知识产权证券化相关的政策文本共43项。具体统计结果见表3-1。❶

---

❶ 鲍新中，吕占江，陈柏强. 中国知识产权证券化（2020—2021）[M]. 北京：北京理工大学出版社，2022：27-32.

表3-1 国家支持知识产权证券化的相关政策

序号	文件名称	发布日期	相关条款描述
1	中共中央、国务院印发《海南自由贸易港建设总体方案》	2020.6	建设海南国际知识产权交易所，在知识产权转让、运用和税收政策等方面开展制度创新，规范探索知识产权证券化
2	中共中央、国务院关于构建更加完善的要素市场化配置体制机制的意见	2020.3	积极探索通过天使投资、创业投资、知识产权证券化、科技保险等方式推动科技成果资本化
3	中共中央、国务院关于支持深圳建设中国特色社会主义先行示范区的意见	2019.8	探索知识产权证券化，规范有序建设知识产权和科技成果产权交易中心
4	中共中央、国务院印发《粤港澳大湾区发展规划纲要》	2019.2	开展知识产权证券化试点
5	中共中央、国务院关于支持河北雄安新区全面深化改革和扩大开放的指导意见	2019.1	支持在雄安新区探索推广知识产权证券化等新型金融产品
6	中共中央、国务院关于支持海南全面深化改革开放的指导意见	2018.4	鼓励探索知识产权证券化，完善知识产权信用担保机制
7	深化科技体制改革实施方案	2015.9	推动修订相关法律法规，开展知识产权证券化试点
8	中共中央、国务院关于深化体制机制改革加快实施创新驱动发展战略的若干意见	2015.3	推动修订相关法律法规，探索开展知识产权证券化业务
9	国务院关于印发北京、湖南、安徽自由贸易试验区总体方案及浙江自由贸易试验区扩展区域方案的通知	2020.8	设立知识产权交易中心，审慎规范探索开展知识产权证券化
10	国务院关于做好自由贸易试验区第六批改革试点经验复制推广工作的通知	2020.6	金融开放创新领域："保理公司接入央行企业征信系统""分布式共享模式实现'银政互通'""绿色债务融资工具创新""知识产权证券化"等4项
11	国务院关于全面推进北京市服务业扩大开放综合试点工作方案的批复	2019.1	探索知识产权证券化
12	国务院关于支持自由贸易试验区深化改革创新若干措施的通知	2018.11	支持在有条件的自贸试验区开展知识产权证券化试点

续表

序号	文件名称	发布日期	相关条款描述
13	国务院关于印发中国（海南）自由贸易试验区总体方案的通知	2018.9	鼓励探索知识产权证券化，完善知识产权交易体系与交易机制
14	国务院关于印发进一步深化中国（天津）自由贸易试验区改革开放方案的通知	2018.5	探索知识产权证券化业务
15	国务院关于印发国家技术转移体系建设方案的通知	2017.9	开展知识产权证券化融资试点，鼓励商业银行开展知识产权质押贷款业务
16	国务院关于印发"十三五"国家知识产权保护和运用规划的通知	2016.12	探索开展知识产权证券化和信托业务，支持以知识产权出资入股，在依法合规的前提下开展互联网知识产权金融服务
17	国务院办公厅印发《国务院关于新形势下加快知识产权强国建设的若干意见》重点任务分工方案的通知	2016.7	创新知识产权投融资产品，探索知识产权证券化，完善知识产权信用担保机制，推动发展投贷联动、投保联动、投债联动等新模式
18	国务院关于印发"十三五"国家科技创新规划的通知	2016.7	推进知识产权证券化试点和股权众筹融资试点，探索和规范发展服务创新的互联网金融
19	国务院关于印发上海系统推进全面创新改革试验加快建设具有全球影响力科技创新中心方案的通知	2016.4	严格按照国家规定，探索开展知识产权证券化业务
20	国务院关于新形势下加快知识产权强国建设的若干意见	2015.12	创新知识产权投融资产品，探索知识产权证券化，完善知识产权信用担保机制，推动发展投贷联动、投保联动、投债联动等新模式
21	国家知识产权局办公室关于申报2021年度课题研究项目的通知	2021.3	知识产权证券化问题研究
22	国家发展改革委、科技部、工业和信息化部等关于支持民营企业加快改革发展与转型升级的实施意见	2020.1	规范探索知识产权证券化，推动知识产权融资产品创新
23	科技部、深圳市人民政府关于印发《中国特色社会主义先行示范区科技创新行动方案》的通知	2020.7	支持深圳开展知识产权证券化试点

续表

序号	文件名称	发布日期	相关条款描述
24	国务院服务贸易发展部际联席会议办公室关于印发深化服务贸易创新发展试点经验和第二批"最佳实践案例"的函	2020.7	"港澳服务提供者在内地独立举办经济技术展会便利举措""知识产权证券化融资模式"等2项拟在全国复制推广
25	科技部办公厅关于加快推动国家科技成果转移转化示范区建设发展的通知	2020.6	探索知识产权证券化,有序建设知识产权和科技成果产权交易中心,完善科技成果转化公开交易与监管机制
26	国务院知识产权战略实施工作部际联席会议办公室关于印发《2020年深入实施国家知识产权战略加快建设知识产权强国推进计划》的通知	2020.5	加快推进知识产权证券化试点,推动上海、深圳证券交易所等相关单位开展知识产权证券化工作
27	财政部办公厅、国家知识产权局办公室关于做好2020年知识产权运营服务体系建设工作的通知	2020.4	推动发行知识产权证券化产品1单以上,促进高价值专利组合融资
28	国家知识产权局关于印发《推动知识产权高质量发展年度工作指引(2020)》的通知	2020.4	加快推进知识产权证券化试点
29	国家知识产权局印发《关于深化知识产权领域"放管服"改革营造良好营商环境的实施意见》的通知	2020.1	扩大知识产权金融服务范围,联合相关部门建立合作机制,引导银行业提供信贷支持,推动多类型知识产权混合质押,鼓励开发知识产权综合险种,加快推进知识产权证券化试点
30	国家知识产权局关于印发《推动知识产权高质量发展年度工作指引(2019)》的通知	2019.6	扩大知识产权金融服务范围,推动专利商标混合质押,鼓励开发知识产权综合险种,加快推进知识产权证券化试点
31	财政部办公厅、国家知识产权局办公室关于开展2019年知识产权运营服务体系建设工作的通知	2019.5	积极推进知识产权证券化工作
32	国务院知识产权战略实施工作部际联席会议办公室关于总结2018年地方战略实施工作编制2019年工作要点的通知	2018.12	创新知识产权投融资产品,探索知识产权证券化,完善知识产权信用担保机制

续表

序号	文件名称	发布日期	相关条款描述
33	2018年深入实施国家知识产权战略加快建设知识产权强国推进计划	2018.11	探索开展知识产权证券化业务
34	国家知识产权局关于政协十三届全国委员会第一次会议第3379号（科学技术类159号）提案答复的函	2018.8	积极探索知识产权证券化发展
35	科技部、国家发展改革委、教育部等关于印发振兴东北科技成果转移转化专项行动实施方案的通知	2018.1	开展知识产权证券化融资试点，鼓励商业银行开展知识产权质押贷款业务
36	国务院知识产权战略实施工作部际联席会议办公室关于印发《"十三五"国家知识产权保护和运用规划重点任务分工方案》的通知	2017.8	探索知识产权证券化，完善知识产权信用担保机制，推动发展投贷联动、投保联动、投债联动等新模式
37	国家知识产权局办公室关于2016年度软科学研究项目立项的通知	2016.8	知识产权证券化交易配套制度研究
38	国家知识产权局办公室关于组织申报2016年全国专利事业发展战略推进工作创新项目的通知	2016.3	创新知识产权投融资产品，探索知识产权证券化、资本化运作模式
39	国家知识产权局关于实施专利导航试点工程的通知	2013.4	推进知识产权证券化进程，支持骨干企业进行债券融资
40	国家知识产权局办公室关于印发《2013年全国知识产权人才培训计划》的通知	2013.2	知识产权投融资培训班：知识产权质押融资、知识产权证券化重点企业
41	国家知识产权局、国家发展和改革委员会、科学技术部等关于印发《关于加快培育和发展知识产权服务业的指导意见》的通知	2012.11	培育发展知识产权证券化、知识产权保险、知识产权经营等新兴模式
42	国家知识产权局办公室关于开展2012年度知识产权服务业统计调查工作的通知	2012.9	统计调查范围包括知识产权评估服务，知识产权交易服务，知识产权转化服务，知识产权投融资服务，知识产权证券化服务，知识产权保险服务，知识产权担保服务以及其他知识产权商用化服务

续表

序号	文件名称	发布日期	相关条款描述
43	中华全国律师协会知识产权尽职调查操作指引	2017.11	不同项目中涉及不同导向型的目标公司（包括但不限于品牌导向型、技术导向型、文娱导向型及综合型等）在知识产权权利客体的比重上差异较大，不同的项目背景（包括但不限于并购重组、上市、海外投资、知识产权证券化等）导致的知识产权尽职调查内容及方向的差异亦较大

（2）地方层面政策落实

与国家的相关文件相呼应，各地政府也在各种文件中提到"探索与推广知识产权证券化业务"。从2015年到2021年3月底，共有28个省、直辖市和自治区共出台了256项政策性文件，其中省、市、经济特区地方性法规11项，地方规范性文件92项，地方工作文件153项。按省域统计的知识产权证券化相关政策文本数量见表3-2。❶

表3-2　地方层面知识产权证券化相关政策文件统计

省域	文件数量（项）	省域	文件数量（项）	省域	文件数量（项）
广东省	65	河南省	8	安徽省	4
江苏省	19	吉林省	8	云南省	3
山东省	18	福建省	7	内蒙古自治区	2
湖北省	17	上海市	6	广西壮族自治区	2
北京市	12	辽宁省	6	青海省	1
甘肃省	11	重庆市	6	黑龙江省	1
浙江省	11	海南省	6	宁夏回族自治区	1
河北省	10	江西省	5	新疆维吾尔自治区	1
陕西省	9	四川省	4		
天津市	9	湖南省	4		

---

❶ 鲍新中，吕占江，陈柏强. 中国知识产权证券化（2020—2021）[M]. 北京：北京理工大学出版社，2022：27-32.

以江苏省为例，2015年以来至2021年3月底，江苏省及相关设区市共出台了18项知识产权证券化相关政策（见表3-3），从开始探索到积极探索，再到鼓励探索、试点、风险补偿、激励，政策引导和支持激励力度逐步加大，有力促进了知识产权证券化的发展。其中，南京市人民政府发布3项地方性政策文件，支持知识产权证券化工作开展。

表3-3 江苏省知识产权证券化相关政策文件统计

序号	文件名称	发布日期	相关条款描述
1	中共苏州市委、苏州市人民政府关于开放再出发的若干政策意见	2020.1	激励探索知识产权证券化
2	常州市政府关于加快推进全市技术转移体系建设的实施意见	2018.12	积极争取知识产权证券化融资试点，支持企业利用公司债等进行科技成果转化项目融资
3	江苏省政府关于加快推进全省技术转移体系建设的实施意见	2018.5	积极争取知识产权证券化融资试点，支持企业利用公司债等进行科技成果转化项目融资
4	江苏省政府印发关于知识产权强省建设若干政策措施的通知	2017.3	鼓励金融机构创新知识产权金融产品，推进投贷联动、投保联动、投债联动，探索知识产权证券化
5	盐城市人民政府关于印发盐城市国家知识产权示范城市建设工作方案的通知	2020.9	支持在我市开展知识产权产业投资、知识产权证券化等金融业务
6	苏州市政府印发关于推动生产性服务业集聚创新发展的两项重点政策和十项重点举措的通知	2020.7	支持自贸片区探索知识产权证券化路径
7	江苏省知识产权局关于印发2020年江苏省"知识产权服务万里行"活动实施方案的通知	2020.6	引导南京、苏州等地加快知识产权证券化试点进程
8	江苏省政府关于印发苏南国家自主创新示范区一体化发展实施方案（2020—2022年）的通知	2020.5	促进投、贷、保深度融合，创新支持科技型小微企业的科技金融模式，大力发展知识产权质押融资、知识产权证券化等知识产权金融创新
9	江苏省知识产权局关于印发2020年全省知识产权金融工作要点的通知	2020.3	推广知识产权保险以及开展知识产权证券化试点等方面取得的先进经验和做法，及时在全省推广并视情上报国家知识产权局

续表

序号	文件名称	发布日期	相关条款描述
10	中共苏州市委、苏州市人民政府关于印发《苏州市优化营商环境创新行动2020》的通知	2020.3	鼓励企业开展知识产权运营许可交易，探索开展风险补贴和知识产权证券化
11	连云港市政府办公室关于印发连云港市技术转移体系建设实施方案的通知	2018.12	积极争取知识产权证券化融资试点，支持企业利用公司债等进行科技成果转化项目融资
12	连云港市政府办公室关于印发连云港市复制推广自由贸易试验区第四批改革试点经验工作实施方案的通知	2018.11	培育多元化知识产权金融服务市场，拓展知识产权质押融资、推进知识产权保险、知识产权证券化等试点
13	南京市政府办公厅关于印发南京市知识产权运营服务体系建设实施方案的通知	2018.1	集聚一批银行、保险、担保、创投、证券等金融机构，建成质押融资、专利保险、担保投资、知识产权证券化等知识产权金融功能集聚区
14	南京市政府办公厅关于印发加快科技服务业发展实施方案的通知	2017.4	鼓励社会资本投资设立知识产权运营公司，开展知识产权收储、开发、组合、投资等服务，探索开展知识产权证券化业务，盘活知识产权资产，加快实现知识产权市场价值
15	南京市人民政府办公厅关于转发市科委南京市知识产权强市建设行动计划（2017—2019年）的通知	2017.4	鼓励金融机构开展知识产权证券化试点，在全市加快形成多方参与、多层次、多渠道的知识产权投融资服务体系
16	南京市政府办公厅关于印发南京市"十三五"知识产权发展规划的通知	2017.2	积极探索专利许可收益权、商标权、版权质押融资、知识产权证券化等新模式
17	泰州市政府办公室关于印发加快建设知识产权强市的意见任务分解落实方案的通知	2016.12	探索建立知识产权证券化交易机制，支持拥有自主知识产权的企业通过资本市场直接融资
18	南通市人民政府关于印发《南通市专利助推产业创新发展行动方案（2015—2020年）》的通知	2015.7	推动知识产权证券化，探索知识产权众筹等互联网金融模式，支持企业通过资本市场直接融资

2. 国内知识产权证券化起步晚、发展快、模式多

国外知识产权证券化起步早、模式成熟，但是并未规模化发展。知识产

权证券化融资方式最早出现在美国，初期主要以版权为基础资产。1997年，金融界以英国摇滚歌手大为·鲍伊的音乐版权的未来收益为基础资产，发行了5500万美元的债券，又称为"鲍伊债券"。"鲍伊债券"的发行首次将知识产权这种无形的非流动性的资产引入资本市场，迈出了知识产权与金融结合第一步。自此，资产证券化除了传统的抵押住房贷款证券化、汽车按揭贷款证券化、信用卡贷款证券化、应收账款证券化等类型外，新添知识产权资产证券化。同年，美国梦工厂以14部电影版权的未来利润为支持，发行了债券，随后基于电影版权又于2000年和2002年分别发行证券。2000年以后，日本、英国等国家也开始了知识产权证券化的探索，同时知识产权证券化的基础资产中出现了专利、商标。2000年皇家医药公司（Royalty Pharma）❶以医药领域专利许可费为基础资产发行了证券，为耶鲁大学融资1亿美元。2003年，盖尔斯（GUESS）将其14份商标许可合同的债权性收益作为基础资产发行了7500万美元的私募证券❷。但是，国外同类案例目前相对较少，未出现规模化的知识产权证券化产品。

我国知识产权证券化起步晚、发展快、模式多，呈现规模化发展态势。自2015年以来，在国家政策的鼓励和知识产权金融大环境的激励下，知识产权证券化产品的探索热情持续升温。2018年12月14日，我国首支知识产权证券化标准化产品"第一创业—文科租赁一期资产支持专项计划"（简称"文科一期ABS"）在深交所成功获批，开启了知识产权证券化发展新征程；12月18日，经海南省知识产权局组织，"奇艺世纪知识产权供应链金融资产支持专项计划"在上海证券交易所成功发行。2019年9月，深交所推出第二项知识产权证券化产品，即"兴业圆融—广州开发区专利许可资产支持专项计划"，2020年新冠肺炎疫情的突然来袭，加剧了中小企业的资金困难，知识产权证券化产品快速发展，知识产权案证券化模式多样化，包括小额贷款债

---

❶ 皇家医药公司（Royalty Pharma），成立于1996年，总部位于美国纽约，是专门购买已市场化或处于临床试验后期的生物药品知识产权及其他权益的投资机构。自1996年成立至2005年8月，皇家医药公司共进行了18次专利许可费收益权交易，拥有13种已市场化的专利药品和5种处于最后临床试验阶段的药品的专利许可费收益权，发起并运作了2000年耶鲁大学专利许可费证券化项目和2003年13种药品专利许可费收益权证券化项目。2014年，其以33亿美元的价格从美国一家慈善机构"囊性纤维化基金会"（Cystic Fibrosis Foundation，CFF）处购买了用于治疗由囊性纤维化引起的罕见肺病的药物的相关权利。2019年11月，其购买了日本卫材株式会社的一项抗癌药物Tazemetostat（用于治疗复发性或难治性非霍奇金淋巴瘤（NHL）在日本境外的销售权。

❷ Bonnie McGeer. Profile：Guess deal viewed as a model for IP sector［EB/OL］.（2003-11-07）［2019-10-12］. https://asreport.americanbanker.com/news/profile-guess-deal-viewed-as-a-model-for-ip-sector.

权、应收账款、融资租赁、专利许可授权、信托等。从规模上看,截至2021年12月31日,在沪深交易所设立发行的知识产权证券化项目共59单,累计发行规模149.18亿元,其中2021年发行规模96.23亿元,是2020年发行规模31.4亿元的3倍。知识产权证券化为中小企业,特别是2020年以来新冠肺炎疫情下的中小企业提供了有力的资金支持。

二、知识产权证券化基本概念及运行模式

1. 知识产权证券化基本概念

知识产权证券化是资产证券化这一融资工具在知识产权领域的创新应用,是将知识产权资产相关的权利从权利人转移至特殊目的机构(SPV),特殊目的机构组织测算该资产池未来可能产生的现金流,并以此形成基础资产池,将这些资产通过一定的结构安排,分离、重组、增信,最终发行证券进行融资的金融行为[1]。知识产权证券化实现了知识产权这种缺乏流通性的资产向可自由流通的证券的转变,提升了知识产权变现能力。其中所述知识产权,包括著作权、商标权、专利权、地理标志等。

与实物资产不同,知识产权是一种无形资产,存在无形性、价值的不确定性和风险性,证券化过程中的资产重组和风险隔离可有效降低风险等级、提高投资人的信心,具有快速获取大量融资的特点,可为亟需资金的中小企业募集到资金,促进知识产权流转,实现知识产权金融价值最大化。

2. 知识产权证券化基本运行模式

(1) 参与主体

知识产权证券化过程涉及主体有:发起人、特殊目的机构、信用增级机构、信用评级机构、承销商、服务商、托管人、商业银行、投资银行、会计师事务所、律师事务所、知识产权评估机构等。在具体的证券化案例中,根据知识产权种类及其特点、各证券化产品的特殊性,其涉及的主体数量、类型、操作方式可能存在差异。

(2) 交易结构及过程

知识产权证券化基本交易结构如图3-2所示。

---

[1] 崔哲,裴桐浙,张源埈,等. 知识产权金融 [M]. 金善花,译. 北京:知识产权出版社,2017:16.

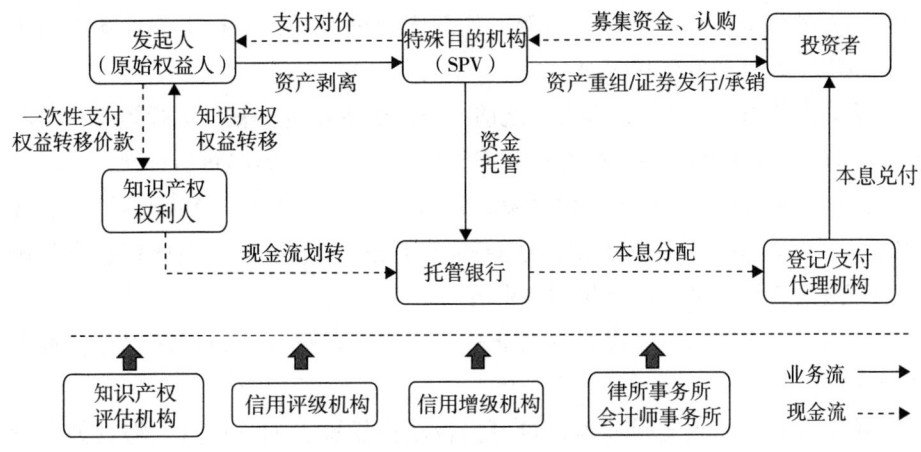

图3-2　知识产权证券化基本交易结构❶

具体操作流程和要求❷：

第一，以发起人为起点，确定基础资产，组建资产池。发起人作为基础资产的原始权益人，明确融资目标，并梳理用于证券化的知识产权，从知识产权权利人处获得知识产权的相关权益，测算这些知识产权未来的现金流，组建资产池。

第二，设立特殊目的机构。特殊目的机构是法律上的实体，作为证券化的核心，其可以采用信托、公司或有限合伙的形式，作为发起人和投资者中间的中介机构，向发起人购买资产池，同时向投资者发行证券。在特殊目的机构与发起人的买卖合同中，须明确该资产池不列入发起人资产清算时的清单，从而起到资产剥离、破产风险隔离的目的。

第三，完善交易结构。在该阶段，特殊目的机构与发起人一起，与托管银行签订托管协议以及必要时提供流动性支持的周转协议，与承销商签订证券承销协议，与会计师事务所、律师事务所、评级机构、增级机构等签署合作协议。

第四，信用增级。鉴于知识产权证券化的核心资产的不确定性，需进行信用增级，以增强投资者的信心。可通过发起人内部增级或引入第三方机构进行外部增级。内部增级可通过超额抵押、优先/次级债券分级的方式实现，一方面分散了产品信用风险，另一方面为各类型投资者提供适合各自风险等级的投资品种，有利于吸引更多投资者。第三方机构可以是政府机构、保险

---

❶ 李建伟. 知识产权证券化：理论分析与应用研究 [J]. 知识产权，2006（1）：37-43.
❷ 中国证券业协会. 金融市场基础知识 [M]. 北京：中国财政经济出版社，2018：290.

公司、金融机构、金融担保公司等。外部增级可使知识产权支持证券的信用提升至第三方机构的信用等级。

第五，信用评级。在证券发行之前，需由资本市场上被广大投资者认可的独立、有效、公正的评级机构对该资产支持证券的信用风险进行评级。国际上普遍认可的评级机构有标准普尔（Standard & Poor's）、穆迪（Moody's）和惠誉（Fitch），国内评级机构有中诚信证券评估有限公司、联合信用评级有限公司等，评级后管理人就评级结果向投资者公告。

第六，证券发行。评级结果公布后，承销商向投资者销售知识产权资产支持证券。承销一般由投资银行完成。

第七，向发起人支付权益。投资银行获得投资者的款项后，将其划归特殊目的机构，特殊目的机构委托托管银行进行资金管理，并要求其按照知识产权买卖合同约定，将证券发行收入的大部分支付给发起人，发起人一次性支付给知识产权权利人，权利人达到融资目的。

第八，资产管理，本息偿还。证券化产品发布，发起人收到融资款项后，发起人或发起人指定的受托管理机构负责证券化产品的管理，托管银行按期对资产支持账户进行核算、向投资者支付本息，向其他服务商支付服务费，并且在产品到期后，将剩余资产退还发起人。

三、国内知识产权证券化模式

按照基础资产成分，我国目前发行的知识产权证券化产品主要有融资租赁模式、应收账款模式、专利许可授权模式和小额贷款债权模式。在已发行的59单产品中，小额贷款债权类37单，专利许可授权类15单，应收账款债权类4单，融资租赁债权类2单，另有1单是商标许可费支付请求权类。❶

1. 质押贷款债权证券化

知识产权质押贷款债权证券化是债权证券化形式在知识产权领域的创新应用，指金融机构将以作为知识产权质权人的贷款债权及未来出质人定期本息偿还产生的稳定现金流为基础，进行重组设计、风险隔离而发行具有流通性的证券的金融行为。一般情况下，为了降低融资成本和风险，金融机构会将多个质权人的贷款汇集重组，在我国创新创业的时代背景下，科技型中小企业发挥着重要作用，知识产权质押融资贷款ABS模式为中小企业融资提供

---

❶ 2018年—2021年中国知识产权证券化市场统计报告［C］. 北京：中国技术交易所，2022.

第三章 南京江北新区知识产权证券化

了新的思路，有利于中小企业从资本市场获得融资，同时也降低了科技银行的资金压力。

其运作模式是知识产权权利人将知识产权作为质押物向金融机构（银行、小额贷款公司等）出质获取贷款，金融机构将贷款债权的未来收益作为基础资产出售给特殊目的机构，特殊目的机构将债权进行重组、风险隔离，发行证券募集资金，从而达到缓解金融机构资金压力，同时以较低成本为中小企业融资的目的。

该模式由深圳市高新投小额贷款有限公司首创，以2019年12月26日，"平安证券—高新投知识产权1号资产支持专项计划"发行为起点，打响了知识产权证券化的"深圳模式"，此后，"深圳模式"在全国各地多个产业园区进行复制，其交易结构及流程如图3-3所示。

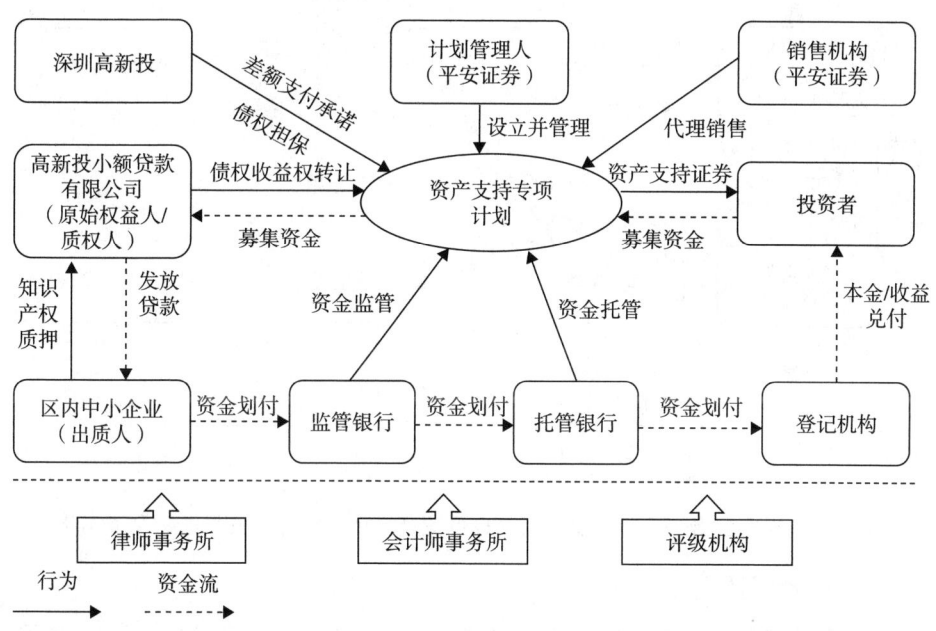

图3-3 平安证券—高新投知识产权1号资产支持专项计划交易结构及流程

2. 专利许可授权模式

专利许可授权模式是专利权人将专利以独占许可方式许可给租赁公司，获取独占许可使用费达到融资目的，随后由租赁公司以独占许可方式反向授权专利权人使用，专利权人向租赁公司定期支付专利许可费，从而以该专利许可费作为未来可持续现金流构建基础资产池发起证券化产品的金融行为。

代表性案例是广州开发区的"兴业圆融—广州开发区专利许可资产支持专项计划",其交易结构及流程如图3-4所示。2019年9月11日,兴业圆融—广州开发区专利许可资产支持专项计划在深圳证券交易所发行。该专项计划底层知识产权均为专利,具体包括广州开发区内11家高新科技中小企业的103件发明专利、37件实用新型专利,基础资产是这些专利的许可使用费债权,发行规模3.01亿元,债项评级达到AAA级,票面利率为4%/年,计划中的每家企业可获得300万~4500万元不等的融资款项。该专项计划作为国内首支专利证券化产品,为我国中小型科技企业融资打开了新的渠道,具有示范意义。

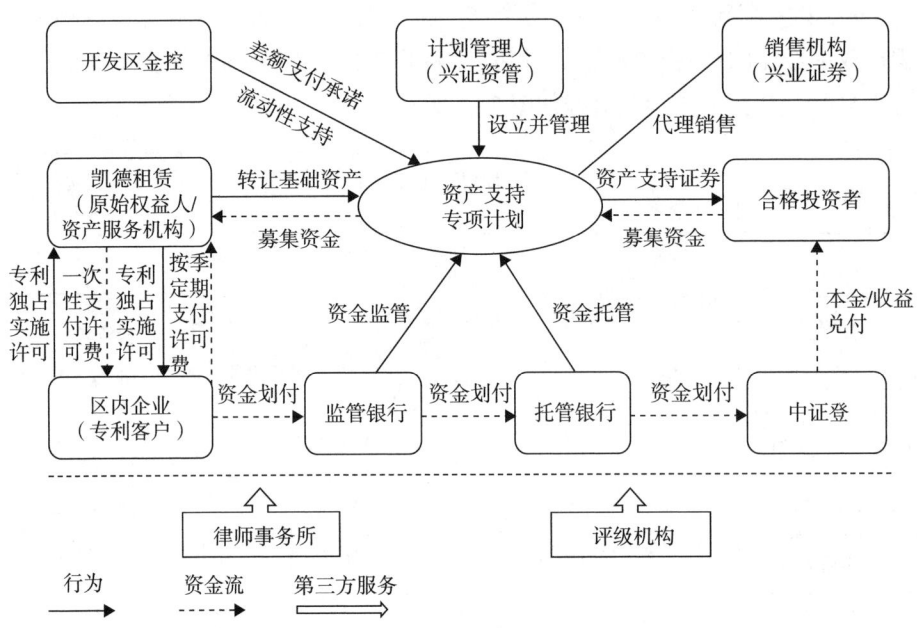

图3-4 兴业圆融—广州开发区专利许可资产支持专项计划交易结构及流程❶

3. 融资租赁模式

知识产权融资租赁证券化模式是指权利人将自有的商标权、版权、专利权等知识产权出售给租赁公司实现融资,并通过租赁的形式回租继续使用该知识产权,而融资租赁机构则可以该知识产权在未来产生的收益现金流为偿债基础形成应收融资租赁债权在资本市场上发行证券进行融资的行为。根据证券化的资产池与融资租赁机构的关系,融资租赁资产证券化模式分为表外

---

❶ 知识产权ABS的三种交易模式 [EB/OL]. (2019-09-19) [2019-12-15]. https://mp.weixin.qq.com/s/ExQWUrHW8Hdu715YsBTVGg.

模式、表内模式和准表外模式，其中表外模式是指融资租赁公司整理分离租赁资产后将其真实出售给特殊目的机构（SPV），再由SPV重组资产池，并以此为基础进行证券化，由于真实出售的存在，实现了真正的风险隔离，因此表外模式是最常用的模式。❶

该模式典型案例是"第一创业—文科租赁一期资产支持专项计划"，其交易结构具体如图3-5所示。2018年12月14日，北京市文化科技融资租赁公司作为该证券化产品的原始权益人/发起人，以专利权、著作权等知识产权未来经营现金流为偿债基础形成的应收债权作为基础资产，发行了总规模达7.33亿元的证券化产品，是我国首支知识产权证券化产品。底层资产标的物涉及发明专利、实用新型专利、著作权等知识产权共51项，覆盖艺术表演、影视制作发行、信息技术、数字出版等文化创意领域的多个细分行业。

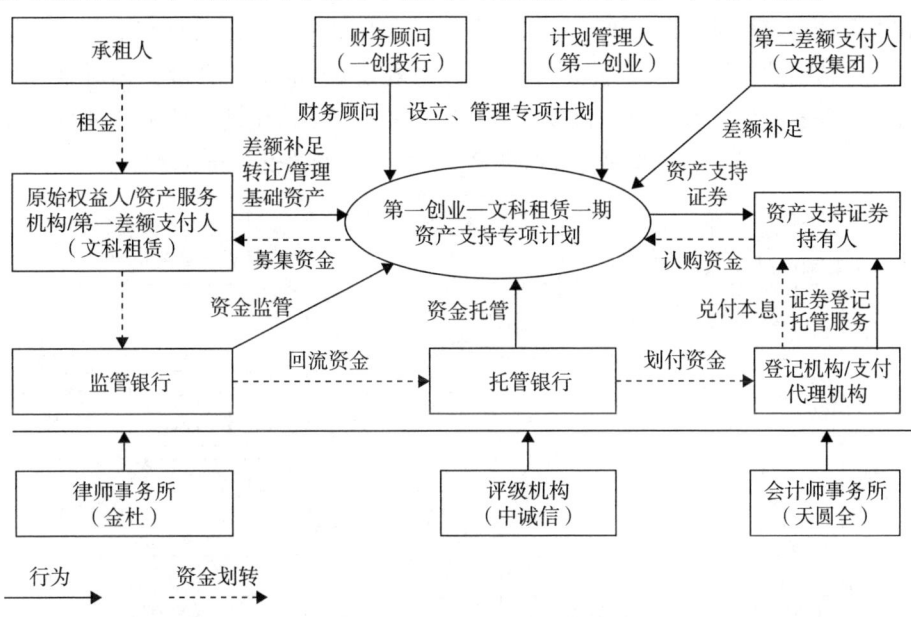

图3-5　文科租赁一期资产支持专项计划框架❷

4. 应收账款模式

知识产权应收账款证券化模式是指企业以因提供知识产权服务所取得的应收账款汇集后真实出售给特殊目的机构（SPV），SPV以购买的应收账款组

---

❶ 李淑琴，周兴荣，田翔宙. 融资租赁资产证券化问题研究［J］. 商业时代，2009（16）：77-78.
❷ 第一创业—文科租赁一期资产支持专项计划_计划说明书［EB/OL］.（2018-03-20）［2019-10-15］. https://www.cn-abs.com/product.html#/detail/document?deal_id=4095.

合为资产池，通过资产重组、信用增级，以其未来产生的现金流为支持，在资本市场上发行证券实现融资，并利用该资产池产生的现金流向投资者清偿本金和利息的金融行为。❶

应收账款证券化模式有中小企业联合融资模式、大型企业单独融资模式、离岸融资模式。鉴于这几年知识产权政策支持方向为中小企业的国情，本书重点讨论中小企业联合模式，为开展针对中小企业的知识产权证券化工作提供参考。中小企业联合融资，可以将中小企业应收账款汇集达到一定的规模，通过适当的增信，为中小企业快速融资，同时降低融资成本。

该模式典型案例是"奇艺世纪知识产权供应链金融资产支持专项计划"，其交易结构具体如图3-6所示。2018年12月18日，我国首单知识产权供应链金融资产支持专项计划——"奇艺世纪知识产权供应链金融资产支持专项计划"在上海证券交易所获批。该产品的核心企业为北京奇艺世纪科技有限公司，基础资产债权的交易标的物全部影视版权，总规模4.7亿元。评级机构对该ABS优先级证券的评级为AAA。该项计划是典型的基于供应链的应收账款债权证券化案例，且属于中小企业联合运作模式，为内容行业提供了新的融资途径。

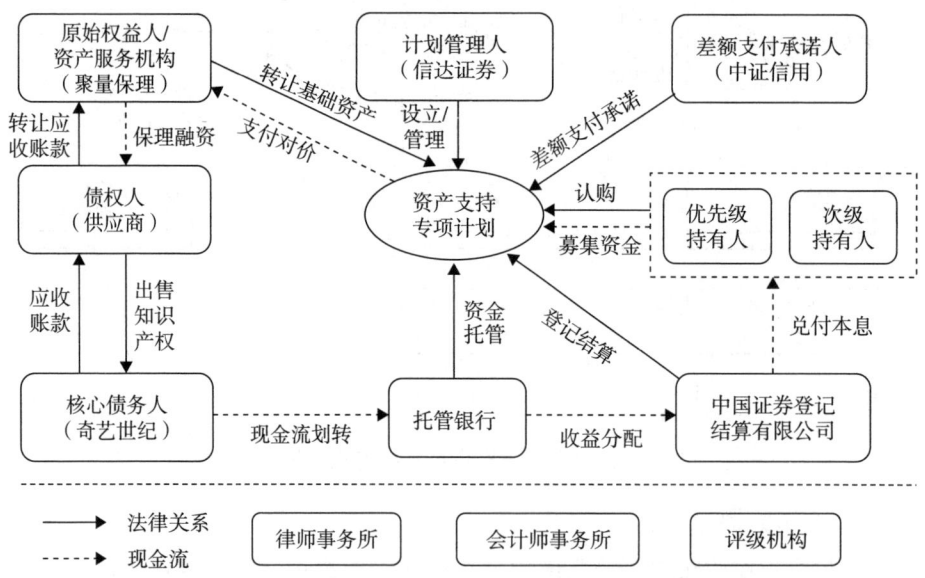

图3-6 奇艺世纪知识产权供应链金融资产支持专项计划交易结构❷

---

❶ 徐文学，蒙菲. 应收账款证券化模式研究[J]. 财会通讯，2009 (29)：26-27.
❷ 知识产权ABS三大交易结构，看这一篇就够了！[EB/OL]. (2019-09-25) [2019-10-18]. https://mp.weixin.qq.com/s/J9cLAyIR0jk3NAnTHnL8Zw.

四、知识产权证券化的优势

近年来,知识产权证券化产品的密集发行,一方面,与政策的大力支持有关;另一方面,知识产权证券化确实有其独特的优势,以新模式解决了中小企业融资难题。本书在撰写过程中,有幸采访了北京中金浩资产评估有限公司(以下简称中金浩)的董事长丁坚,他谈到中金浩参与全国各地多笔知识产权证券化项目的发行,包括第一创业—文科租赁一期资产支持专项计划、兴业圆融—广州开发区专利许可资产支持专项计划等,在项目参与过程中,边实践、边总结,他提到与传统的知识产权质押融资方式相比,知识产权证券化具有以下优势:

第一,增加了知识产权的流动性。证券化过程将流动性低的知识产权转换为流动性高的金融证券商品,提升知识产权价值的同时提高了获贷成功率。此外,证券到期期限相较于传统银行贷款长,可降低未来收益的不确定风险。

第二,有效改善企业资产负债比率。知识产权证券化可以帮助企业迅速获取大量资金,相较于知识产权许可费收入和质押担保等传统模式,获得资金规模大幅提高,同时不增加企业账面负债,从而改善企业资产负债比率。

第三,融资成本较低。知识产权证券化较为完善的交易结构、信用增级机制和以知识产权资产作为还本付息的基础,在产品营销中不用花费额外资金即可获得投资者的信任。因此,知识产权证券化产品利率相对传统融资渠道低,有效降低了企业融资成本。

第四,融资风险较低。知识产权证券化过程是将知识产权资产移转或出售给特殊目的机构,可以降低融资企业因破产或不利因素对知识产权资产带来的负面影响,对于投资人的风险大幅降低。同时,投资人又可以直接参与知识产权所代表的技术与利基市场,享受知识产权所带来的效益。

第五,给中小微科技企业提供在资本市场的亮相机会。相较于知识产权质押融资,通过证券化公开的标准化产品设计,降低了中小微科技企业进入资本市场的门槛,起到了对企业的宣传作用,完善科技创新体制机制,同时提升了区域竞争力形象。

五、证券化场景中的专利价值评估

专利价值评估是知识产权证券化过程中的必要环节。与传统的资产证券化相比,知识产权资产证券化是将证券化的基础资产由实物资本转向了专利等知识资本，是以专利的未来预期收益为支撑，发行可以在市场上流通的证券来进行融资。在专利资产证券化的过程中，相比有形资产，专利本身所形成的现金流是不稳定的，专利资产的价值实现更多地依赖于企业的运营能力，从而使得专利证券化过程中，专利价值评估往往存在极大的不确定性，专利价值评估已成为专利资产证券化的重要影响因素。因此，探索适合于专利资产证券化中涉及的专利组合价值的评估方法，构建专利价值评估指标体系和评估模型，对缓解我国开展专利资产证券化过程中的价值评估难题极为有利，对推动我国专利资产证券化的进程有着极其重要的意义。

我国的专利资产证券化正处于刚刚起步、积极探索的快速发展阶段，专利价值评估的方法大都参照国外的案例，美国作为专利资产证券化的先行者，其现有专利价值评估的方法除了成本法、市场法、收益法外，大致还有以下方法可以选择：

第一，实物期权法。实物期权法是以期权作为价值评估的核心实现价值评估的目的，该评估方式顺应了金融市场的需求，近几年来被频繁提及，相关研究层出不穷。期权定价法主要立足于企业的未来发展角度，通过对企业在未来运营过程中可能存在的投资机会以及获得选择机会的价值评估从而来完成对该企业整体价值的估测。如果企业专利没有应用到商品的生产过程中，就意味着该企业当前现金流的稳定性较差，如果该企业在近期并没有额外的现金流入或者流出，那么其所拥有的专利就可以看作是具有期权特性的企业资产，将专利转化为期权资产之后就可以利用计算期权资产的方式来完成对专利资产的价值评估。❶

第二，指标体系评价法。指标体系评价法指从影响专利价值的多个维度进行专利评价的方法，该方式主要是立足于影响专利资产价值评估的各项因素，根据对上述因素的深入研究来构建起科学合理的价值评估机制，目前指标体系法也是应用最为广泛和普遍的价值评估路径之一。指标体系法具体包括单一专利指标识别法、指标组合识别法、指标体系识别法，决策工具包含社会网络分析法、神经网络分析法、聚类分析法、因子分析法、层次分析法等。

分析师就知识产权证券化过程中的专利价值评估采访了中金浩长三角负责人潘开豪，据了解，证券化和质押融资中底层资产的筛选，有相同点，也有不同点：首先，从专业角度来看，两者有很多相似之处，比如任何一款融

---

❶ ALEXANDER M. Where Inventors and Investors Meet [J]. Seeuritization of hitelleetual ProPerty, 2002, 9: 41-50.

资类产品一定会考虑企业的延续性,即,企业现金流、企业的经营状况。两者的不同在于:质押融资大部分银行是以1年期进行放款的,所以在核查企业的一些数据的时候,包括知识产权、财务报告等,一般需要核查一年左右的数据,确保还款没有问题就行。证券化项目,是做储架,大部分储架是三年左右,因此,核查企业的数据,可能需要核查三到五年的数据,判断企业未来经营是否存在问题、是否会有被侵权的这种可能性,等等。此外,在产品储架过程中,底层资产可能会变动,但是也有延续性。产品1期结束,1期项目中的企业可以退出,也可以继续参与第2期,同时,新的企业也可以参与进来。这一方面是因为一个项目周期结束后,需要重新筛选资产和企业,另一方面1期项目中的专利的法律效力,包括是否有被侵权的可能性,以及技术的先进性、法律保护范围等因素也会发生变化,在筛查企业专利时需要重新考察。

六、南京江北新区知识产权证券化发展历程

知识产权证券化是新生事物,南京江北新区作为"改革先行"的标兵,具备探索的基础、拥有探索的能力、更具有服务产业的决心。在省市区各级政府的支持下,通过服务机构引进、全国范围内多方调研,探索出了知识产权证券化的"江北模式"。

知识产权证券化融资方式具有以上诸多优势,是缓解中小企业融资难题的重要途径。南京江北新区自2018年以来,就开始了知识产权证券化的探索。纵览南京江北新区近年来知识产权证券化的发展历程,大致经历了四个阶段,如图3-7所示。

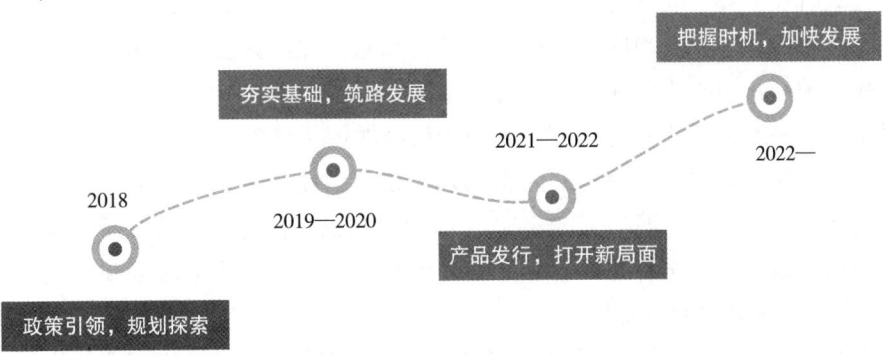

图3-7 南京江北新区证券化发展历程一览图

1. 加强政策引领,积极规范探索知识产权证券化

2018年9月20日,习近平总书记主持召开中央全面深化改革委员会第四

次会议并发表重要讲话。会议审议通过了《关于支持自由贸易试验区深化改革创新的若干措施》，在推动金融创新服务实体经济方面，明确提出"支持在有条件的自贸试验区开展知识产权证券化试点"的意见。南京市作为第二批全国知识产权运营体系重点城市，一贯重视知识产权金融创新发展，在《南京市知识产权运营服务体系建设实施方案（2018—2020年）》中将以南京江北新区新金融中心建设为契机推进知识产权金融创新中心建设作为主要任务，提出要集聚银行、保险、担保、创投、证券等金融机构，建成质押融资、专利保险、担保投资、知识产权证券化等知识产权金融功能集聚区。南京江北新区以建设国际知识产权金融创新中心为契机，发挥自贸区政策叠加优势，先行先试开展知识产权证券化试点工作，出台了《关于进一步促进南京江北新区知识产权金融发展的若干措施》及一系列金融优惠政策，加大知识产权质押融资、证券化、保险、交易、质押物处置等支持力度，为具有发展潜力的科技企业拓宽融资渠道，降低融资成本，提升资本市场关注度，以资本引入助推企业的技术研发走向良性循环，从而推动产业与科技进步。

2. 夯实基础建设，筑路知识产权证券化发展

2018年11月，南京江北新区开始酝酿规划建设全国首个知识产权金融创新中心，规划中指出金融创新中心将立足南京，辐射华东，围绕重点产业和关键领域，以知识产权为切入点，加大新金融产业的引进和培育，集聚金融资产管理、股权投资、金融科技、保险创新、证券化等新金融业态，构建适应实体经济投融资发展需求和创新驱动战略要求的知识产权金融支撑体系，打造具有强大资本吸纳能力、产融结合能力和创新转化能力的全国一流知识产权金融创新中心。2019年10月14日，南京江北新区发布《南京国际知识产权金融创新中心建设规划方案》，提出"一中心、两平台、三核心"的建设思路："一中心"，即打造国家级知识产权金融创新试验区；"两平台"，即打造知识产权金融服务物理集聚区和知识产权金融互联网公共服务平台，实现线上线下平台一体发展；"三核心"，即构建知识产权金融大数据研究院、价值评估体系和风险缓释体系。其中，知识产权证券化作为金融创新模式，是"一中心"建设中的重要任务。

2019年10月，北京智慧财富资本管理集团有限公司、北京三聚阳光知识产权服务有限公司、北京孚链科技有限公司、江苏智麦汇科技发展有限公司作为第一批知识产权服务机构入驻签约国际知识产权金融创新中心，扎根南京江北新区，探索知识产权金融发展。

在政策的支持下，金融服务机构积极探索，2021年4月21日，南京市知识产权证券化专业平台在南京江北新区揭牌，以聚集化、专业化服务支撑知识产权证券化快速发展。

3. 探索产品发行，打开江北知识产权证券化新局面

2021年10月15日，"江北扬子1期知识产权资产支持专项计划"挂牌仪式在深圳证券交易所举行，标志着南京市知识产权证券化产品实现"零的突破"，这一重大事件在南京江北新区知识产权创新道路上具有里程碑意义。

2022年1月20日，南京江北新区启动全国首单灵雀知识产权证券化项目，创新性地将特定信托模式应用于知识产权证券化产品中，2022年4月7日，该项目以"江北科投—绿色担保灵雀知识产权1—5期资产支持专项计划"的名义在深圳证券交易所获批，并于2022年5月26日发行。

产品的发布、新模式的推出，开创了南京江北新区知识产权证券化发展的新局面。

4. 把握关键时机，加快知识产权证券化快速发展

知识产权是新时代创新驱动与高质量发展的重要战略资源，在推动新经济稳健发展和对外合作竞争中的作用日益凸显。南京江北新区在知识产权证券化项目上已经取得重大突破，以知识产权对接金融资本的能力再上新台阶。未来，南京江北新区将借势当前国家政策大力支撑金融创新的良好时机，继续发扬首创精神，大胆探索实践，依托资本市场加快区内企业的创新与发展，在知识产权服务高质量发展过程中形成更多"江北经验"，推动建设"创产城人"融合发展的现代化新主城，全力打造贯彻新发展理念的新区样板，并在全市、全省乃至全国范围内有效发挥示范和引领作用，为国家改革开放探路、先行先试贡献"江北力量"。

第二节　江北扬子1期知识产权资产支持专项计划

一、南京市首单知识产权证券化产品

2021年10月15日，"江北扬子1期知识产权资产支持专项计划"（以下简称扬子1期）在深圳证券交易所挂牌（见图3-8），标志着南京江北新区首单知识产权证券化项目成功试点，该项目也是江苏省首个在深交所挂牌的知

识产权证券化产品。该项目由南京扬子国资投资集团有限责任公司（以下简称扬子国投）下属企业南京江北新区扬子科技融资租赁有限公司（以下简称扬子租赁）担任发起人和原始权益人，南京江北新区绿色融资担保有限公司为入池企业提供担保，扬子国投作为差额支付承诺人，以自身信用作为支撑，实现强信用的跨主体转移，以二次许可的创新构建方式将分散的知识产权打包融资。

图3-8　扬子1期深圳证券交易所挂牌仪式

扬子1期专注于软件与服务、化工、制药与生物科技等多个高新技术行业，储架规模10亿元，首期发行1亿元，票面利率为3.3%，创全国同类型项目最低发行利率、全省同类型项目最大发行规模。首期产品中，优先级资产支持证券目标募集规模9500万元，次级资产支持证券目标募集规模为500万元，项目采取按季度支付利息，过手兑付本金的偿还付息方式，联合评级为"AAA"。入池底层资产包括发明专利43项、实用新型专利112项，涉及南京江北新区的有诺尔曼生物、江苏健康无忧、柯润医疗、宁铁无损、南京聚锋及荣泽科技在内的19家代表性科技创新企业，参与企业获得了200万元到1000万元不等的融资款，企业综合融资成本4.5%，为企业实现了较低成本的融资。

发行方通过创新知识产权金融服务业务模式帮助科技型中小企业盘活无形资产，为解决中小企业融资难题开辟了新的路径，促进了企业创新成果的运营和转化,激发了企业与金融机构在知识产权金融创新领域的热情与动力。

二、专利二次许可授权模式

专利二次许可模式是国内产业园区已经大量应用的成熟的知识产权证券化模式,扬子1期采用的即是该模式。

1. 交易结构

扬子1期的交易结构如图3-9所示。

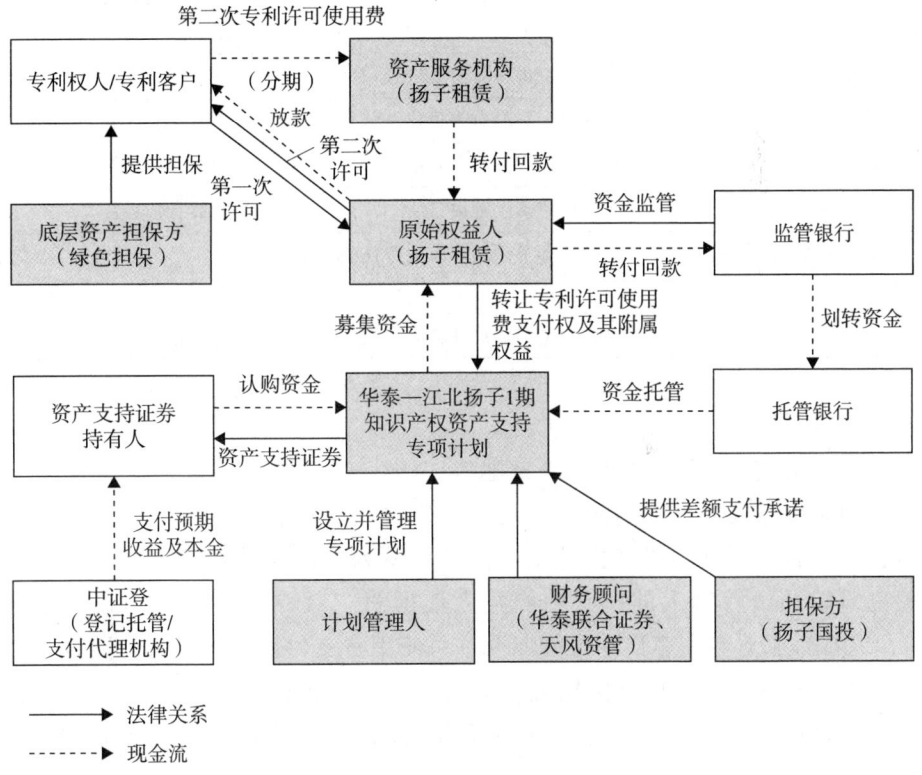

图3-9 扬子1期专项计划交易结构❶

2. 参与主体

该项目中,参与各方情况见表3-4。

---

❶ 华泰—江北扬子1期知识产权资产支持专项计划说明书。说明书由专项计划团队提供,版权归该团队所有。

表3-4 扬子1期项目中参与主体一览表

项目角色	机构名称	机构简称
原始权益人/资产服务机构	南京江北新区扬子科技融资租赁有限公司	扬子租赁
差额支付承诺人	南京扬子国资投资集团有限责任公司	扬子国投
基础资产保证人	南京江北新区绿色融资担保有限公司	绿色担保
计划管理人	华泰证券（上海）资产管理有限公司	华泰证券
财务顾问	华泰联合证券有限责任公司、天风证券股份有限公司	华泰联合证券、天风证券
托管银行	中国民生银行股份有限公司南京分行	民生银行南京分行
监管银行	南京银行股份有限公司江北新区分行	南京银行江北分行
信用评级机构	联合资信评估股份有限公司	联合资信
法律顾问	北京市京师律师事务所	京师律所
登记托管机构/支付代理机构	中国证券登记结算有限责任公司深圳分公司	中证登
评估机构	北京中金浩资产评估有限责任公司	中金浩

3. 运行机制

（1）确定入池资产、组建资产池

原始权益人与各专利权人签订第一次许可合同，与各专利客户签订第二次许可合同。基础资产指基础资产清单所列的由原始权益人在专项计划设立日转让给管理人的、原始权益人依据第二次专利许可合同自基准日（含该日）起对专利客户享有的专利许可使用费支付请求权、损失赔偿请求权、其他从权利及附属担保权益。本项目中，以2021年8月12日为预测基准日，基础资产专利许可应收款余额为10000万元人民币，该部分构成了资产池。

（2）设立专项计划、确定管理人

原始权益人与计划管理人签署合作协议，确定计划管理人的权利与义务，并按照合作协议约定支付管理费。计划管理人设立并管理本专项计划，以专项计划名义在托管人处开立人民币资金账户，经该账户管理专项计划的一切货币收支。

（3）完善交易结构

原始权益人与管理人，资产服务机构分别与监管银行、托管银行、评级机构、律师事务所及其他服务主体签署合作协议，约束双方权利与义务；管理人与投资者签订《认购协议》，从而形成完整的交易结构。

（4）增信措施与信用评级

本次项目中采取的增信措施有四项：一是优先级/次级的本金及收益偿付次序，若因资产池违约使证券遭受损失，则首先由次级资产支持证券承担损失；二是扬子国投差额支付承诺，扬子国投承诺将对专项计划资金不足以支付专项计划费用、优先级资产支持证券的预期收益和/或应付本金的差额部分；三是原始权益人不合格资产/违约资产赎回，若在专项计划存续期间，基础资产变为不合格资产/违约资产，则原始权益人应赎回不合格资产/违约资产；四是基础资产连带责任保证，基础资产保证人为专项计划基础资产底层交易提供连带责任保证，就专利所有权人（债务人）应向原始权益人承担的专利许可使用费支付义务、损失赔偿款支付义务、其他义务（如有）及附属义务等，提供连带责任保证，并同意原始权益人将该笔应收账款作为基础资产转让给专项计划。基础资产保证人共计为本专项计划基础资产池涉及的19家专利所有权人（债务人）的交易提供连带责任担保，担保金额合计占本期专项计划基础资产规模的93%，因此，最终，联合资信对该项目评级为"AAA"。

（5）证券发行、获取发行收入，向原始权益人支付专项资产购买价款

投资者签署《认购协议与风险揭示书》并以其合法拥有的人民币现金购买资产支持证券，由管理人用该资金购买基础资产，并按照其取得的资产支持证券享有专项计划利益、承担专项计划资产风险，管理人将投资者的认购资金存放于在托管人处开设的专用账户，专项计划发行期内，专项计划的认购资金只进不出，各类资产支持证券的认购资金总额均达到目标募集规模后，专项计划发行结束，全部认购资金转化为专项计划所拥有的、计划管理人所管理的、托管银行所托管的专项计划资金，用于购买本计划中的基础资产，专项计划就此设立。

（6）资产管理

专项计划设立后，管理人将委托托管人保管专项计划资金，存续期间，托管人依据《托管协议》的约定保管专项计划资金，并监督管理人对专项计划资金的使用。监管银行根据《监管协议》，在回收款转付日根据资产服务机构的指令将基础资产产生的现金流划转至专项计划账户，并由托管银行根据《托管协议》对该资产进行托管。

(7) 偿付结清

管理人根据《专项计划产品说明书》及相关文件约定,向托管银行发送分配指令,托管银行据此提取专项计划涉及的各项费用划付资金至登记托管机构(中证登)的指定账户,用于专项计划资产本金和预期收益的支付。在产品到期后,将剩余资产归还给原始权益人。

4. 产品特色

相较于专利质押融资证券化模式,采用专利二次许可交易模式对债权人更具保护力度,因此,经多方调研,结合南京江北新区产业实际情况,扬子1期选用了专利二次许可交易模式。

专利二次许可交易模式下,除获得处置质物权利外,债权人还能使用该专利技术,并可以许可他人使用该专利。本项目中,扬子租赁获得的是在专利权保护范围内制造、使用、销售其专利的产品,(或者)使用其专利方法以及使用、销售、许诺销售依照该专利方法直接获得的产品,(或者)进口其专利产品(或者)进口依照其专利方法直接获得的产品,以及扬子租赁以普通许可、排他许可或独占许可的方式再次将本合同项下的专利许可给任一主体的权利。而在专利质押融资模式下,债权人仅能获得质权。

三、南京江北新区 19 家科技型企业受益

1. 南京江北新区知识产权金融创新又一突破

扬子1期首期产品按照"政府引导为主、企业自主参与、产品市场化运作"原则,通过发挥知识产权核心竞争力的优势,借助国资主体强信用支持,首次亮相资本市场实现融资,是资本市场支持南京江北新区知识产权金融发展的重要成果。

通过证券化的设计,将南京江北新区分散在多个中小企业的知识产权打包进行融资,拓宽了新区企业进行知识产权融资的新渠道,降低了企业的融资成本,开创了新区知识产权金融工作的新局面,开拓性地解决企业融资难、融资成本高的问题,为南京市的证券化产品探索提供可借鉴的经验,为南京江北新区产业发展注入了新的资本力量。

2. 首期 19 家科技型企业获得融资

扬子1期资产支持计划底层专利资产主要来源于软件与服务、化工、制药与生物科技行业,涉及许可使用费用本金占比48.2%,行业集中度较高,其中,软件与服务行业专利客户涉及的许可使用费本金占比最高,占比

22.0%。目前，国际竞争环境复杂，美国、印度、澳大利亚等国对我国部分软件产品和服务采取封锁措施，软件与服务行业加强核心技术自主创新研发和全球领先技术超前研发是大势所趋。2020 年以来，在国内循环为主的双循环新格局下，软件和信息技术服务业作为拉动国内经济增长的重要引擎，在稳就业、促发展方面持续发挥着重要作用。2021 年，江苏省规上工业中数字产品制造业增加值比上年增长 19.7%，比规上工业高出 6.9 个百分点，对规上工业增长的贡献率达 27.8%；规上服务业中互联网和相关服务、软件和信息技术服务业营业收入分别增长 27.5%、16.8%，其中互联网平台、互联网数据服务增长 25.5%、115.9%。然而，从国内市场整体情况来看，国际企业仍占领产业链高端，并加紧对终端市场的渗透；中国企业以中小企业为主，实力较弱，国际市场上，中国处于全球软件产业链中下游环节，且本土企业更多的是从事应用软件，缺乏核心技术，特别是系统、平台等基础软件的开发能力。加之，国际软件企业凭借技术和资本优势，大规模进入中国细分软件市场，国内优秀企业被收购的风险将加大。因此，以多元化的资金投入方式支持软件行业中小企业发展是非常必要的。该证券化产品通过在国际国内、南京江北新区相关产业现状和竞争态势详尽调研的基础上，通过产品设计，着重对相关企业进行资金支持，这种方式可为未来产业政策制定提供方向性参考。

从受益企业的区域分布来看，专利客户均位于江苏省，地域集中度高，从资产池的风险角度来讲，专利客户地域分布集中，可能受限于地区经济环境波动，基础资产未来现金流的保障会受到不利影响，不利于提高投资者信心。但是，实际上，从该项目最终获评"AAA"来看，一方面由于绿色担保较高的担保额；另一方面，也基于江苏省经济发展情况、省政府综合财力对资本较强的吸引力。据江苏省统计局数据❶，一方面，近 10 年来，江苏省综合实力连上新台阶，人均 GDP 居各省区首位，2021 年，全省实现生产总值 11.64 万亿元，占全国的 10.2%；2013—2021 年，全省 GDP 年均增长 7.4%，快于全国 0.9 个百分点；党的十八大以来，江苏对全国经济增长的贡献率超过 10%。另一方面，江苏省产业结构不断优化升级，创新驱动发展能力不断增强，全省三次产业结构由 2012 年的 6%、50.6%、43.4% 调整至 2021 年的 4.1%、44.5%、51.4%，第一、第二产业比重下调，服务业占比十年间累计

---

❶ 江苏省统计局. 从数据看十年来江苏经济社会发展新成就［EB/OL］．（2022-05-23）［2022-06-02］． http://tj.jiangsu.gov.cn/art/2022/5/23/art_4031_10457821.html.

增加 8 个百分点，2013—2021 年年均增长 8.1%，快于 GDP 年均增速 0.7 个百分点。在此良好的经济发展基础上，结合江苏省优渥的营商环境，未来，尽管区域市场存在一定分化，但江苏省人口集聚效应较强，加之稳健的产业结构和较大的经济增长潜力，从长期看预计江苏省政府综合财力仍将保持增长，对资本市场吸引力持续向好。扬子 1 期专项计划虽立足南京江北新区，但离不开江苏省整体稳健的经济增长态势，该产品的发布，为投资者提供了新的选项，预计未来这种模式在省内复制推广后，将吸引更多的社会资本，引导社会资本向科技型企业助力，促进江苏省产业经济的快速发展。

【专题访谈】

搭上知识产权证券化融资快车，坚守轨道交通高端装备创新之路

马成明

南京宁铁创始人，北京交通大学国家发光与光信息技术教育部重点实验室研究员，德国柏林洪堡大学经济管理专业硕士研究生，江苏省苏商发展促进会会员，原通号工程局集团市场处处长。

2020 年年初，突如其来的新冠肺炎疫情，加剧了初创型企业的资金压力。南京宁铁无损检测技术研究院有限公司（以下简称南京宁铁）刚刚成立一年多，在经历了前期的研发、生产积累后，销售网络逐步打开，公司正处在上升期，面临广阔的市场需求，扩大生产规模是当务之急。然而，资金从哪里来？为解决企业的资金难题，南京江北新区不断尝试，在知识产权证券化发展的机遇期，紧抓政策优势和区域优势，为科技型企业铺就新的融资道路，为科技型企业的快速发展再添保障。南京江北新区科技型企业搭上证券化融资的顺风车，缓解了当前的资金压力，增强了创新发展的信心。

1. 笃定轨道交通行业，自主创业圆梦江北

分析师： 近年来，我国城市轨道交通行业发展迅速，市场容量大，"十四五"规划中，对城市轨道交通进行了部署，加上这几年国家政策对新基建的支持，对于轨道交通行业也是利好的，您能介绍下南京宁铁的成立背景和发

展故事吗？

马成明：我接触轨道交通十多年了，一路走来，一直看好这个行业。开始接触轨道交通行业是2011年，当时加入了南京华士电子科技有限公司。当时的华士电子正处于发展的瓶颈期，亟待转型发展，寻求新的出路。当时，工作起来干劲十足、全身心地投入，通过积极地寻找客户、维护关系、搜集信息，短短3个月时间，我走遍了我自己负责的区域，客户信息倒背如流。随后，我又带领当时的销售团队在原有市场的基础上，挖掘更多潜在客户，完成了城轨市场部业绩质的飞跃，顺利地帮助公司在转型期平稳过渡，连续2年被评为"优秀员工"和"精英管理者"称号。2014年，我加入了通号工程局集团，因业务能力强、业绩突出、领导能力出众，迅速晋升至市场处处长兼销售总监，管理70多人的销售团队，超额完成年度业绩指标。经过多年在轨道交通行业的摸爬滚打，我很看重轨道交通行业巨大的发展前景和商机，于是产生了自主创业的念头。2019年，成立了南京宁铁。

2. 公司拥有核心知识产权，发展迅速背后面临融资难题

分析师：贵公司成立时间相对较短，从公司的发展阶段看，目前在资金需求和融资途径选择方面的情况是怎样的？

马成明：近年来，中国国家铁路集团有限公司对铁路系统关键核心设备进行国有化改造，公司积极响应号召，通过南航自动化学院多年的技术储备，开展项目研发，目前空心轴超声波探伤机、LU在线移动式轮辋轮辐超声波探伤系统、高铁刹车片等项目已进入国产化实施阶段，实现了核心技术国产化，并拥有自主知识产权。公司高铁刹车片、LU在线移动式轮辋轮辐超声波探伤系统、空心轴超声波探伤机、高铁动车组ATP柜视频监控系统、车载低温等离子空气净化器、CTCS-3车载通信单元测试台、车辆架大修维保服务等产品及服务为18个铁路局服务，个别产品还扩展到各城市地铁公司。技术和产品发展相对顺利，但产品规模的扩大也意味着资金需求的扩大。

融资难是企业发展普遍存在的难题，2020年以来的新冠肺炎疫情，更是加剧了企业发展对资金的需求。作为初创型公司向银行直接贷款会存在两个难题，一是银行等金融机构都需要资产抵押，初创型公司一般都是轻资产，也没有太多的原始积累，因此没有足够的资产去抵押融资；二是银行等传统机构融资成本相对固定，甚至受一些制度限制，成本会有一定的上浮，对于初创公司来讲，也增加了不少压力。

3. 知识产权证券化融资，助力疫情下企业发展

分析师：南京江北新区近年来对科技型企业的支持力度很大，方式也很多，知识证券化是一种新的融资模式，扬子1期是南京江北新区第一单知识产权证券化项目，能谈谈您对知识产权证券化的认识和这次参与的感受吗？

马成明：南京江北新区的政策支持一直是公司发展的加速器。公司总部设立在南京江北新区，2019年与南京江北新区管委会联合成立南京宁铁无损检测技术研究院，获得管委会的资金支持。同属于南京江北新区的中车南京浦镇车辆有限公司作为中国中车旗下一级子公司，是公司的潜在客户，南京市委、市政府及南京江北新区管委会大力出台本地企业配套政策，为公司在轨道交通领域的市场开拓提供了合理的便利条件。可以说，政府的大力支持，为我们企业发展平添羽翼。

证券化融资方式能有效精准地解决初创型技术企业的融资难题，又在融资成本上给予企业很大的帮助，并且证券化融资审批快捷、操作简单，这是企业对这一融资方式的共识。

在南京江北新区科技创新局的知识产权证券化交流会议上，我们获悉证券化这种融资方式，随后就一直关注相关动态，最后，我们参与到扬子1期中，拿到了融资款，缓解了公司的资金压力，提高了公司自主创新的意愿，推动了公司更多自主创新的活动。

同时，因为也是第一次参与此类融资，在融资过程中，我们发现证券化融资比普通的信贷融资要更为便捷、审批流程简单，这为企业融资带来了便利，提高了融资效率，当然，这可能是因为产品参与主体，特别是扬子租赁作为资产服务机构，在前期做了大量的准备工作。我们也会充分利用这笔融资款，竭力研究开发空心轴探伤系统（UHAT）、轮辋轮辐探伤机（LU）。随着公司产品研发进程稳步推进、市场竞争力逐步提升，我们有足够的持续性还款能力。公司还有其他的核心技术的核心知识产权，未来会持续关注知识产权证券化，并寻机参与。

【专题访谈】

知识产权证券化融资,为公司发展注入新的"血液"

姜险峰
江苏健康无忧网络科技有限公司总经理。

企业在不同的发展阶段,融资需求、融资途径不同。近年来,医疗产业的数字化转型,促生了医疗行业信息化产品和平台化服务的行业形态。江苏健康无忧网络科技有限公司(以下简称无忧网络)于2014年成立,经历了8年多,已经发展为中国医疗卫生行业初具规模和影响力的企业之一。当企业有一定的实力,可以通过多个途径获取融资时,就会开始关注融资过程的便利性、贷款利率、风险控制等因素,并择其优者用之。企业通过知识产权证券化实现了融资,同时提高了社会关注度。

1. 乘健康中国发展战略之势,走上快速发展道路

分析师:近年来,在国家大健康政策支持下,智慧医疗发展迅速,请您简单介绍下无忧网络的发展历程和现状。

姜险峰:公司是2014年成立的,成立以来,在健康中国发展战略的宏观利好背景下,无忧网络的发展始终处于快车道。公司主要业务领域是公共卫生及医疗行业信息化建设,致力于让每个人获得更便捷、更高效的医疗服务。具体来说,我们主要开发面向公共卫生、区域医疗信息化及互联网智慧医疗领域的具有自主知识产权的软件产品和整体解决方案,为各级公共卫生和医疗行业用户提供包括系统集成、软件开发、运营维护在内的多元信息化服务。

公司研制开发了50余项具有自主知识产权的医疗卫生行业应用软件,主持承担了2项科技部重点计划项目、20余项省市级科研项目。主要产品和服务包括基于家庭医生的分级诊疗服务平台、基于互联网医疗的患者智慧医疗服务综合管理平台、基于健康大数据的公众健康服务平台、围绕大健康产业的运营服务平台等。2021年,公司专利产品签单额约为5800万元,利润增长率约28%,知识产权转让收益为3500万元。

2. 知识产权证券化融资，为公司发展注入新的"血液"

分析师：公司的产品品类是比较多的，那么这次参与扬子1期的知识产权主要是围绕哪些产品，这些产品的营收如何？

姜险峰：在扬子1期知识产权资产支持证券产品中，公司以自助一体机、挂号缴费机、住院自助充值（确费）机、自助桌面机、自助报告打印机、诊间壁挂机、自助签到机、智能服务机器人等产品相关的知识产权参与进去，1期签单为3500万元，剩余知识产权签单扬子2期，签单额为2300万元，公司将继续以核心优质知识产权参与知识产权证券化项目，发挥知识产权资产的最大价值，并以融资款项全部投入新产品研发和市场推广。

3. 知识产权证券化是新生事物，也是未来趋势

分析师：可以看出，您对知识产权证券化项目比较认可，对未来知识产权证券化发展方向及南京江北新区在这方面的政策支持有什么建议或意见？

姜险峰：证券化融资相对更能贴近市场的变化发展，为企业发展注入了新的"血液"，解决了企业成长过程中遇到的资金"瓶颈"。利率优惠力度大，操作流程严格按照银证监会相关的金融服务规范，风控评估非常严谨。

南京江北新区知识产权证券化突破传统的融资方式，通过促进金融与技术要素融合，极大地发挥了知识产权金融在拓宽企业融资渠道、降低企业融资成本方面的积极作用，也将激发企业无形资产的融资功能，推动技术市场与资本市场有效衔接。希望未来江北新区能继续推出更多、更好的可以支持像我们公司这一类科技中小企业的知识产权金融产品，支持公司不断发展。

【专题访谈】

借科技融资租赁优势，以知识产权证券化加大中小微企业服务力度

张春光
扬子租赁董事长兼总经理。

近年来，有效保护科技型企业的核心知识产权，促进知识产权融资，是助力科技型企业创新发展的新方向。如一些金融机构以知识产权开展质押融资或以质押融资债权进行证券化，文化租赁公司进行的文化租赁业务，或以

租赁债权开展知识产权证券化等。

1. 依托科技租赁服务优势，积极探索知识产权证券化

分析师：扬子租赁近年来服务科技企业的力度很大，知识产权证券化是新的融资途径，为什么选择这种方式为企业融资？您是如何获知这种融资方式的？具体业务是怎么开展的，与传统的融资方式有什么不同？

张春光：扬子租赁利用在科技租赁业务中积累的优势，2021年发起组织了扬子1期知识产权资产支持证券项目。项目由南京市市场监督管理局指导，南京江北新区科技创新局牵头，扬子租赁通过受让中小微科技企业的专利许可，将获得的专利资产再以资产支持证券的形式向社会投资方募集资金。一方面，为持有优质知识产权资产的中小微科技企业提供高性价比的融资服务；另一方面，将知识产权资产的潜在价值通过有价债券的形式向市场进行公示，既引导资本力量向中小微科技企业倾斜，也引导中小微企业积极创造高价值的专利资产。

融资难、融资成本高是中小微科技型企业普遍遇到的难题，如何解决问题，打破传统的有形资产融资的桎梏？知识产权证券化是创新融资方式的一种探索。

从业务逻辑来看，传统的融资租赁逻辑本质是用标的物的价格对标债权的价格，而在面对价值尚未具现为价格的客户时，这种业务逻辑不再适用。我们选用知识产权资产作为标的物，用标的物的价值直接对标债权的价格。从固化、静止的价值识别方法，转为动态与发展的价值识别方法，突破传统融资租赁思维桎梏，使得中小微科技型企业债权融资具有可行性。

从运作流程上看，以知识产权证券化方式为企业融资，首先，要用知识产权作为融资标的，形成债权债务关系；其次，用债权作为底层资产，进行证券化，在公开市场募集资金，为中小企业融资。

2. 知识产权证券化市场厚积薄发，市场环境日趋成熟

分析师：近年来，知识产权融资方式呈现多模式发展，包括质押融资、融资租赁、证券化等，您认为，目前知识产权融资市场如何？知识产权融资的难点在哪里？

张春光：知识产权融资作为一种新型的融资方式，虽然很早被提出，但长期以来一直受限。一方面，知识产权难以形成普遍认可的公允价值。知识产权的特殊优势和核心价值在于具有排他性，而排他性对于价值的衡量却是一把双刃剑，表现为既是价值的构成部分，也是阻碍市场普遍验证的阻力，其导致的结果就是在价值衡量上，难以形成公允价值。所以，在知识产权交易中，对于买家的专业要求是极高的，这也是知识产权在股权投资及风险投资上的应用场景要远远高于债权融资的根本原因。通常我们认为，动产的可变现性最高，而不动产也有一定的保值增值作用。因为它们的公允价值透明公开，在交易环节，可以节省大量的价格调研成本，且能根据既有的大数据信息，较为准确地预估短期、长期的价值走势，从而规避或更好地把控市场风险。

另一方面，需求方市场活力不足。扬子租赁敢为人先，发起这次知识产权证券化项目，除了使命、责任这样的内因之外，还因为扬子租赁选择的目标客户群体，是南京江北新区内中小微科技企业。我们对于企业持有的知识产权价值评估及企业自身发展潜力，除了评估公司的评估报告可做参考，还有当地招商引资平台、政府性担保公司、南京江北新区科技创新局等相关职能部门提供的数据支持。正是因为这些地缘优势，使得我们具备了成为知识产权项目合格投资人的条件。但是，这样的条件，在需求市场是不具有普遍性的。一个市场的良性发展，需要供需双方共同营造。增加供应端的产能和生产意愿、降低需求端的购买资质要求和投资风险，除了市场经济自身的发展规律，更需要国家的宏观调控。扬子租赁的尝试，是让供应端直观认识到，生产知识产权"产品"的经济效益，促进供应端的生产意愿，但是在需求端，资本市场的投资人在选择购买债权，进行投资风险评估时，最终的担保价值承担者，是扬子租赁及差额付款人扬子国投，而不是底层资产的担保价值，这种情况并不利于需求规模的扩大，仍需多种途径，降低需求端购买成本，提升需求端购买意愿。

3. 知识产权证券化发展势不可挡，发展策略不断优化

分析师：近年来，知识产权证券化发展迅速，国内多地多模式发展，产品的发行也很密集，但是也有业内人士对知识产权证券化持有保守态度，认为是政策在推动，市场化程度不高，您是如何看待知识产权证券化发展趋势的？未来继续参加证券化融资或其他融资产品的积极性如何？就当前参与的证券化项目来说，有没有相关建议？

张春光：一方面，扬子租赁充分认识到知识产权证券化的重要意义，并将在实践中不断尝试。知识产权证券化的意义在于将企业乃至个人的财富重心，从实物转为知识，从而让资本市场的投资关注焦点向无形资产偏移。知识产权证券化的发展趋势是可以预见的，首先是制定价值衡量标准，其次是

逐步形成标准产品,最后是市场化乃至国际化。国家的宏观指导,也会直观地体现在相关职能部门对知识产权市场环境的构建与持续优化及市场初期的各项奖励政策。作为一家国资融资租赁公司,推动国家宏观政策落地,义不容辞。目前,扬子租赁正在积极尝试使用专业工具,发挥自身价值,更好地担负使命。

另一方面,扬子租赁将以实践经验丰富理论知识,为知识产权证券化发展建言献策。一是建议扩大知识产权的评估维度,除了对于载有知识产权的商品定价、市场规模、市场交易量等市场因素的考量外,还需要相关职能部门在技术层面上就技术本身的价值衡量,建立统一专业的国家标准,便于评估机构规范化开展工作,便于需求方在购买知识产权产品时,对于价值的衡量能得到更客观、更权威的指导,最终促进消费行为的产生;二是鼓励各省市完善或建设专利技术交易展示中心官方网站,让更多的潜在需求方可以通过官方信息渠道,更直观地认识到目标专利的价值内涵,更快捷地达到"合格投资者"的要求,推动知识产权证券化的市场化发展。

第三节 江北科投—绿色担保灵雀知识产权1—5期资产支持专项计划

一、全国首单交易所市场特定信托架构知识产权证券化产品

1. 项目背景

2017年4月25日,在"南京江北新区创新创业推介暨新金融产业发展峰会"上,南京江北新区正式启动了一项产业、科技、金融融合创新发展的先导工程——"灵雀计划"。灵雀取意"灵动的云雀",南京江北新区将纳入"重点培育对象"的新区内科技型中小企业形象地比喻为动作灵敏、越飞越高的"灵雀",期望通过政策引导和推动,凝聚财政金融资源,建立全链条金融创新支持,帮助"灵雀"企业飞得更高、更快。

作为一项南京江北新区为新区范围内创新型科技企业量身定制的财政金融一体化扶持政策,"灵雀计划"自出台起,就受到新区企业的广泛关注。2017年10月20日,"南京江北新区落实产业科技金融融合创新成果发布暨首

批'灵雀企业'授牌仪式"在南京江北新区举行,首批 50 家新区"灵雀"企业正式放飞。2018 年,60 家新区科技企业入选"灵雀计划"。2019 年,70 家新区企业成为"灵雀"企业。2020 年,受疫情影响,"灵雀计划"进一步扩大政策惠及范围,引入新区 100 家企业。截至 2021 年,共有 272 家科技型企业入选"灵雀计划"。"灵雀计划"正带动新区一批中小科技企业走出资金瓶颈,实现快速发展。

"江北科投—绿色担保灵雀知识产权 1—5 期资产支持专项计划"(以下简称灵雀 1 期)项目以南京江北新区"灵雀计划"为切入点,围绕一批技术专精且具有高成长性的灵雀企业需求,围绕新区自主培育灵雀企业量身打造的知识产权证券化专项计划。通过评估企业的成长性、行业前景和知识产权的技术价值等,帮助拥有知识产权,但融资困难的中小企业获得资金支持。

2. 项目简介

2022 年 1 月 20 日,南京江北新区启动全国首单灵雀知识产权证券化项目,该项目采取了"灵雀企业—特定信托"交易结构模式,是知识产权证券化模式的创新之举。项目启动后,项目团队在灵雀企业中进行底层资产筛选,达到发行规模后,上报交易所。2022 年 4 月 7 日,"江北科投—绿色担保灵雀知识产权 1—5 期资产支持专项计划"在深圳证券交易所获批,并于 5 月 26 日,举行发行敲钟仪式(见图 3-10)。

图3-10 "知产助力灵雀翱翔"南京江北新区
首单灵雀企业知识产权证券化发行敲钟仪式

本次证券化项目储架规模 4 亿元，首期发行 1 亿元，综合发行利率 3.61%，企业综合融资成本仅为 3.8%。项目囊括了金宁汇、南大智慧、和鼎医药、创拓新材料等 16 家新区企业的 105 件知识产权，其中发明专利 37 项、实用新型 68 项。本项目也是全国首单交易所市场特定信托架构知识产权证券化产品。❶

二、特定信托模式

特定信托模式知识产权证券化，在模式设计上，由初始委托人委托信托公司设立信托计划向借款人（一般为融资企业）发放信托贷款，借款人将其持有的核心知识产权质押予信托，初始委托人同时作为原始权益人，以其持有的资金信托之信托受益权作为基础资产转让给专项计划，组建资产池，发行证券进行融资。

运作模式上，该项目采用签约制，项目设立后，企业可以自己拥有的知识产权申请签约，符合条件的即可签约，整体上，产品规模及相关条件达到发行条件后即可按期发行。该项目储架规模 4 亿元，预计每年 1 期，每期预计 1 亿元，项目中的企业可动态调整。由于每一期的贷款期限是一年，一年后，项目中有融资需求的企业可以继续申请，留在项目中，不再需要融资的企业可以退出，新的企业具有融资需求时，可通过申请加入进来。如果企业持续需要融资，且知识产权和资信能力满足核准要求，则可以持续申请，留在项目中获取融资款。

产品设计中，进行了优先级、次级的分层设计，其中优先级证券 9500 万元，次级证券 500 万元，优先级证券联合评级"AA"，采取到期一次性还本付息偿还方式。

1. 交易结构

该项目交易结构如图 3-11 所示。

---

❶ 南京江北新区. 刚刚敲钟！[EB/OL]. （2022-05-26）[2022-06-02]. https://mp.weixin.qq.com/s/i2pBdar-k3Mp2jcaVyM0cg.

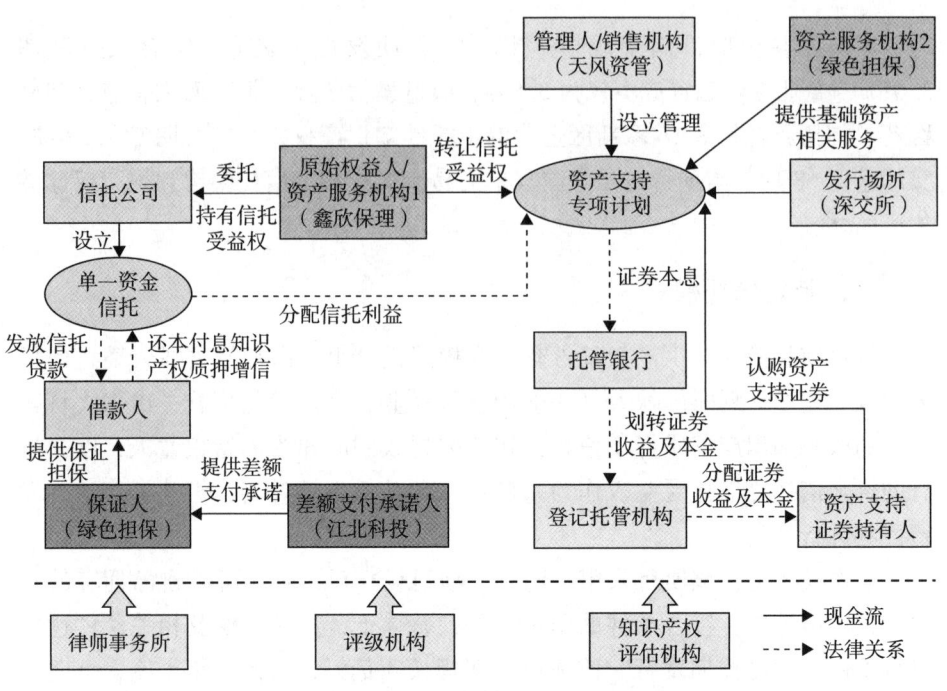

图3-11 灵雀知识产权资产支持专项计划交易结构❶

2. 参与主体

该项目中,主要参与方情况见表3-5。

表3-5 灵雀知识产权证券化项目中参与主体一览表

项目角色	机构名称	机构简称
初始委托人/原始权益人/资产服务机构	南京鑫欣商业保理有限公司	鑫欣保理
计划管理人/销售机构	天风(上海)证券资产管理有限公司	天风资管
保证人/资产服务机构	南京江北新区绿色融资担保有限公司	绿色担保
差额支付承诺人	南京江北新区科技投资集团有限公司	江北科投
信托公司	紫金信托有限责任公司	紫金信托
信用评级机构	上海新世纪资信评估投资服务有限公司	新世纪评级

---

❶ 该图由"第三节江北科投—绿色担保灵雀知识产权1—5期资产支持专项计划"项目组提供,版权归项目组所有。

续表

项目角色	机构名称	机构简称
法律顾问	北京市京师律师事务所	京师律所
评估机构	北京中金浩资产评估公司	中金浩

3. 运行机制

（a）组建资产池。初始委托人委托信托公司设立信托计划向借款人发放信托贷款，借款人将其持有的核心知识产权质押予信托，同时，原始权益人以其持有的资金信托之信托受益权作为基础资产，组建资产池。

（b）设立专项计划、确定管理人。原始权益人与计划管理人签署《资产买卖协议》，约定专项计划募集资金用于向原始权益人购买基础资产，并将专项计划募集资金以专项资产管理方式委托计划管理人管理。

（c）完善交易结构。认购人与计划管理人签订《认购协议》，原始权益人与管理人，资产服务机构分别与监管银行、托管银行、评级机构、律师事务所及其他服务主体签署服务协议，形成完整的交易结构。

（d）增信措施与信用评级。本次项目中采取了多种形式的增信措施，包括优先级/次级的内部结构化分层、保证担保、差额支付等。最终，新世纪评级对该项目评级为"AA"。

（e）证券发行、获取发行收入，向原始权益人支付专项资产购买价款。认购人通过与计划管理人签订《认购协议》，将认购资金以专项资产管理方式委托计划管理人管理，计划管理人设立并管理专项计划，认购人取得资产支持证券，成为资产支持证券持有人。计划管理人根据与原始权益人签订的《资产买卖协议》，约定将专项计划募集资金用于向原始权益人购买基础资产。

（f）资产管理。专项计划设立后，管理人将委托托管人保管专项计划资金，存续期间，托管人依据《托管协议》的约定保管专项计划资金，并监督管理人对专项计划资金的使用。监管银行根据《监管协议》，在回收款转付日根据资产服务机构的指令将基础资产产生的现金流划转至专项计划账户，并由托管银行根据《托管协议》对该资产进行托管。

（g）偿付结清。管理人根据《专项计划产品说明书》及相关文件约定，向托管银行发送分配指令，托管银行根据分配指令，提取专项计划涉及的各项费用划付资金至登记托管机构（中证登）的指定账户，用于支付资产支持证券本金和预期收益。在产品到期后，将剩余资产归还给原始权益人。

4. 产品特色

与其他模式的知识产权证券化项目相比，该项目的特色在于：

第一，模式上采用特定信托模式。与其他模式相比，基础资产的构成不同，在基础资产组建过程中，首先由初始委托人委托信托公司设立信托计划，并向借款人（即南京江北新区"灵雀企业"）发放信托贷款，同时，借款人将其持有的核心知识产权质押予信托，初始委托人同时作为原始权益人，以其持有的资金信托之信托受益权作为基础资产。

第二，信托结构的存在为该产品增加了一层保障，借款人将其持有的核心知识产权质押予信托，信托机构对该知识产权相关财产权依法享有管理和处分的权利。

第三，借款人直接向信托贷款，签署的协议较少，流程简单，避免了向银行贷款的层层审批和烦琐的资料准备，以及二次许可中的来回的许可协议签署，对于中小企业来说，更为便捷。同时，由于不涉及许可协议签署，企业的知识产权舆论风险较低，对企业上市等操作影响较少。

第四，该产品偿付方式是到期一次性还本付息，中小企业获取贷款后可全额投入生产经营，减少了贷款期间的资金压力。

第五，该项目借款人范围明确，可持续性强。该项目明确支持对象为南京江北新区"灵雀企业"，从项目团队和借款人两方面来说，更为聚焦，便于工作可持续开展。对于1期产品来说，项目团队可在"灵雀企业"中，筛选合适的标的企业及其合适的知识产权资产，达到发行条件后即可发行。

第六，选用"2A"的主体作为担保方，拓宽了担保方的范围，从服务实体经济方面，为更多担保机构提供了参与证券化的可能性，是担保机构多元化、模式多样化发展的一次创新探索。

三、专注灵雀企业，首期16家企业受益

1. 灵雀企业盘活无形资产的新选择

灵雀企业知识产权证券化项目是南京江北新区知识产权金融创新的又一突破，也为全国范围内知识产权证券化发展提供了模式借鉴。与近两年在全国各地产业园区大量复制的质押融资贷款或专利双向许可模式不同，该项目创新性地采用了知识产权特定信托模式，也是基于南京江北新区特色、项目发起人的业务优势等因地制宜地设计了适宜的交易结构。该项目是新区独有的"灵雀企业"品牌，是南京江北新区强化全生命周期产业服务的又一次突

破，采用"灵雀企业—特定信托"交易结构，通过优化产品结构和降低企业融资成本，盘活知识产权价值，让商标、专利等知识产权真正成为科创企业打开资本市场的"通行证""敲门砖"，有效激发灵雀企业无形资产的融资能力，为灵雀企业"知本"变"资本"提供了新的选择。

同时，该项目综合融资成本3.8%，对于科技型中小微企业而言，极大地降低了企业的融资成本，企业的关注度和参与度均比较高。

2. 首期16家灵雀企业签约受益

该项目是南京江北新区为灵雀企业谋发展的新举措。2020年2月5日，受新冠肺炎疫情突发影响，新区部分企业面临不同程度的生产经营困难等情况，新区发布"16条政策"，其中加大财政金融扶持力度部分指出：要强化重点企业扶持，以更大力度实施"灵雀计划"，降低准入门槛，强化生产要素、专项资金、投贷联动、贷款担保、社会服务等资源统筹，对创新型科技中小企业实施贷款贴息、研发费用补助、保险费补助、担保费补助等资金支持。在金融支持方面，多措并举、积极创新为灵雀企业的稳定发展提供保障。2021年年底，扬子1期知识产权证券化项目发布成功为新区提供了证券化的成功经验，南京江北新区立即将证券化作为支持灵雀企业发展的新途径，进行积极探索，并于2022年年初，启动了专门针对灵雀企业的知识产权证券化项目，进一步拓宽了灵雀企业获取资金支持的渠道。

以该项目首期发行为起点，将陆续为小灵雀企业快速成长、灵雀企业潜力迸发提供持续的资金支持。从灵雀企业的成长阶段来看，"灵雀计划"中培育两种类型企业，即灵雀企业和小灵雀企业均是该项目的支持对象。其中，灵雀企业，是指业绩良好、具有发展潜力、高速成长的科技型中小企业；小灵雀企业，是指处于起步阶段、规模较小但具有较强成长性的初创期、成长期的科技型中小企业。

该项目首期发行，为新区产业发展引入更多社会资本提供新途径。从灵雀企业的产业分布来看，涉及生物医药、新材料、智能制造、信息技术等多个产业，基本实现新区产业全覆盖，惠及的产业面较广，将为新区产业的全面发展引入更多社会资本。

该项目服务主体多元化、多样化，服务实体经济效用更大。从知识产权服务产业来讲，由于每个知识产权证券化项目是发债项目，存在一个担保方，担保方的实力越强，产品在金融市场越容易对外销售。但是本次项目中，创新性地采用2A而不是3A的担保主体，进一步从行动上服务实体，引导担保

方向着多元化、多样化发展,这样担保的主体也会增多,从而使证券化项目支持整个实体经济的作用和效益越来越大。❶

灵雀企业知识产权证券化项目支持目标明确,以南京江北新区"灵雀计划"为切入点,围绕新区自主培育灵雀企业量身打造,同时,服务主体更加多元化,引入了信托公司和2A的担保主体。本次对话灵雀企业——和鼎医药董事长张文琦、绿色担保总经理徐云翔,共谈灵雀企业发展、知识产权金融服务和知识产权证券化。

【专题访谈】

灵雀企业知识产权证券化,灵雀企业融资新渠道

张文琦

和鼎(南京)医药技术有限公司董事长。

医药行业是典型的"高投入、高风险、高产出、长周期"行业,而创新药研制更是需要更多的研发投入,和鼎(南京)医药技术有限公司(以下简称和鼎医药)于2013年2月成立,是新药(Translational Medicine)领域多手性活性化合物的开创者。作为南京江北新区灵雀企业之一,和鼎医药多次得到政策扶持和资本支持,但由于高投入,时刻关注资本动向。知识产权证券化是资本市场的新事物,灵雀企业作为南京江北新区科技型企业的代表,也是南京江北新区重点支持的对象。南京江北新区以知识产权证券化方式引入资本,助力灵雀企业创新发展,灵雀企业不仅获取融资,也得到社会关注度。

1. 掌握核心技术,跨越行业技术壁垒游刃有余

分析师: 医药行业,特别是新药研发领域技术壁垒很高,您能谈谈创办和鼎医药的初衷和这几年的发展情况吗?

张文琦: 确实是这样,技术壁垒很高,我们这几年也在不断摸索、突破,但是坚持技术的自主研发。成立和鼎医药,也是基于在医药行业多年的从业

---

❶ 部分内容摘自本书撰写组与鑫欣保理的访谈记录。

经历，和对仿制药中间体及原料药行业市场渠道布局和开发、对组建和培养运转有效的公司团队、对供应商渠道开发、经销商管理、客户开发及战略产品的甄选的了解和经验。我们致力于把和鼎医药建设成为中间体及原料药领域全球领先的生产工艺开发服务商和产品供应商，依托海内外成熟的营销渠道，以市场为导向，甄选出适宜的原料药品种，开发出性价比更高、更绿色环保的自主知识产权的特色医药产品。

2. 依托高层次人才优势，构建核心技术与顶尖产品

分析师：作为灵雀企业之一，通过这些年的发展，和鼎医药实现了技术积累、建立了品牌，您认为和鼎医药的核心竞争力是什么？目前的产品有哪些？

张文琦：灵雀企业都有自己的独特优势，对于和鼎医药来说，资本和硬件是前提，人才是企业参与市场竞争的核心。和鼎医药首席科学家在世界顶级制药公司拥有累计超过20年的工作实践经验，在新药研发、工艺路线的设计、优化及产业化等方面具有丰富的经验，是南京市海外高端引进人才；公司还聘请了多名国内外生物医药研究领域的专家作为公司的技术顾问。团队凭借自身在不对称手性合成、高难度药物合成工艺、药物合成原创路线设计、药物新晶型及成本控制等方面积累的技术优势，建立了多手性药物技术平台、多维催化技术平台、偶联技术平台、能源平衡技术平台及超低温技术平台等核心药物研发技术平台。

和鼎医药一直以来坚持从"创新"的角度出发，以市场需求为源点，以研发为驱动，开发了具有市场竞争性的多手性小分子活性药物。我们以溯源的方式对每一个中间体或原料药寻找差异化，以创新的手段达到差异化所设立的目标，秉持"逆向合成分析的思维"（retro-synthetic analysis）将多手性小分子化合物的复杂度降低，使之以最简单、最常见且最有效率的分子模块为起始点，以"五大策略，六大空间"的设计理念为核心，对每个产品进行定制化设计，建立了一套和鼎医药自主品牌产品研发策略。产品有抗菌类系列、抗病毒系列、类风湿关节炎系列、抗癌类、镇痛类、急救类，主要销往大型央国企医药集团。近2年，每年度专利产品销售额1亿元，净利润7000万元，2021年度缴纳税金超过千万元。

3. 政府优化金融服务支持，灵雀企业在证券化产品中获益

分析师：我们了解到南京江北新区对灵雀企业的资金支持途径很多，和鼎医药也在2021年3月刚完成一轮直接融资，这次为什么选择证券化途径

融资,您是如何获知这种融资方式的,这次融资对企业生产经营的影响如何?

张文琦:近年来,在中小企业创新发展方面的政策层出不穷,公司有幸入选南京江北新区灵雀企业,获得了知识产权融资的优先机会。2022年,和鼎医药签约灵雀知识产权证券化融资项目,在一定程度上解决了企业生产经营资金周转的困难。选择知识产权证券化融资的原因主要有四个:一是响应政府部门的政策号召;二是解决企业资金周转的困难,对于急速发展中的企业,知识产权产品落地、产业化均需要资金的配置;三是开拓了融资新渠道,在技术成果转化的同时或者在转化之前,实现知识产权资产价值最大化;四是通过证券化融资的平台可以为企业做好宣传。

本次参与证券化的知识产权主要用于实施生产喷他佐辛、诺贝林、依泽替米贝、巴洛沙韦等产品,这些产品2021年度有销售额1亿元,缴纳税金有1000万元左右,产生效益目前主要用在氟苯尼考D酯试生产上以及他唑巴坦/巴洛沙韦等注册报批等。

公司在参与融资过程中,也深切体会到知识产权证券化融资相对于其他融资方式的优势:一是流程简单,二是无须固定资产质押,作为中小型企业,是更优选的融资途径,但仍希望,未来知识产权证券化产品能够有所改进,比如审批流程能更优化、利率更低、免担保等,最终能惠及更多企业。

【专题访谈】

积极探索知识产权证券化,支持"灵雀企业"发展

徐云翔

南京江北新区绿色融资担保有限公司总经理。

知识产权证券化作为一种新的科技型企业融资方式,具有融资快、融资多、风险低等多个优势,但是这是站在受益企业的角度的评价,实际上,知识产权证券化产品的打造需要多方参与,其中,担保方是不可或缺、至关重要的角色,关系到市场对该产品的评级和资本市场对该产品的信心。同时,担保方

在金融产品中也承担较大的风险。但是，作为南京江北新区唯一一家政府性融资担保机构的绿色担保，对这次灵雀企业知识产权证券化产品积极参与充满信心，对未来以知识产权证券化融资方式服务实体企业充满期待。

1. 践行绿色担保使命担当，服务新区中小微企业健康发展

分析师：绿色担保作为新区唯一的政府性融资担保机构，近年来，为新区中小微企业提供了坚实的服务支持，请您简单介绍下绿色担保目前的经营情况和服务开展情况。

徐云翔：作为江苏省首批、南京江北新区唯一一家政府性融资担保机构，我们紧跟政策导向，深化金融服务，推出绿色企业保、新研机构保、科技企业保、知识产权保、投后企业保和中小微企业保等六类担保产品。截至2022年4月，公司已为区内数百家企业提供融资服务，累计融资总额达40亿元，其中高新技术企业45家，新研机构5家，瞪羚独角兽7家，绿色认证企业20家。

绿色担保自成立以来，始终以服务新区企业为使命担当，不断优化服务、拓展资源，开展各类融资担保业务，满足了中小微企业的担保需求。先后与十多家商业银行签订了担保合作协议，包括农业银行、交通银行、中国银行等国有银行，以及南京银行、北京银行、宁波银行等优质股份制银行。同时，绿色担保在业务发展过程中，逐步形成鲜明的业务发展特点。首先，绿色担保费率较低，在担保业务实施过程中通过降低担保费率的方式，使得企业担保综合成本低于市场平均水平。其次，绿色担保的融资担保业务开展品种较为广泛，主要业务有流动资金贷款担保、票据承兑担保、保函业务担保、项目融资担保、信用证担保等。

2. 勇于探路知识产权证券化，金融赋能优质"灵雀企业"

分析师：选择参与灵雀知识产权证券化项目的初衷是什么？对该项目风险的认知如何？对企业还款能力的预期如何？如果出现风险，对企业经营的影响程度如何？

徐云翔：2021年9月，南京江北新区首单知识产权证券化项目发行成功以来，通过知识产权证券化服务实体企业的路径已经越来越清晰。本次开展专门针对"灵雀计划"的知识产权证券化产品是为了达成以下三个目的：(1) 在原有基础上，将南京江北新区知识产权证券化产品持续性、市场化地推广下去；(2) 支持南京江北新区"灵雀计划"企业发展，并进一步优化结构；(3) 降低企业融资成本，本次企业融资成本由上一单的综合成本4.5%下

降至综合成本3.8%，做到比大多数银行的贷款成本更低。

绿色担保对这次参与知识产权证券化的风险有充分的认识，并且认为是可控的。南京江北新区科技创新局对于科技创新企业每年都会进行评定，对于营业收入增长、净利润增长都有持续性要求，达到要求的企业方能入选"灵雀计划"。本次参与到"江北科投—绿色担保—灵雀知识产权证券化"的底层企业均为经认定的"灵雀计划"企业库中挑选出来的优质企业，企业均来自南京江北新区的各大产业园区。绿色担保作为南京江北新区唯一一家政府性融资担保公司，扎根当地，对园区内企业的经营情况了解深入，对于入池企业的发展有充足信心，且经过了绿色担保公司内部严格的风险评审流程。

根据历史的经营情况，南京江北新区内的科技创新企业违约案例较少，属于较为优质的融资主体，只是缺乏适合企业自身特性的融资产品。本次知识产权融资产品就是符合科技创新企业融资的特定产品，通过轻资产就可获取一定规模的融资。即便个别企业出现了特定风险，对于绿色担保的经营影响较低，也不会造成实际的影响。

3. 加大力度支持科创实体，知识产权证券化意义深远

分析师：您对知识产权证券化发展趋势持有何种看法？未来还会继续参加证券化融资或其他融资产品吗？就当前参与的证券化项目来说，有没有相关建议？

徐云翔：知识产权证券化作为近年出现的热门品种，南京江北新区已在全国做出了创新表率，两个储架产品陆续在深交所发行，对支持科创实体、创新发展具有重要的意义。

首先，本次"灵雀计划"知识产权企业融资成本降低至3.8%，相较于南京江北新区其他方式的融资具有较大优势，成为当下企业融资的最优选。其次，本产品的运作模式具有可持续发行、持续扩大等特点，也证明了市场的可持续性。再次，本产品是规模化支持实体，和银行融资点对点不同，本产品下有16家企业批量得到了融资款项，如果银行是点的融资，证券化就是面的覆盖和扶持；最后，本产品在企业融资端的操作简单，融资成本低，受到了融资企业的一致好评，企业都期待下一期产品发行。

当然，知识产权证券化还在探索和改进的过程中，绿色担保也是通过证券化不断发现问题，优化操作，加以改善。最终目的还是将好处落实到实体，落实到企业，真正做到支持科创事业发展。

第四章 南京江北新区知识产权数字化交易

第一节 知识产权资产数字化交易概述

一、数字经济是中国经济高质量发展的新引擎

《"十四五"数字经济发展规划》提到,数字经济是继农业经济、工业经济之后的主要经济形态,是以数据资源为关键要素,以现代信息网络为主要载体,以信息通信技术融合应用、全要素数字化转型为重要推动力,促进公平与效率更加统一的新经济形态。作为经济学概念的数字经济通过大数据(数字化的知识与信息)的识别、选择、过滤、存储、使用,引导、实现资源的快速优化配置与再生,实现经济高质量发展。在这个新经济形态中,数字技术被广泛使用并由此带来整个经济环境和经济活动的根本变化,使得数字经济成为一个信息和商务活动都数字化的全新的社会政治和经济系统,企业、消费者和政府之间通过网络进行的交易迅速增长。

1. 数字经济产业发展现状

近年来,"数字经济"成为经济活动和社会生活中的一个热词,以互联网、物联网、大数据、人工智能等新技术为代表的数字经济,在不断发展中迸发出引领时代的巨大能量,在抗击新冠肺炎疫情的过程中更凸显了数字经济的重要性。据中国信息通信研究院发布的《中国数字经济发展白皮书(2021)》报告显示:中国数字经济增加值规模已由 2005 年的 2.6 万亿元,扩张到 2020 年的 39.2 万亿元，占 GDP 比重的 38.6%，同比提升 2.4 个百分点，有效支撑了疫情防控和经济社会发展。❶ 数字经济是中国经济在第四次工业革命中实现换道超车的宝贵机遇，对实现高质量发展和中华民族伟大复兴具有非常重要的战略意义。2022 年 1 月 16 日出版的第 2 期《求是》杂志发表重要文章《不断做强做优做大我国数字经济》，文章指出，发展数字经济是把握新一轮科技革命和产业变革新机遇的战略选择。数字经济健康发展，有利于推动构建新发展格局，有利于推动建设现代化经济体系，有利于推动构筑国家竞争新优势。党的十八大以来，党中央高度重视发展数字经济，将其上升为国家战略，从国家层面部署推动数字经济发展。这些年来，我国数字经济发展较快、成就显著。

数字经济是以数字化的知识和信息作为关键生产要素，以数字技术为核心驱动力量，以现代信息网络为重要载体，通过数字技术与实体经济深度融合，不断提高经济社会的数字化、网络化、智能化水平，加速重构经济发展与治理模式的新型经济形态。具体包括四大部分：一是数字产业化，即信息通信产业，具体包括电子信息制造业、电信业、软件和信息技术服务业、互联网行业等；二是产业数字化，即传统产业应用数字技术所带来的产出增加和效率提升部分，包括但不限于工业互联网、两化融合、智能制造、车联网、平台经济等融合型新产业新模式新业态；三是数字化治理，包括但不限于多元治理，以"数字技术+治理"为典型特征的结合，以及数字化公共服务等；四是数据价值化，包括但不限于数据采集、数据标准、数据确权、数据标注、数据定价、数据交易、数据流转、数据保护等。加快产业数字化转型，可帮助我国数字经济的 GDP 占比赶超世界先进水平，以制造业为内核的实体经济也会实现提质增效发展。现阶段，数字化的技术、商品与服务在向传统产业进行多方向、多层面与多链条的加速渗透，即产业数字化。数字经济已成为驱动中国经济实现又好又快增长的新引擎，数字经济所催生出的各种新业态，也将成为中国经济新的重要增长点。

数字经济时代，有不断升级的网络基础设施等信息工具，以及互联网、云计算、区块链、物联网等信息技术，因此人类处理大数据的数量、质量和速度的能力不断增强，极大地降低了社会交易成本，提高了资源优化配置效率，提高了产品、企业、产业附加值，推动了社会生产力快速发展，同时为落后国家后来居上实现超越性发展提供了技术基础。数字经济是工业 4.0 或

---

❶ 源自中国信息通信研究院《中国数字经济发展白皮书（2021）》。

后工业经济的本质特征，是信息经济—知识经济—智慧经济的核心要素。全球各个行业和企业都正在经历数字化转型，通过利用数字资产，开发新的应用程序，扩展新功能，开拓新思路，以更快、更高效、更可靠的方式探索新的创新领域。正是得益于数字经济提供的历史机遇，中国才得以在许多领域有机会实现超越性发展。

2. 数字经济相关政策

"十四五"时期，我国数字经济大有可为。数字经济是第四代工业革命的经济表现形式，发展数字经济是把握新一轮科技革命和产业变革新机遇的战略选择，对于我国构建新发展格局、推动建设经济体系、构筑国家竞争新优势具有重大战略意义。2021年12月12日，国务院印发《"十四五"数字经济发展规划》——首次在五年规划中为数字经济单独列了一篇，明确了"十四五"时期推动数字经济健康发展的指导思想、基本原则、发展目标、重点任务和保障措施，并特别指出到2025年我国数字经济核心产业增加值占国内生产总值（GDP）比重要达到10%。

江苏省促进产业转型升级、构建现代化经济体系。数字经济一向是江苏省经济发展的重要抓手，进入2022年，江苏省接连发布了多项有关数字经济的政策及方案。1月，江苏省工信厅、省委网信办、省发展改革委、省科技厅、省农业农村厅、省商务厅、人行南京分行、省通信管理局等部门联合研究制定了《江苏省数字经济加速行动实施方案》，要求聚力打造形成数字基础设施一流，技术创新能力突出，产业生态体系完善，融合应用成效显著，新技术、新业态、新模式蓬勃发展的数字经济发展新格局。4月，江苏省委省政府发布《关于全面提升江苏数字经济发展水平的指导意见》，全面推进江苏经济社会数字化转型，着力打造数字经济新引擎，激发数字时代新动能，培育数字经济新优势。该指导意见明确，到2025年，江苏数字经济发展水平位居全国前列，数字产业集群能级跃升，数字经济核心产业增加值占地区生产总值比重达到13.5%左右，制造业数字化转型全国示范，服务业数字化国内领先，数字政府建设水平全面提升，数据要素市场体系初步建立，数字技术创新体系基本形成。到2035年，数字经济整体发展水平进入世界先进行列，数据要素价值充分释放，形成一批国际领先的数字经济产业集群，数字经济成为引领江苏经济转型发展的重要引擎。5月23日，江苏省人社厅制定了《全省人力资源社会保障系统服务数字经济发展若干措施》，从支持数字技术创新体系建设、促进产业数字化转型升级、深化数字经济人才发展机制创新、推进数字经济领域就业创业等方面提出 20 条具体措施，助力数字经济高质量发展。

南京市大力发展数字经济，全面增强产业发展能级和竞争力。作为省会的金陵古城，南京的数字化发展已近 10 年，2013 年，南京便率先制定出台了《关于加快大数据产业发展的意见》，此后，数字产业便成为南京发展的重点之一。进入"十四五"时期，数字经济更是成为南京发展规划的"常客"。2021 年 10 月，为抢抓数字时代发展新机遇，激发数字经济新动能，发布《南京市"十四五"数字经济发展规划》，重点围绕创新引领、融合赋能、智慧城建、智能体验等方面，对"十四五"期间城市数字经济发展作出了系统的指引。进入 2022 年，南京在布局数字经济上的步伐加快。2022 年 2 月，《南京市制造业智能化改造和数字化转型实施方案（2022—2024 年）》出台，对制造业智能化改造和数字化转型等相关内容进行了部署。3 月，南京商务局又发布了《数字贸易发展行动方案（2022—2025 年）》，重点关注数字技术、数字金融、数字文化、跨境电商、知识产权服务、数据服务六大特色领域。

南京江北新区积极拥抱数字经济"新蓝海"，全力打造数字经济高质量发展新引擎。南京江北新区始终把创新作为高质量发展的第一驱动力，紧扣集成电路、生命健康等现代新兴产业，持续聚焦制造业数字化转型，坚持推进全球跨境贸易平台建设，不断推动重点园区开展"5G+工业互联网"建设，形成多项数字经济产业成果，致力打造世界一流的产业创新生态体系。2019 年，南京江北新区数字经济产业园建成开园，产业园坐落于南京江北新区中央商务区中心地块，紧扣新区"两城一中心"发展定位，致力于打造科技、产业与金融深度融合的创新载体。园区以数字产业为主要方向，通过 5G、ICT（信息与通信技术）等融合赋能，打造数字孪生园区，显著提升园区网络化、数字化和智能化发展水平，改善园区的运营效率和交互体验，打造泛在连接、全面感知的数字化园区标杆生产力，以更高水平的企业服务、更优化的营商环境、更丰富的载体供给，吸引更多优质人才、企业和资本来到新区，共同打造协同发展的数字经济生态集聚区，共享数字经济发展的强大优势。

二、数字资产——数字经济发展的必然产物

1. 数字资产特征

在数字经济的大背景下，数据作为数字经济的"石油"，有其独特的个性特征，已经引起社会各界的关注与重视，在社会经济活动中的地位不断提升。伴随着区块链技术的产生，数字资产的概念也逐渐被更多人接触，简而言之

就是将现实存在的各种实物或非实物资产进行数字化标识，使数字资产在网络空间也具备线下各种属性，如权属、流通等。也就是将拥有的物品或者类似知识产权量化成数据并标价，然后放在线上市场里进行流通、管理。当今世界经济竞争越发激烈、不确定影响因素日趋增多、传统产业急需转型升级，数字资产既是经济发展的手段，又是发展的生产资料。同时，数字经济也是社会主义市场经济发展的必然趋势，是向高质量发展的必经流程。

资产是相对于负债而言的，它是物化的或虚拟化的资金表现形式。而数字资产作为一种特殊的资产形式，既具有一般的资产属性，又具有数字产权的特殊特征，归纳起来主要体现在六个方面。这六个方面的具体特征之间既相互区别，又相互联系。

(1) 属于无形资产管理范畴

从资产的形态大类来分，数字资产没有具体的物质形态，符合无形资产的范畴。但是，与一般的无形资产相比，由于数字资产储存在计算机系统搭建的平台，这就存在技术设计上可能性的漏洞及外部黑客攻击的可能，数字资产将可能灭失。

(2) 具有可以长期重复使用的价值

数字资产与其他资产相比一个重要特征是可能发生贬值，但只要存在便不会出现价值完全灭失。一般的有形资产甚至是一些无形资产，由于各种原因，可能退出社会经济活动，或者由于物质形态灭失而失去价值。而数字资产作为一种无形资产，永远存续在数字资产体系当中，特别是区块链作为一种通过数字累加显示效用的技术，所有新的数字资产都是以历史上的数字为基础的，数字资产链越长、越宽，其价值就越大。

(3) 具有所有权以及使用权

数字资产与其他资产一样，其所有权与使用权（经营权、管理权）也可以分离，正因为有这种分离职能，数字资产具有临时让渡的功能。数字资产的生产者可以唯一地、合法地享受所有权，受到法律的保护。

(4) 具有市场商品基本属性

商品是市场经济的产物，具有价值和使用价值，商品通过市场上的交易实现其价值。数字资产也同样，数字资产在企业或个人内部使用时只具有使用价值，只有当用于市场交易并为其他人所使用时才实现其价值。数字资产可以与一般等价物或其他资产进行等价交换，在市场的交易活动中，形成一个适当的价格。数字资产的价格也随着其资产的个性、稀缺性、供给量变化而发生变动。

(5) 属于新型的生产要素

劳动者、技术、资本等作为传统的生产要素构成社会经济发展的基础，而数字资产只有当市场经济、科学技术发展到一定的程度，才能作为资产，具有资产的属性。数字资产作为一种新的生产要素已经得到国家政策层面的认可，党的十九届四中全会提出资本、劳动、数据等七大要素必须推进市场化改革的若干举措，第一次将数据要素作为生产要素单列，并提出了具体的改革与完善的意见。

(6) 具有资产保值增值功能

数字资产如同一般性资产，随着时间的推移，其价值会发生变化，有些数字资产由于供给量过大或失去其应有价值，则会发生贬值，有些数字资产贬值的速度还相当快，如果对数字资产不断赋予新的内涵和效用，其不仅有保值功能，且还有不断增值的功能。数字资产的保值与增值也是当今数字资产经营的重要目标。

2. 数字经济的分类

从发展路径区分，数字经济包括数字产业化和产业数字化两方面。通过数字产业化，关键技术和核心产业能够不断把消费、生产、服务过程中所创造的数据变成生产要素，从而提供新服务、新应用；通过产业数字化，推动传统企业、重点产业数字化转型，实现农业数字化和制造业智能化升级，以及生产性、生活性服务业网络化普及，从而持续利用数字技术改造并赋能三次产业。

从构成要素区分，数字经济包括数据和数字技术两个关键要素。近几年来，大数据被广泛地运用于人类社会生产、生活和社会治理，成为并列于资本、劳动和自然资源的新要素。这一新要素的出现，对世界政治、经济、文化的影响很大。数据要素具备低边际成本、无损耗、易复制等特点，是数字经济深化发展的引擎；数字技术具备迭代快、扩散快、渗透性强等特点，两者通过加快创新的供给和扩散，优化生产函数中的要素配置，提高生产过程中的技术效率，降低交易成本，从而提高产业竞争优势。

三、区块链技术助力数字资产的价值产生

数据资源只有通过流通和交易才能转化为数字资产。当实体资产数字化之后，作为一种核心要素资源，虽然在信息化利用上具有普遍的使用价值，但资产属性还没有充分体现。只有实现确权、流通和交易后，数字化资产才

能进一步通过金融创新,上升为生产性的数字资本,真正释放其内在价值。从原始实体资产、资源数字化,到数字资产,再到数字资本的不断演进过程,是数字经济发展的核心目标。

数字资产作为依赖计算机技术发展产生的金融市场新业态,其交易也必然和计算机技术密不可分。其中区块链技术作为永久的、不可篡改的、可验证的、可信任的、可编程的分布式账本技术,给数字资产的创设、发行、保管、交易、使用等提供了新的范式,实现了从信息互联网到价值互联网的重大转型。

区块链,就是一个又一个区块组成的链条❶。每一个区块中保存了一定的信息,它们按照各自产生的时间顺序连接成链条。这个链条被保存在所有的服务器中,只要整个系统中有一台服务器可以工作,整条区块链就是安全的。这些服务器在区块链系统中被称为节点,它们为整个区块链系统提供存储空间和算力支持。如果要修改区块链中的信息,必须征得半数以上节点的同意并修改所有节点中的信息,而这些节点通常掌握在不同的主体手中,因此篡改区块链中的信息是一件极其困难的事情。相比于传统的网络,区块链具有两大核心特点:一是数据难以篡改,二是去中心化。基于这两个特点,区块链所记录的信息更加真实可靠,可以帮助解决人们互不信任的问题。

区块链技术具有以下五个特征:

去中心化。区块链技术不依赖额外的第三方管理机构或硬件设施,没有中心管制,除了自成一体的区块链本身,通过分布式核算和存储,各个节点实现了信息自我验证、传递和管理。去中心化是区块链最突出、最本质的特征。

开放性。区块链技术基础是开源的,除了交易各方的私有信息被加密外,区块链的数据对所有人开放,任何人都可以通过公开的接口查询区块链数据和开发相关应用,因此整个系统信息高度透明。

独立性。基于协商一致的规范和协议(类似比特币采用的哈希算法等各种数学算法),整个区块链系统不依赖其他第三方,所有节点能够在系统内自动安全地验证、交换数据,不需要任何人为的干预。

安全性。只要不能掌控全部数据节点的51%,就无法肆意操控修改网络数据,这使区块链本身得相对安全,避免了主观人为的数据变更。

匿名性。除非有法律规范要求,单从技术上来讲,各区块节点的身份信息不需要公开或验证,信息传递可以匿名进行。

传统形式的资产登记存储于中心化数据库中,中心数据库易受到攻击而

---

❶ 陈小慧. 区块链是什么 [J]. 大众理财顾问, 2017, 000 (003): 48-51.

使得资产安全性难以得到保障,且网络中的数据易被复制和传播,资产难确权,不能让其所有者获得合理的经济利益。区块链的逻辑能够为数字资产权属确定形成支撑。利用区块链的数字签名、共识机制、智能合约、时间戳等技术可以对数字资产进行确权,将资产的所有者、生产者和使用者都能够作为重要的节点加入区块链网络中,建立安全可信的身份体系和责任划分体系,并对数字资产的传输、使用、交易与收益进行全周期的记录与溯源管理,为数字资产的流通提供了坚实的技术基础。

区块链通过加密算法可以将多源异构的数字资产进行上链存储,使链上数据可以自由交易。数据经过区块链共识机制达成共识后,会保存在全网节点的数据账本中,单点数据的丢失不会影响数据的完整性,而通过区块链哈希算法提取数据指纹,建立数据和指纹的对应关系,对数据任何形式的造假都会导致数据指纹发生变化,从而保障了数字资产的真实性和完整性。区块链以链式结构对数据进行存储,并对数据添加时间戳,这种顺序排列的数据结构使得数据操作和活动都可被查询和追踪,为数据全生命周期审计、溯源提供了有效手段;智能合约的引入能够在不需要第三方的情况下自动执行合约条款,有助于多方参与者根据事先约定的规则处理交易、结算的事务,从而完成数字资产的安全流转。

四、知识产权资产数字化有效推动知识产权交易

1. 知识产权资产相关概念

知识产权资产是指企业在生产经营实践和科学试验等创新过程中,所发明创造的高新技术和技术诀窍,而形成的精神产品的一种产权形式。它包括专利权、版权、商标、商业秘密、技术秘密等。知识产权是通过创新活动所获得的成果,由创新活动的权利人对成果依法享有的专有权利。资产属性就是利用有限资源进行物质的生产、交换和分配的经济活动特性,知识产权的基本属性符合资产属性,知识产权属于无形资产的范畴。同其他财产相比较,知识产权资产具有专有性、地域性、时间性、获得需要法定程序等特点。《中华人民共和国公司法》第二十七条规定,股东可以用货币出资,也可以用实物、知识产权、土地使用权等可以用货币估价并可以依法转让的非货币财产作价出资,其资产属性不言而喻。

在美国,任何的投融资活动都离不开知识产权,而专利产品和专利技术都能带来巨大的商业投资机会,真正的"高价值"专利可以为权利人带来巨

大的商业回报。专利作为无形资产释放价值的方式主要有以下方面：权利人自行实施和使用、专利许可和专利转让、专利和技术结合进行技术转移、专利和技术的出资入股、质押融资、投融资、诉讼或维权所得等。具体到专利的交易，既可采取专利转让进行一次性交易，也可以采取专利许可或者技术转移获得长期收益。交易的方式也多种多样，比如专利网上交易、专利拍卖、专利保险、专利证券化等。

2. 知识产权资产交易现状

知识产权交易的一个重要内容就是专利转让，专利转让指专利权属由专利权人进行的转让行为，除非是赠与的形式，专利转让通常是通过商业购买方式进行的。专利转让后，转让人（即原专利权人，卖方）失去了对于该专利的全部权利，受让人（即新权利人，买方）成为受合同法保护的专利权享有者。在专利转让行为中，转让的客体包括专利的申请权和专利权，专利申请权的转让涉及已经提交的专利申请、尚未获得授权的专利，而专利权的转让涉及已经获得授权的专利。

在专利转让行为中，受让人不必进行专利开发投资及承担开发风险，直接获取专利权利，不但充实了企业的专利资源，实现企业研发自由，利用该专利更好地占据市场优势，还能够将其作为商业合作的谈判筹码，抵御专利诉讼。对于转让方来说，通过转让专利可以获取大量资金，收回研发成本，以更好地投入自身其他方面的运营中。交易双方动机见表4-1。

表4-1 专利转让的权属变化及转让动机

专利权变化	转让人动机	受让人动机
专利申请权和专利权： ①专利申请权的转让客体：已经提交、尚未获得授权的专利申请； ②专利权的转让客体：已经获得授权的专利	收回研发成本，获取研发利润，积累研发资本	获取专利技术，充实企业专利资源，实现研发自由；获取合作谈判筹码；抵御专利诉讼

（1）中国专利转让现状

近十几年来，我国专利转让情况的活跃程度整体呈现上升趋势，以下从专利转让数量、专利转让人、专利转让涉及的专利类型、高校和科研机构专利转出情况列举说明中国专利转让现状。

如图4-1和表4-2所示，自2002年以来，中国专利转让次数不断攀升，专利转让数量整体呈逐年增长的趋势。2007年，专利转让数量急剧增长，转让量为19504次，增长率达到56.81%。2018年，专利转让数量有所下滑，同比减少4.78%。2019年之后几年，随着国家知识产权运营工作的提升，专利转让数量有了明显提升，2021年达到转让量峰值375953次。

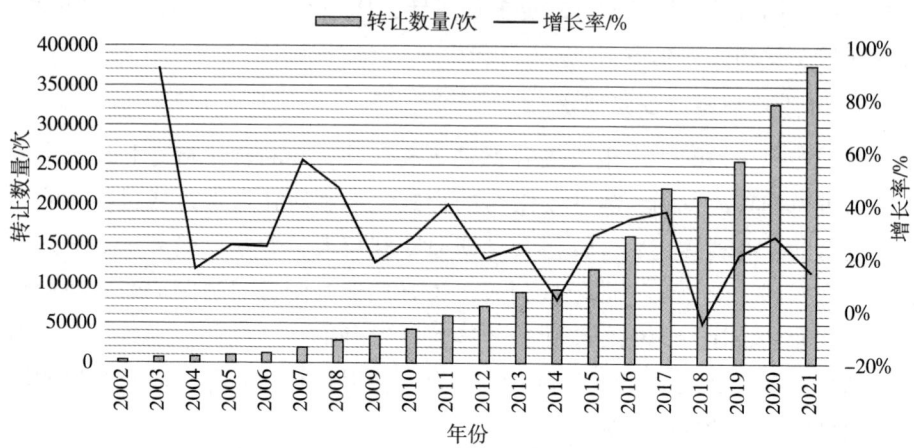

图4-1　专利转让趋势❶

表4-2　专利转让情况趋势❷

年　份	转让数量/次	增长率/%
2002	3631	—
2003	6961	91.71
2004	8047	15.60
2005	10024	24.57
2006	12438	24.08
2007	19504	56.81
2008	28540	46.33
2009	33703	18.09
2010	42830	27.08
2011	60003	40.10
2012	71826	19.70
2013	89434	24.51

❶❷　数据来源：国家知识产权运营公共服务平台。

续表

年　份	转让数量/次	增长率/%
2014	93051	4.04
2015	119610	28.54
2016	161152	34.73
2017	221765	37.61
2018	211170	−4.78
2019	255998	21.23
2020	328068	28.15
2021	375953	14.60

（2）知识产权资产交易途径

传统交易市场模式。各类经济主体可以自行在技术交易市场、专利技术交易机构或利用中介机构寻找或转让专利技术。近年来，全国各地纷纷建立了地方性的知识产权交易中心，知识产权交易市场没有地域界限，全国各地的企业、高校、科研院所和个人都可以在交易市场进行专利交易，还可以参加相关的行业展会、高新技术专利成果转化交易会、投融资领域洽谈会等。另外，在寻找转让专利时，还可以考虑从拥有大量专利但缺乏市场化运作能力或需求的高校、研究机构、个人发明人手里购买专利。这些方式属于比较传统的以市场贸易为基础的专利交易模式，专利的买方和卖方可以对专利项目有直观的了解。表4-3对部分传统专利技术交易机构或专利成果转化交易会进行了示例说明。

表4-3　国内外典型专利技术交易机构及专利成果转化交易会

类　别	名　称	介　绍
知识产权交易机构	中国技术交易所	成立于2009年，为技术交易提供价值评估、交易对接、公开竞价、项目孵化、科技金融、政策研究等专业化服务。 官网：https://us.ctex.cn/
	天津滨海国际知识产权交易所	2011年成立，全国首家知识产权交易所，为知识产权提供交易场所、设施、技术支持及相关配套服务
	上海知识产权交易中心	2017年成立，为知识产权提供交易场所及其配套服务，以及知识产权服务集成功能。 官网：http://www.shsipe.com/

续表

类 别	名 称	介 绍
专利成果交易会	中国国际高新技术成果交易会	创办于1999年，每年在深圳市举办，由多家政府部门、科研单位和深圳市人民政府共同主办。 官网：http://www.chtf.com/
	中国国际专利技术与产品交易会	创办于2002年，每两年在大连市举办，由国家知识产权局、辽宁省人民政府共同主办，是我国唯一的国家级、国际化专利技术品牌展会；2020年起，专交会调整为一年一届，并永久落户大连。 官网：http://www.cipf.cn/
行业展会	世界人工智能大会	创办于2018年，每年在上海举办，由国家发展和改革委员会、科技部、工业和信息化部、国家网信办、中国科学院、中国工程院和上海市人民政府共同主办。 官网：http://www.worldaic.com.cn/
	世界智能制造大会	创办于2016年，每年在南京举办，由工业和信息化部、江苏省人民政府共同主办。 官网：http://www.wimsite.org/
国际专利展会	日内瓦国际发明博览会	始于1973年的世界著名发明展览会，展会主办方受到瑞士联邦政府、共和国议会、日内瓦州、市政府及世界知识产权组织的支持赞助。规模大、参展参观者踊跃，在国际展览界享有较高声誉，是全球最新发明产品的重要展示舞台；受新冠肺炎疫情影响，2021年第48届日内瓦国际发明展的参展形式变更为"线上展示和评审"。 2022年招展通知： https://mp.weixin.qq.com/s/LxzHHMBzYB2H_fUE-FZBaQ

知识产权网络交易/运营平台模式。传统的交易市场模式进行专利转让通常是线下撮合最终达成交易，从一对一寻找合作者到最终成交各个分散的环节可能花费双方大量的时间和精力，且专利具有时间期限，尤其是对于快速迭代技术领域的专利很有可能因为前期时间的浪费导致"技术过时"了。随着"互联网+"与各行业的紧密融合，专利转让也可以在网络平台进行，交易双方可以打破交易时间、空间限制，交易周期短、频率高，降低了交易成本，提高了技术转化的进程❶。知识产权运营服务平台模式已经成为国家提倡的一

---

❶ 杨霄飞. 专利运营商业模式比较研究［D］. 重庆：重庆理工大学，2017：34.

种新商业模式。自 2014 年起，财政部会同国家知识产权局启动了以市场化方式促进知识产权运营服务工作，推动构建"平台+机构+资本+产业"四位一体的知识产权运营服务体系。2016 年 3 月 17 日发布的《中华人民共和国国民经济和社会发展第十三个五年规划纲要》中指出："实施严格的知识产权保护制度，完善有利于激励创新的知识产权归属制度，建设知识产权运营交易和服务平台，建设知识产权强国。"2016 年 12 月 30 日发布的《"十三五"国家知识产权保护和运用规划》中指出："构建知识产权运营公共服务平台体系，建成便民利民的知识产权信息公共服务平台。"2021 年 10 月发布的《"十四五"国家知识产权保护和运用规划》中指出："培育发展综合性知识产权运营服务平台，创新服务模式，促进知识产权转化。"国家对知识产权运营平台的重视，使得专利交易有了更加活跃的环境，越来越多的专利线上运营平台也纷纷出现，表 4-4 列举了若干种线上专利运营平台。

表4-4　国内线上专利运营平台

名称	介绍
国家知识产权运营公共服务平台	平台以"数据为基、信用为根、服务为本"为宗旨，围绕企业、高校、科研院所等市场主体及各级政府需求，汇集知识产权大数据释放、运营项目供需展示、IP 服务电商以及创客空间和创意工作室等功能模块，实现了业务流、信息流、资金流的互联互通，面向重点产业领域提供资源有效对接、信息顺畅交互、服务集中供给的全方位综合性服务。 官网：http://www.sipop.cn/
技 E 网	中国技术交易所有限公司于 2014 年年底上线技术交易的互联网平台，旨在为技术交易参与各方提供全流程的市场化支撑服务。 官网：https://www.ctex.cn/
知识产权资产数字化交易平台（DPex 平台）	2021 年 4 月 21 日，全国首个知识产权资产数字化交易平台在南京江北新区正式发布上线。2021 年 5 月，被国务院服务贸易发展部际联席会议评为"全国服务贸易创新发展试点最佳实践案例"。 官网：https://www1.ipfx.net/
高航网	以"互联网+知识产权运营"模式构建的知识产权运营服务平台，通过线上互联网平台和线下合伙制结合的方式，以一对一经纪人服务模式，为客户提供专业化、流程化、标准化的知识产权运营解决方案、专利商标版权免费查询、注册申请、交易运营等便捷服务，以及专业的技术分析、价值评估、市场预测等增值服务。 官网：http://www.gaohangip.com/

企业并购中的专利收购模式。"企业并购",是指企业通过兼并和收购,获取被并购企业的专利资产。企业并购是企业快速扩张的主要方式,目标公司拥有的所有资产将自动转移给买方,专利等其他知识产权也包含其中❶。在企业并购过程中,专利可能是发起并购的重要动因之一,并且成为并购中的谈判重点。不同于直接收购专利,在企业并购中的专利收购过程复杂性更高,需要全面考虑企业的内部环境和现实影响因素❷,要对目标企业进行知识产权尽职调查以及目标企业专利的综合评估。

首先,需要从知识产权资产调查、知识产权保护和有效利用调查、知识产权相关法律诉讼调查三个方面来对企业并购过程中目标企业知识产权的调查进行详细分析。其中,知识产权资产调查包括专利、商标、版权作品、地理标志等其他形式知识产权的总汇,是企业提升产品价值、提高利润的关键,是人力资本的组成部分,其中受法律保护的无形资产,比如专利、商标具有关键作用。企业并购过程中进行知识产权保护和有效利用的调查主要是为了确定其权利的时间权限和所属权限,所以要对其有效期限、发明人、风险度、权利所属人等进行详细的调查,确定各项内容是否存在瑕疵,所以主要调查有:①某项专利属于该企业的时间权限长短;②发明人是公司员工还是其他人员;③该权限的技术特征,并将其与市场竞争者进行对比,判断其未来是否存在较大风险;④知识产权相关的法律诉讼调查主要是确定目标公司在知识产权方面是否存在法律诉讼案件,如果没有存在的同时还要确定是否存在潜在的知识产权诉讼风险,必要时还应进行相关调查❸。

其次,需要对目标企业专利进行综合评估,这在企业并购中的专利收购前是非常重要的步骤,通过评估鉴别具备价值的专利,避免落后技术或无用专利造成并购和后期维护费用的增加,主要从两个方面进行,分别是专利价值法律评估和专利价值技术评估。其中,专利价值法律评估主要对专利的寿命和所处的法律状态进行评估,值得注意的是不同类型的专利在《专利法》中有不同的期限规定,然而在有效的期限内某项专利的稳定性、侵权的判定等都会影响该专利的寿命;而专利所处的法律状态主要是确定其是否具有瑕疵、申请的成功率高低、专利许可状况好坏以及是否具有潜在的诉讼风险。

---

❶ 商凤敏. 专利交易与专利诉讼相互作用研究[D]. 大连:大连理工大学,2018:39.
❷ Goniadis I, Goniadis Y. Patent as a Motivation of Starting a New Entrepreneurial Activity of High Potential[J]. International Journal of Economic Sciences & Applied Research,2010,3(1):97-108.
❸ 杨会娟. 企业并购中尽职调查及知识产权风险的规避——以专利为视角[J]. 法制博览,2018(28):216.

专利价值技术评估主要是确定该专利的技术质量、成熟度、覆盖的广度与宽度,如果某一专利的技术强度越高,说明该目标企业竞争优势越明显、专利价值越大;如果专利的技术成熟度越高,说明其完整度和可实施度越强,在某一技术领域越能处于顶尖位置。

3. 知识产权资产交易的拦路虎:信息不对称

在科技创新领域,知识产权资产重点是专利,其资产化是以专利申请权、专利权、专利技术等为运营对象,利用经济规律和市场机制,通过经济分析、技术分析、法律分析等活动,将专利的创造、布局和经营嵌入高新技术企业的产业链、价值链的运作过程中,促进企业创新资源的整合和优化配置,将知识产权变为企业的核心竞争力。由此可见,知识产权资产化并不是一个简单的过程,而是一种多层次、交互性很强的系统。其中,申请、筛选、评估、应用、转化等每一个阶段都面临着挑战。目前,市场上缺乏完善的知识产权转化体系,由于在现实中的信息不对称,导致许多科技成果被束之高阁,而市场的巨大技术需求并未被满足。在形成专利资本化过程中,也会遇到估值不一致、风险防控难、专利确权难、商业谈判难等复杂问题。尤其是专利的特性需要通过专利组合、专利池、是否为标准必要专利等进一步确定其价值。

知识产权交易是知识产权应用的重要方面,一方面权利主体能够获得收益,另一方面可以加快知识产权朝着产业化方向发展。一般来说,专利转让指的是专利权者以受让者或转让者的身份来签署合约,把权利人创造或持有的发明专利所有权转交于受让者进而得到转让费的一种行为。在转让完成后,受让者变成了专利资产的所有者,原来拥有专利权的所有者失去了专利的支配权。知识产权转让过程贯穿法律和经济的一系列问题,包括确权、转让形式、价格确定等,我国的知识产权交易市场建立多年,但仍存在交易难、评估难等问题。和一般产品对比,知识产权涉及的交易客体具备鲜明的特殊之处,因此面临着突出的问题,主要包括以下几个方面。

(1) 交易成本高

知识产权的买卖双方需要花费大量的精力寻找、选择交易客体和交易对手,同时交易过程中还需要进行谈判、拟订合同等,这大大增加了知识产权的交易成本,阻碍了知识产权交易活动的正常开展。

(2) 信息不对称

和一般产品对比,知识产权交易过程中面对的信息不对称情形更加严峻,因为交易客体价值评价面临难度较大,再加上信息不对称问题的存在,导致买方与卖方在对交易客体产生的价值判别和认定上,很难达成统一意见。

就知识产权交易的买方和卖方的活动规律而言,道德风险和逆向选择问题尤其突出,道德风险指一方利用信息优势,有目的地损害另一方的利益而增加自己利益的行为;逆向选择是指一方如果能够利用多于另一方的信息使自己受益而使另一方受损,更倾向于进行交易,所以,在知识产权交易中,由于信息的不完全、不对称等因素,容易产生交易风险。

对知识产权进行交易时,一方面没有理清各要素之间的关系,另一方面对知识产权交易模式的研究不够,在由交易主客体、交易模式、成本等诸多要素共同组成的知识产权交易方式里存在较大困难。对需求方来说,需要通过信息的充分揭示才能解决知识产权技术价值的异质性问题;对于供给方来说,信息的过分披露有可能损害其知识产权的技术安全,知识产权的信息披露困境容易引发交易成本增加和交换价值降低;对于主体结构"一对一"情形下的大宗知识产权交易,交易主体可以通过面对面反复磋商,以达到有效的信息披露节点,从而在摊薄交易成本的同时实现交换价值最大化;对于主体分散、对象海量的知识产权交易,如何减少信息不对称问题,使交易成本有所下滑,提升整体交易效率,是现阶段知识产权交易平台需要重点考量的。

4. 知识产权资产数字化,打破"信息壁垒"

2021年9月22日,中共中央、国务院印发《知识产权强国建设纲要(2021—2035年)》提出要研究构建数据知识产权保护规则。知识产权资产数字化可以打通创新链、服务链和资本链,促进创新要素自主有序流动、高效配置,促进企业把知识产权转化为市场价值,加速企业发展壮大,打造一流营商环境。

正如前文提到的,资产数字化技术中区块链技术必然是其重点,在知识产权资产化的过程中引入区块链技术,充分利用该技术的可回溯、不可篡改、分布式存储等技术手段,可以降低专利交易成本,提高专利交易效率,缩短时间周期,尤其是对于知识产权的确权、权利移转、收益分配等方面都能带来巨大的效益。

在充分考虑到传统知识产权交易中存在的各种难点后,如何帮助中小企业,特别是拥有相当数量和质量知识产权的科技型企业,将"知产"变为"资产",引起了国内数字经济产业有识之士的兴趣。2018年12月,南京江北新区管委会科技创新局与江苏傲为有限公司签订成立"江苏知识产权金融交易"为主体业务的共建协议,共建创新型知识产权数字化"交易+金融"

平台，国内已与多家银行、法院、公证处、知识产权机构实现合作。2020年5月，江苏数字产权交易有限公司于南京江北新区成立，核心团队均有国内龙头贸易交易服务平台的技术、管理、运营、贸易金融服务和市场运营背景，是我国首家利用区块链技术完成资产数字化交易服务平台运营的企业。

五、公证存证为知识产权数字化插上"信用"翅膀

1. 电子数据存证

互联网时代，电子数据成为常见的证据形式，交易或诉讼中大量证据以电子数据存证的形式呈现，电子证据在司法实践中的具体表现日益多样化，呈现出数量多、增长快、占比高、种类广等趋势，电子数据存证的使用频次和数据量均显著增长。2018年9月初，最高人民法院出台了《关于互联网法院审理案件若干问题的规定》，其中第十一条明确指出："当事人提交的电子数据，通过电子签名、可信时间戳、哈希值校验、区块链等证据收集、固定和防篡改的技术手段或者通过电子取证存证平台认证，能够证明其真实性的，互联网法院应当确认。"这是有史以来首次以最高人民法院司法解释的形式确认了区块链存证技术手段在司法应用中的合法地位。

基于此，越来越多的当事人倾向于将网络交易信息、电子合同等作为电子证据提交给司法部门。然而，中国人民大学法学院的一项研究发现，绝大多数情况下法庭对电子证据未明确作出是否采信的判断，其占比92.8%；明确作出采信判断的只是少数，仅占比7.2%。尽管电子数据存证已逐渐普及，但电子证据使用在司法实践中仍面临挑战，如防篡改能力不足等。此外，在司法实践中，当事人普遍欠缺举证能力，向法院提交的电子证据质量较差，存在大量取证程序不当、证据不完整、对案件事实指向性差等问题，直接影响到电子证据在诉讼中的采信比例。

目前，我国常见的电子数据存证方式可分为三大类：

第一类是可信时间戳。它是当事人自行验证的一种方式，主要应用于著作权案件中。可信时间戳是联合信任时间戳服务中心签发的一个电子证书，由国家授时中心负责授时与守时监测，用于证明电子数据（电子文件）在一个时间点上已经存在且内容保持完整、未被更改，适应于各类型电子文档。

第二类是第三方电子存证平台和见证机构或公证处合作的方式。该种存证方式系存证公司开发出电子存证应用，通过与鉴定机构、公证处等权威机构合作，由权威机构对其存证过程进行全程鉴证，最终形成的电子存证的证

据效力一定程度上依托于其自身的技术原理,但更多依赖于权威机构为其背书。

第三类是区块链存证。区块链本质上是在多个分布式节点间传递账本信息并通过一定的共识机制达成一致性、建立信任关系的技术,其独特的链状数据结构能够从本质上保证数据不会被更改。区块链存证依靠分布式数据存储、共识机制等核心技术,以证明存证的真实性。

DPex平台研发使用区块链存证技术并与南京市公证处开展合作,同时采用三种存证策略,为交易人员降低风险、保留存证提供了极大的便利以及有效性。

2. 知识产权资产数字化的公证策略

在线知识产权保护公证的主要方式,一般是通过以公证掌控核心功能实现原则的取证软件,由当事人使用该软件的自助取证功能,对现实客观证据(方式:视频、语音、拍照、截屏等)进行取证并转化为数字形态的证据,并由公证员在公证后台对存储的数字化证据的原始性及相关关联信息的真实性进行证据保全,以下为主要的三类知识产权通过在线公证的方式存证方案。

著作权保护解决方案:作者在创作过程中,可以随时将其创作成果或文稿通过指定平台提交给公证机构,由公证机构进行著作权预登记,既能证明自己原创作者的身份,又能安心地进行交易,实现智力成果的经济价值。

产品服务创意保护解决方案:商家将其无法通过商标、实用新型等进行保护的专有商品、服务在推向市场之前,以照片、视频的形式第一时间上传至公证机构平台,由公证机构对其创意进行确认与保护,当第三人抄袭或使用该商品、服务创意时,可以进行有效维权。

专利保护解决方案:将自己独立研发的专利成果通过平台提交公证机构,进行权利预登记,在被正式授予专利权之前也可以放心使用或进行交易。

3. 在线知识产权交易公证内容及形式

在线身份核验。当开展知识产权交易需要在线存证时,各类群体采用不同的验证方式。对于具备二代居民身份证的中国公民,通过在线生物识别技术和身份信息的数据库比对方式,可以在线对其身份实时确认;对于仅有外国护照、台湾居民来往大陆通行证、香港(澳门)永久性居民身份证等身份证件的,需要采取肉眼在线视读辅助国内驾驶证、毕业证、工作证等证明材料进行身份比对和确认。

在线数据存证类型及方式。内容包括但不限于:商业秘密、知识产权权属证据、知产数字化数据、知产在线交易合同数据、服务器日志。存证方式：原始数据存证，对于交易的视频、音频、图片、电子合同等原始数据进行存储和证明。需要关注：数据的灾备、数据的泄露；哈希验算值存证，通过哈希算法，对原始数据生成特征码（哈希值）后，仅仅存储哈希值，不存储原始数据。需要关注：原始数据丢失，哈希值无法还原数据。存储方式：数据服务器本地存储，区块链分布式存储。数据校验：通过提取含有时间戳的原始数据或者通过哈希值校验原始数据的方式，对于公证待证明的数据的原始性进行确认。

知识产权数字化交易其他公证。①资金提存。对于知识产权交易合同（如专利转让合同）中约定以知识产权的权属转移经过有关部门的登记作为交易金额支付条件的，可以通过公证资金提存功能实现。即，公证机构根据提存协议的安排，在查证登记部门已经办理完结权属转移登记并公示后，按照约定，将提存的交易资金支付给出售方。②授权公证。对于需要办理知识产权的权属变动登记的，公证机构出具授权文书公证，由出售方或购买方授权专业的代理机构代为办理登记事宜。③纠纷调解。公证机构主导或配合纠纷的调处，对于给付内容的协议可以申请办理赋强公证等。

第二节 南京江北新区知识产权数字化交易运作模式

一、打造知识产权资产数字化交易平台，激活闲置知识产权

2020年8月获批的《全面深化服务贸易创新发展试点总体方案》提出，建立完善支持创新的知识产权公共服务体系。同年10月，为激活闲置知识产权，推动知识产权的运营、创新、落地应用，推动知识产权金融创新。南京江北新区开始积极探索知识产权产业数字化体系建设，聚焦知识产权创造、交易、运营，初步构建形成以区块链技术为支撑，在线特色交易为主，在线公证、维权、服务、融资为辅的一体化知识产权交易融资服务运营平台。

2021年4月21日，作为2021年江苏省暨南京市知识产权宣传周上的"重头戏"，全国首个知识产权资产数字化交易平台在南京江北新区正式发布上线（见图4-2），正式开启了南京江北新区知识产权数字化交易模式新征程。

图4-2 知识产权资产数字化交易平台上线仪式

知识产权资产数字化交易平台是全国首个以区块链技术为支撑，在线特色交易为主，在线确权存证公证、维权保护、交易服务、知识产权金融为辅的一站式知识产权资产数字化交易平台（简称 DPex 平台，其中，DPex 是数字产权 Digital Property rights 和交易 exchange 的缩写）。DPex 平台由江苏数字产权交易有限公司负责建设和运营，该公司以数字资产流动为核心，将业务、金融、结算、公证、司法完成了全闭环集结，承载着江苏自由贸易试验区新金融创新的功能。

公司资产数字化模式在全球首创且业务（DPex 平台）已经落地，知识产权数字化盘活我国目前处在孤岛沉睡状态的大量知识产权资产，为中国及全球知识产权资产提供了新的可信流通方式。2021 年，平台入选国务院服务贸易发展部际联席会议办公室印发的《关于全面深化服务贸易创新发展试点最佳实践案例》，以供全国各地在推动服务贸易创新发展工作中借鉴。DPex 平台总经理杨鹏飞表示："在知识产权交易中，卖方要尽早将专利卖出合理价格，买方则要迅速找到可以购买的目标专利，交易便捷且要有保障。而无论是技术研发还是专利交易，都需要金融服务的支持，以解决企业的资金问题。正是基于这些企业诉求，我们的平台应运而生了。"

二、知识产权资产数字化交易平台设计理念

DPex 平台是基于其母公司江苏傲为控股核心区块链技术，由数字产权搭

建的知识产权、债权、股权等数字资产的交易平台，能够实现多种线下资产的数字化和标准化——可信数字资产，以及数字资产的线上全网跨领域、跨行业、跨平台流转的交易平台。基于通过区块链技术的特性，平台保证数字资产唯一性且不可修改，通过区块链存证、线上确权、线上公证完成证据闭环。

DPex平台创新期缴交易模式，提高了企业专利转化资金能力、降低转化风险；DPex平台的知识产权金融服务，为企业专利交易提供无抵押无担保的融资支持、资金监管服务；平台提供的侵权、维权和解新模式，能够降低专利维权、转化成本。DPex平台贯穿了知识产权交易"信息+渠道+保障"全流程服务链，将知识产权金融与专利交易、转化、保护完美结合。在国务院服务贸易发展部际联席会议办公室推广的"最佳实践案例"中，有关本项目提出了五点做法❶：

一是知识产权资产数字化。平台以版权为突破口，通过金融实名认证、司法电子存证等技术手段，将知识产权所有权转化成知识产权数字资产。进入流通环节后，借助知识产权数字资产实时交易、连续跟踪，降低知识产权后续维权、交易的时间成本和人力成本，提升知识产权管理效率。

二是知识产权确权数字化。平台通过区块链技术，对知识产权创造、交易、运营等开展线上公证和法院司法存证，实现由技术平台、公证机构以及法院共同确认版权提交人、版权内容、提交和交易时间。以此在技术层面和法律层面对交易和运营等行为形成证据链条，降低知识产权诉讼的确权和取证成本。

三是交易模式便利化。平台借助区块链技术，通过自动受益分配方式，探索开展期缴交易模式与和解交易模式。所谓期缴交易模式，即通过原创者和版权运营方事先约定未来分成比例和保底价格，既能保证原创者的长期收益，也可以减轻版权运营方前期的资金压力。而和解交易模式则是侵权方在技术平台上以匿名方式与被侵权方进行和解，实现侵权豁免，在保障权利人利益的同时，给予侵权方改正错误的机会，推动形成合法使用知识产权的意识和习惯。

四是金融支撑便捷化。平台使用大数据增信方式，根据知识产权交易链条中原创者、运营方、使用方等各主体的历史交易数据，提供数据增信、在线实时风控和交易场景，由银行等金融机构进行审核，并提供差异化的金融服务。

---

❶ 中华人民共和国商务部. 国务院服务贸易发展部际联席会议办公室关于印发全面深化服务贸易创新发展试点"最佳实践案例"的函［EB/OL］.（2021-5-17）. http://www.mofcom.gov.cn/article/jiguanzx/202105/20210503061923.shtml.

五是安全防控多元化。平台用户可借助具备审核机制的主流互联网平台上传其版权内容，供买方或交易方进行内容校验，也可通过线下专业机构审核、出版发布等方式保证内容合法。平台积极发挥银行和第三方支付机构监管作用，对资金流动和使用场景进行有效监管。

通过这些做法，平台为企业解决了很多实际问题。例如，某研发机构积压了大量专利和配套技术，由于技术确权难和信息渠道狭窄，难以将技术成果进行市场转化。通过平台，其对知识产权进行数字化确权存证和在线公开交易，逐步释放市场价值，并获得金融机构 1000 万元的融资支持。

三、知识产权资产数字化交易平台业务模式及核心产品

如图 4-3 所示，DPex 知识产权资产数字化（知识产权金融交易）业务主要以专利、版权等为标的物，通过为客户提供在线服务过程，获取授权，同时采用区块链技术，为每笔交易形成唯一的区块链数字资产包。通过公链记录当前状态，锁定资产内容，将知识产权这类无形资产转化为可交易的数字资产。再通过知识产权的存证技术、引入公证处为交易过程进行公证。在整个交易环节中如存在资金困难，还可以获得银行、担保公司、租赁公司等金融机构的资金支持，同时能获得律所、法院、知识产权服务机构等第三方的维权联盟平台的支持，使得交易安全、透明、有证可存、可追溯、可监督，化解了交易风险，极大地方便了知识产权资产的交易双方开展业务。

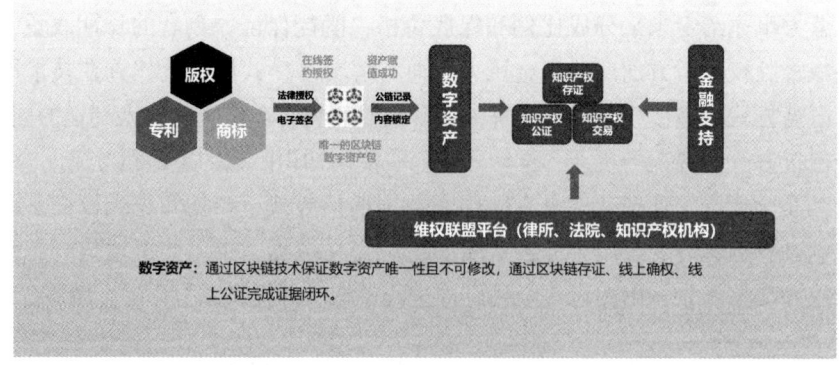

图4-3　DPex 平台主要业务模式

基于上述业务模式，平台在知识产权资产数字化金融交易方面主要推出了知识产权的存证公证服务和知识产权的在线交易服务两大类产品。

1. 确权存证公证

如上文介绍，DPex 平台最大的特色就是"区块链存证+公证存证"实现知识产权在线快速登记存证。由于知识产权资产数字化之后的交易会形成交易数据，交易数据是一种电子数据，后续能有多种用途。如交易双方产生纠纷时，在未来查验、诉讼，或者将交易行为、金额的认可用于企业融资，可作为金融机构采信的依据。如何确保这类数据不宜篡改，更加可信，DPex 平台的双保险存证方式发挥了很大的作用。

DPex 平台公证存证功能是知识产权资产数字平台的重要产品之一，用户遇到法律维权、证据实时保存、突发事件等重要资料需要保存并公证时，可以使用拍照、录视频或将手机、微信内的重要文件直接上传到 DPex 平台，在南京公证处实现在线快速存证，以便降低维权成本，流程如图 4-4 所示。存证完成后，可以取得数字资产的权属确认与电子存证证书（见图 4-5），也可以申请纸质公证证书。该公证模块依托江苏省公证协同创新中心资源优势，使用安全可靠的江苏公证区块链，通过将公证的国家公信力、制度职能以及法律效力和生物识别、区块链、时间戳、电子签名、云存储等科技手段有机结合，形成"法律真实"+"技术可靠"双叠加保护功能。

通过在整个知识产权数字化交易流程中嵌入公证机制，可以为知识产权数字化及交易过程提供实时、真实的信用增级、数据存管、证据固定、信息查验、维权支持等一整套法律保护措施。此处的公证机制所采用的信息化手段包括以下方面：

一是对自然人真实身份的有效核实。用户在登录平台时，将由公证机制对实际操作人的真实物理身份进行生物识别并对实际操作人是否具备相应的平台操作权限进行审核，从而确保实际操作人的身份真实、权限完整和行为有效。

二是采取哈希运算确保数据原始性。用户在申请对其实体知识产权进行数字化处理和认证时，公证机制将对知识产权数字化后的电子数据进行哈希值运算并存储哈希校验码，确保在需要时可通过哈希校验程序识别对象数据是否为初始数据。

三是提供电子签名和电子数据的存管。用户在申请对数字化知识产权资产进行交易和签约时，公证机制将对交易各方的电子签名和电子合约数据进行数据存管,通过区块链、时间戳、云存储等科技手段,确保电子数据的真实性和防篡改。

四是证明存储数据的真实性和原始性。用户在申请提取数字化知识产权资产的电子数据时,公证机制将对由公证机构存储的电子数据的真实性和原始性依法进行证明,并根据用户的需要和法律的规定出具对提取数据过程和数据真实性证明的公证书。

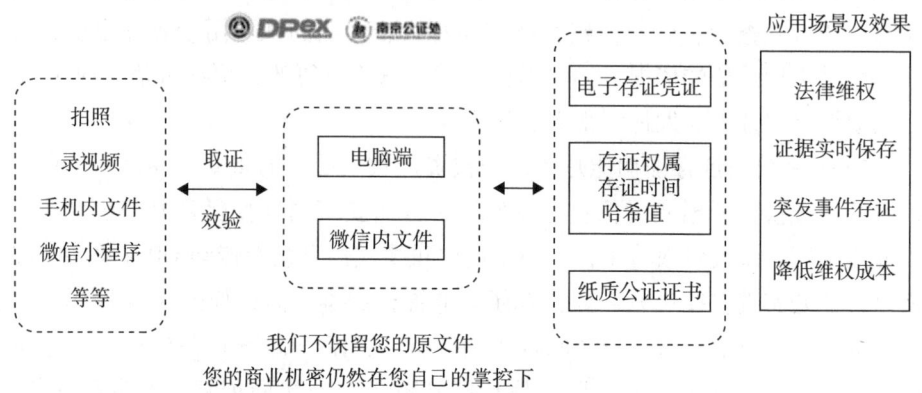

图4-4　DPex 平台数字存证流程

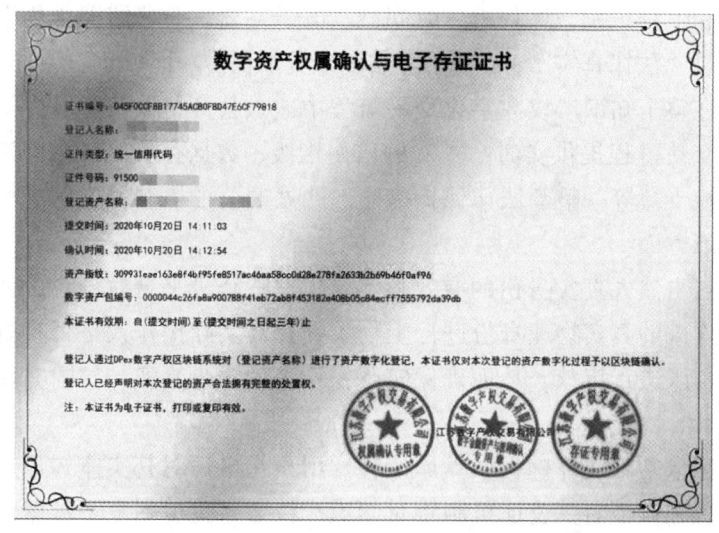

图4-5　数字资产权属确认与电子存证证书

2. 知识产权交易

在 DPex 平台,知识产权交易最大的特色是通过"区块链存证+公证存证"实现知识产权在线快速登记存证,提供知识产权"确权—交易—运营—维权—融资"全生命周期一站式服务,图 4-6 为通过区块链技术生成的数字资产标识。相关单位在使用知识产权的同时,可以通过折价占股、抵质押、融资租赁、资产支持证券等方式获得投融资支持;还可选择将知识产权信托化,通过残值回收、利用跨地区的技术代差进行全球范围的无形资产配置变现或再投资。卖方和买方之间可以通过 DPex 平台开展多种类的交易,同时买家在完成购买流程后,伴随着专利权属的变更,交易角色也可以由买家转化为卖家,继续在平台开展运营工作,如图 4-7 所示。

图4-6 数字资产区块链标识

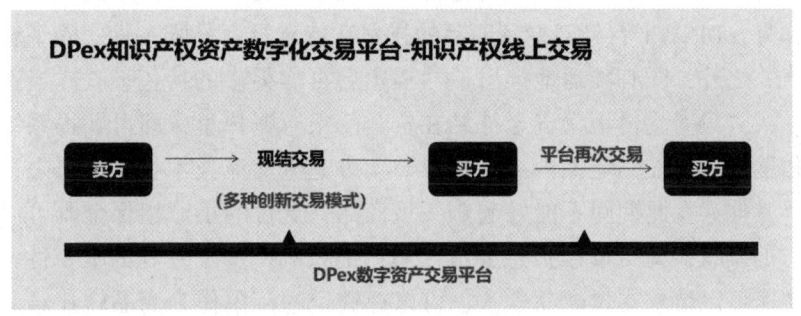

图4-7 DPex 平台数字资产衍生交易

为了增加资金安全管理以及提高交易双方的互相信任的程度,平台推出了资金担保交易的功能,在完成真实交易之前资金放在安全的托管账户中,只有完成了真实交易,买方同意付款后,钱款才能真正地转到卖方账户。个人、机构用户均需要完成公证处实名认证,以下四个方面体现出平台资金交易的安全所在:

第一,用户公证处实名制认证,保证买家、卖家真实性,发布专利信息完成区块链确权存在,增加安全性。

第二,用户在平台存放的资金,享受存款保险服务,存款保险是指国家通过立法的方式，对公众的存款提供明确的法律保障。

第三，线上支付专利款，专利交易成功后，买家确认无误，平台自动拨款给卖家，流程通明可控。

第四，与银行合作建立可信的资金账户体系，为用户提供资金托管账户服务，用户所有的交易、转账、提现在银行监管下完成。

DPex知识产权资产数字交易平台定位在为客户提供先进的信息化桥梁、纽带和工具，与传统知识产权点对点交易的方式及市场已有的专利交易平台相比，DPex平台实现了多项创新举措，主要包括以下三点。

（1）专利商品创建高效便捷

为了方便企业、高校等用户批量上传商品，系统支持批量创建商品，一次最多可以创建1000条专利商品；为了保障交易安全可靠，系统提供了价格锁定功能，既可以在创建商品的同时设置价格，也可以根据实际情况和需求勾选并填写价格，设置好后先保存下次再发布，发布时可以通过过户、保赔以及其他声明增加卖方信用。

（2）创新购买专利的"锁定交易"模式

作为在线交易平台，购买商品除了通常流程的"查找—购物车—付款"等操作外，DPex平台针对专利商品的技术性特点及商品唯一性，除了普通的交易方式之外，匠心独运地推出了"锁定后再购买"的特色模式。当选择前者时，买方只需支付小额资金冻结在资金的银行账户里，即可获得系统赋予的独占购买权，在锁定期内买方可以与卖方充分交流技术特点、未来合作模式等，其他人在此期间不能发起购买该商品，支付的小额担保金既可以体现出买方的诚意，又可以维护想要继续履约的权利。基于专利的唯一性，锁定期内买家可以请求支付商品款，也可以把锁定的订单作为商品转让给其他一方，如锁定期没有继续付款及申请退锁定金，则需要扣除10%的锁定金。

（3）便捷的沟通渠道与权利变更登记方式

由于买卖双方往往互不相识，而技术交易往往需要更加深入、具体的沟通了解，DPex平台除了提供线上交流工具，买方也可以便捷地查询卖方电话进行直接沟通，对于进入实质交易阶段更加注重交流的及时性。如买方付款后希望第一时间完成权利变更，而卖家希望尽快收到资金，此时线下沟通和线上操作能确保尽快完成交易。卖方完成在政府部门的专利权人变更登记后，系统中进行提交，买家得到系统提示及查询专利权状态，确认后卖方即可收到交易金。

四、平台运营现状及实践效果

DPex 平台经过一段时间的运营、推广和完善，已建成一个功能齐全、操作便捷的互联网交易系统，平台积累了大量的知识产权数据并为推动知识产权交易和保护起到了积极作用。

1. 平台运营，数据为基

在售商品的知识产权数据更新方面，平台与高校院所、知识产权服务机构保持合作，不断增加项目储备。截至 2022 年 5 月平均在售专利 35 万余件，已上架 3.6 万余件，其中拥有大量待售发明专利，全国领先，持续更新，通过关键词、申请号、公开号、专利权人等著录项目，可以检索待售的商品，如检索"计算机"，可以看到在售数据为 370 条，如图 4-8 所示。此外，通过价格区间、专利年份、法律状态、专利类型、IPC 分类号（部）等可以进一步挑选。

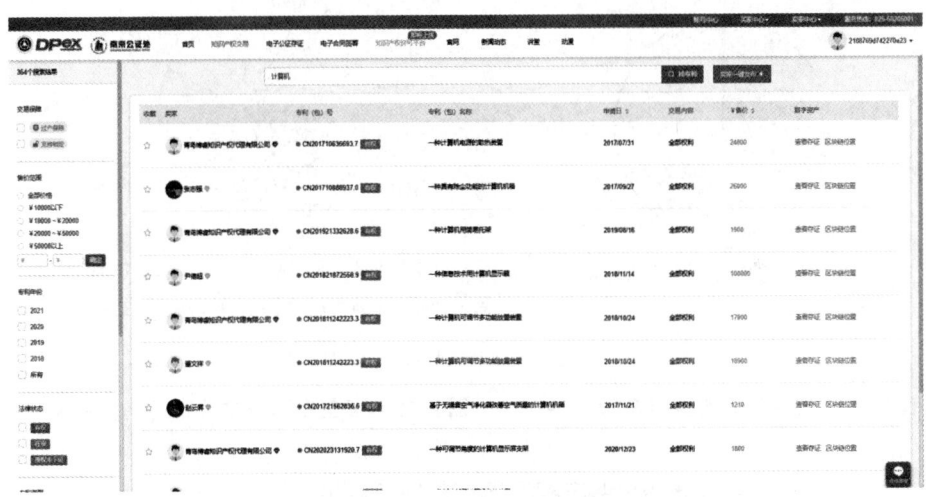

图4-8 平台在售专利样例

以下为 DPex 平台在售专利统计情况，从价格区间看，如图 4-9 所示，售价 1 万元以下的专利为 16530 件，占比 44%；2 万~5 万元的专利为 12010 件，占比 32%；5 万元以上的专利最少，只有 150 件，占比不到 1%。从申请时间区分，如图 4-10 所示，2020 年申请的居多，有 15740 件，占比 52%；2019 年申请的有 9000 件，占比 30%；2021 年的最少，有 680 件，占比 2.2%。从在售专利类型看，如图 4-11 所示，最多为发明专利，有 19310 件，占比 53%；其次是实用新型专利，有 16740 件，占比 46%，而外观设计专利，仅

150件；依照技术类型划分，如图4-12所示，最多的是作业运输领域，有14090件，占比39%；最少的是纺织造纸领域，只有1000件，占比约3%。

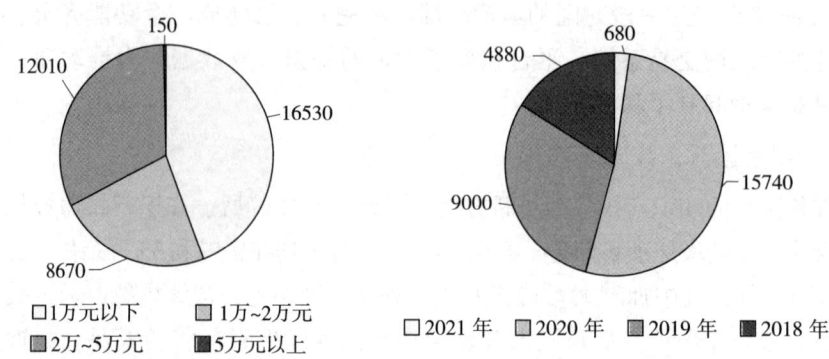

图4-9　在售专利价格分布（单位：件）　　图4-10　在售专利申请时间（单位：件）

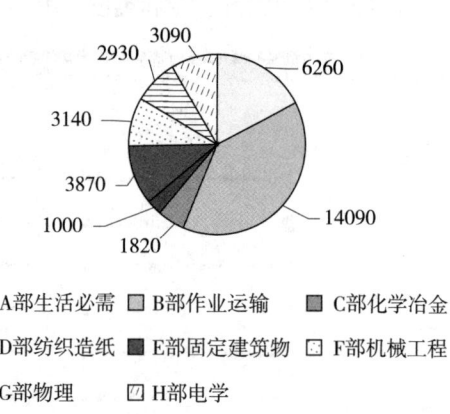

图4-11　在售专利类型（单位：件）　　图4-12　在售专利技术分布（单位：件）

2. 数字化手段推动知识产权交易、管理及保护

（1）助力知识产权价值数字化

DPex平台通过"区块链存证+公证存证"实现知识产权在线快速登记存证，解决专利申请、版权登记、线下公证中存在的时间、成本和保密性问题。提供针对知识产权全生命周期的"确权—交易—运营—维权—融资"一站式服务，盘活了目前处于沉睡状态的大量知识产权资产，实现了知识产权的快速交易和流通，促进知识产权"知产"向"资产"的转化。自2020年10月中旬运行以来，在平台开展专利直接交易金额近15亿元人民币，其中单笔交易最高达到97万元。

(2) 推动知识产权融资交易

平台采用"专利/商标许可+技术支持+商业模式授权+投融资"的成果交易模式，为企业提供融资服务。企业在使用知识产权的同时，可以通过折价占股、抵质押、融资租赁、资产支持证券等方式获得投融资支持；也可将知识产权信托化，通过残值回收、利用跨地区的技术代差进行全球范围的无形资产配置，推动知识产权的变现或再投资。平台为韩国、日本等多家国外知名企业实现200余个专利交易服务，交易金额2500余万元人民币。

(3) 实现知识产权专业化管理与保护

平台将企业商标、专利、软著、版权等知识产权进行信托化托管和管理，由市场化的专业机构提供运营管理、法律及交易咨询、侵权监控、维权处置等服务，实现专业的知识产权管理与保护。通过"社会举报—权利人甄选—启动维权—举报人分享侵权赔偿收益"，创新知识产权维权方式。

3. 发挥平台优势，实现精准客户对接

经过资产数字化入库的专利是DPex平台最大的资源，也是促成交易额不断刷新的保障。高校院所、科创企业、知识产权服务机构是三类最主要的用户，正是依托平台海量的资源以及成功案例，用户通过发布需求、检索商品实现知识产权运营的目的。

(1) 高校院所

近年来，我国高校知识产权意识有所提高，越来越多的高校科研人员将申请专利视为保护知识产权的最优途径，高校的专利申请量和授权量也在逐年增长，高校转让专利这类无形资产既可以实现技术成果的产品化及实用化，又能够将研究人员的智慧成果进行变现。但由于专业人员缺失、渠道不畅，高校转让专利并不是一帆风顺的。部分高校也建立了自己的专利交易平台，发布转让信息，但交易对象数量太少，转化率较低；二是在转让条件、交易金额等方面难以实现理想的目标，不得不采用委托服务代理的方式解决，这样又增加了成本。而DPex平台由于拥有数量庞大的待交易专利，需求者在购买时要查询检索，面向的交易对象是本技术领域内全国的用户，优质的专利商品也可以待价而沽。另外，DPex平台提供的实名认证以及受金融系统监管的账户体系，能够解决交易信任的问题，即使学校仅配备数量极少的兼职人员，也能够自己实现可信的专利交易。

(2) 科创企业

科创企业是技术运用的主体，也是最终的专利使用方，专利技术只有和生产线结合，才能最大限度地实现其价值。吉林延吉一家医疗器械公司由于市场经营的需要，想引进相应的专利技术，但是在多家专利交易平台都没有找到合适的专利，相关负责人偶然接触到 DPex 专利交易小程序，并在交易数据库中找到了需要的专利。转让方烟台某科技公司由于调整产品结构，计划出售一批专利资产。延吉公司通过平台进一步与烟台公司取得联系，并在线完成了专利权属的变更。这正是诸多有需求的企业客户在平台成功获取专利，促成技术转移的成功缩影。

（3）知识产权服务机构

服务机构常年在专利服务一线工作，掌握大量客户资源，很多专利也是出自他们之手。除了代理业务，越来越多的知识产权运营也成为一种新的增值服务。机构希望自己代理的专利能够被更多的买方看到，或是更有效地代替买方找到心仪的专利，在这个环节中，传统线下模式交易的痛点是交易对象少和交易安全没有保障。DPex 平台提供的专利交易数据库恰能为众多服务商提供平台，通过可信账户体系和查询、转让交易等功能，完美地解决交易过程中资金安全的问题，将平台作为交易工具，帮助其服务对象快速、安全促成交易目的。

【专题访谈】

要进行知识产权金融和数字金融的创新，需要使用数字经济的新思路、新办法

白 杰

傲为有限公司董事局主席、总裁；
江苏数字产权交易有限公司董事长；
南京理工大学中东研究院特聘研究员；
南京浦口区政协常委；
南京市中央商务区侨联主席；
南京理工大学数字贸易标准课题组的成员；
兼任俄罗斯联邦总统直属国民经济与国家行政学院，金融计算机技术学院特聘教授。

第四章 南京江北新区知识产权数字化交易

南京江北新区紧抓国家级新区和自由贸易试验区"双区"叠加优势，勇于探索、大胆实践，通过知识产权运营助力多元化科技金融体系构建，搭建知识产权交易直通"桥梁"。知识产权交易融资服务运营平台让技术和知识产权持有人在市场上更快更精准地找到相应需求方，使得技术方、资本方、产业方能够快速地直达，打破了传统的壁垒，让技术和知识产权能够快速地服务于生产贸易，直接增加我国产业的高端技术转化，提高了高端商品和高端服务的出口，使我国产业有过硬的技术能力和知识产权的合规性与合法性，在国际市场上大大增加竞争力。

1. 资产数字化，数字经济下知识产权金融发展的新机遇

分析师：近年来在国家政策的大力支持与引导下，我国各类型知识产权交易平台蓬勃发展，但也出现平台信息量有限、服务水平参差不齐、同质化竞争严重等问题。而知识产权资产数字化交易平台2021年刚刚在南京揭牌，时隔一年就已经取得了不错的运营成绩，您能介绍一下设立的初衷和取得成绩的核心关键所在吗？

白杰：当前全球经济数字化进程不断加快，人类社会正进入以数字化为主要标志的新阶段。数字经济已成为世界主要经济形态，同时也成为推动我国经济社会发展的核心力量。南京江北新区探索推出"知识产权+金融"的服务模式同公司的发展规划十分契合。数字产权交易有限公司的主营业务是数字贸易解决方案，在进行模式落地时，公司决定选择最难的非标准无形资产进行试点，因此知识产权成了首个落地的领域，工作以促进知识产权的流通和落地应用为主要工作目标。一方面，在促进国内知识产权的流通和应用基础上，推动知识产权的服务贸易发展，增加知识产权的应用场景，盘活存量，提高价值；另一方面，通过数字贸易解决方案，解决在近年跨国贸易中以知识产权为由的愈发严重的非关税贸易壁垒问题，把贸易、知识产权、金融、数据进行融合，实现知识产权与贸易的互相促进、共同发展。南京江北新区是长江经济带与东部沿海经济带的重要交汇节点，区位条件优越、产业基础雄厚、创新资源丰富、基础设施完善，具备了加快发展的条件和实力。为此，集团在开展知识产权金融落地过程中，选择与南京江北新区管委会合作，并于2019年成立江苏数字产权交易有限公司承担具体开发运营工作。经过近一年的努力研发，2020年11月发布了第一款产品DPex平台。在2021年4月26日世界知识产权日，进一步升级的知识产权资产数字化交易平台也正式上线。

2. 创新服务模式，解决知识产权交易的痛点

分析师：在知识产权金融尤其是无形资产的交易中，"评估难"一向是业界公认的难题，您能否介绍一下DPex平台在交易价格的认定方面有何策略？平台又是如何避免"权证交易"，而真正发挥科创服务属性，促进技术交易转化的？

白杰：知识产权价值现在通行的评估方法是由第三方评估公司接受委托，对知识产权进行评估，虽然流程符合要求，但问题在于知识产权没有类似房产市场公认的评估办法，评估公司也经常按照委托方的意愿去调高或者压低评估价格，可以说现在的评估机制大多是在交易过程中为了满足审计、合规等要求而进行的形式操作，与实际价值无关，评估结果的公信力不高。而我们的DPex平台把评估作为可选服务，从实质大于形式角度出发，主要以双方市场沟通来确认最终成交价。这样就可以通过数据的积累，逐渐形成以交易价格为主要依据的知识产权数字评估体系反向为交易双方做参考，尤其是在专利许可转化方式中，之前的许可费标准能为后续的交易双方带来重要参考，也为专利的转让定价提供了收益法测算的数据基础。事实上，真正落地的技术转移不是简单的专利证书交易就可以达到目的，往往还包括技术、人才、商业秘密等一揽子服务甚至通过企业股权转让的方式进行输出。

在创新体系中，专利交易不仅能让企业获得创新回报，同时能评估企业现今所处的位置，更能让企业可通过技术转让等方式获得未来的发展优势。所以，我们的交易业务也更加关注购买方的真实需求，是为了技术更新，也是为了进行布局占领市场，或是为了赢得诉讼。在服务手段上一方面增加对于电子合同、数字贸易诉前调解等内容，增加对泛专利交易行为的全方面服务覆盖，另一方面也在主动拓展知识产权许可交易等新的价值领域，帮助知识产权与生产贸易结合，既解决生产贸易自身面临的知识产权困境，也为知识产权的价值和市场规模的提升打开新的思路。

分析师："公证存证"是DPex交易平台重要的特色之一，您能介绍一下为什么会选择增加公证，该环节在交易中有何意义吗？

白杰：DPex平台是一个知识产权交易融资的服务平台，近年来国家推出多项金融政策支持中小微企业发展，尤其是新冠肺炎疫情防控期间，更多政策要求银行等金融单位帮助小微企业纾困解难，快速获得融资。但是站在金融机构的角度，小微企业的经营风险也相对更高，其中一点就是业务的真实性。如果能有值得信任的第三方进行背书，通过技术手段对经营数据予以证

明,金融机构就能更加容易采信,这时候公证就发挥出了重要的作用。平台和公证处合作,采用电子公证的方式,开展服务贸易,每一笔交易都有存证,使更多的用户接受这种方式,通过电子合同和电子存证相结合,让在线交易更为可靠,有据可查,也可以得到银行监管部门以及司法部门的认可。数字化和公证相结合的模式未来可以嵌入各类在线平台,并成为全球服务贸易的一个趋势,知识产权资产数字化交易就是具体应用。在中美贸易中,由于中国长期贸易顺差方面占有优势,美国不断通过贸易政策或设置贸易壁垒,为中国企业拓展海外市场增加风险与难度,337调查作为一项美国准司法程序,其程序便捷,处罚严厉,成为美国抑制中国产品进入美国市场的有力手段,在已判决的相关案件中,中国企业的败诉率高达60%,远高于世界平均值26%。DPex平台可以通过专利转让、许可实现"出海"企业的知识产权筹码,并通过公证增强合约的法律效力,提高企业的胜率。

3. 完善服务体系,推动平台高质量发展

分析师:DPex平台已经推出知识产权交易、电子公证等系列的产品,请问对于平台发展未来还有哪些规划?

白杰:知识产权资产数字化交易还是新生事物,目前取得的成绩肯定了之前的思路,平台首先上线的是知识产权交易模块,并确立了底层账户体系,然后通过接入公证处电子公证系统,推出电子公证存证和电子合同签署模块。一个账户可以使用平台的所有产品,各个模块之间也可以互相引流。同时,在产品规划中不同模块又被切分成单独的小程序,需要其他功能模块时,小程序之间互相跳转。电子公证存证和电子合同面向终端用户的产品属性更强,这样就给知识产权交易模块带来海量用户。以上是已经实现了的功能,未来公司将主要在四点着力打造平台:一是在现有平台基础上探索与国际知识产权交易机构合作,在合法合规前提下逐步扩大知识产权国际化交流合作;二是根据真实交易数据,科学合理搭建知识产权价格评估模型,对交易行为提供合理化建议,及时识别欺诈、洗钱、虚假交易等违法行为;三是加大与金融机构的合作力度,逐步完善金融产品体系,形成银行、保理、第三方支付机构等宽领域金融支撑;四是专利许可是交易中的一种重要形式,如何在线上实现专利许可合同的签约、专利技术的交割、备案等,也是平台目前正在开发的一个主要功能。争取早日实现知识产权在数字化公允价值评估和知识产权金融领域的深化创新,打造一个集知识产权的交易、许可、落地转化、项目管理、托管、金融创新等功能于一身的国际知识产权综合运营平台。

第五章 南京江北新区知识产权金融其他相关成果

第一节 南京江北新区政策精准匹配服务平台——政策罗盘

一、背景概述

1."互联网+"行动,打造数字经济新优势

党的十八大以来,我国"互联网+"行动计划持续推进中。"互联网+"可理解为是以互联网平台为基础,利用信息通信技术与各行业的跨界融合,推动产业转型升级,并不断创造出新产品、新业务与新模式,构建连接一切的新生态。"互联网+"简单地说就是"互联网+传统行业"。当前,全球已进入互联网、大数据、物联网、人工智能和实体经济深度融合阶段,要持续激发市场活力和社会创造力,在国家战略层面,2020年国务院政府工作报告中提出全面推进"互联网+",打造数字经济新优势。

互联网是"大众创业、万众创新"的新工具,为经济发展提供了新动力。其中,"大众创业、万众创新"正是2020年政府工作报告中的重要主题,被称作中国经济提质增效升级的"新引擎"。"互联网+"的跨界融合、创新驱动、重塑结构、尊重人性、开放生态、连接一切的六大特征与传统产业的结合,符合当前生产要素、业务体系、行业转变的创新发展需求。

2. "互联网+政务服务"模式，促运营助成长

（1）国家层面大力推行"互联网+政务服务"

随着"互联网+"时代的到来，在政务服务方面，越来越多的公众开始不满足于仅使用网络来查询公共信息和政务资料、办理简单的公共业务，而是要求政府能够进一步提升信息化服务水平，强化在线服务能力，以"互联网+"的思维为公众提供便捷的"一站式"政务服务。尤其是随着进一步融入世界市场和国内改革进入攻坚期和深水区，国际、国内的因素都要求中国政府治理体系和治理能力实现现代化，需要借助"互联网+"的东风，塑造为民服务的现代政府，从而实现现代政治文明。❶ 2016年，国家首次提出"互联网+政务服务"；党的十九届四中全会明确提出"建立健全利用数字技术开展行政管理的规则，推进数字政府建设"。我国相继颁布实施了《"互联网+政务服务"技术体系建设指南》《国务院关于加快推进"互联网+政务服务"工作的指导意见》等有关政策措施，使"互联网+政务服务"进入发展的"快车道"。❷

（2）江苏省"互联网+政务服务"建设，便民利民

在"互联网+"行动以及社会需求的大背景下，江苏省提出了"不见面审批"模式。江苏省"不见面审批"模式是指江苏各级、各部门以"互联网+政务服务"理念为指导，依托互联网、大数据的网络通信技术重构政务制度，政务服务申请人和审批人不需要见面，通过互联网、邮政快递的形式，实现了"让数据多跑路、群众少跑腿"，提升了企业和民众办事便利化水平，是深化"放管服"改革的制度举措。

2017年，江苏省深化"放管服"改革，以问题为导向，以"江苏政务一张网"为平台，在完成省市县"三级四同"行政许可和公共服务事项标准化清单的基础上，出台《关于全省推行"不见面审批"（服务）改革实施方案》，在全省开展"不见面审批"模式的改革，实现网上办、联合办、就近办、代办等"四办"的集约化办事模式。同年，江苏政务服务网上线运行，网站整合了省各直属部门和市县政府网上政务服务系统，确保省市县三级审批事项上网、政务服务信息系统联通。江苏省通过数据信息共享、减少审理环节，对网上无法办理的事项，实行代办的方式，能够最大限度地优化办事

---

❶ 舒洁，张舵. 创新"互联网+政务服务"提高政府服务效能[J]. 智库时代，2020（15）：11-12.

❷ 王领明. 重庆市"互联网+政务服务"推进过程中的问题与对策研究[D]. 重庆：中共重庆市委党校，2021. DOI: 10.27762/d.cnki.gzgcq.2021.000053.

流程。

2018年，江苏省政府制定出台《"不见面审批"标准化指引》，将该模式更规范化、专业化运作，并充分利用互联网等通信信息技术，通过微信、微博推送、邮政快递代办送达等方式，全面覆盖各级政务服务中心，减轻企业和群众的负担。

2019—2020年，江苏持续推行"不见面审批"改革，以"网上办、集中批、联合审、区域评、代办制、不见面"为主要内容，最大限度方便企业和群众办事，打造了"放管服"改革的一张亮丽名片。在2020年新冠肺炎疫情防控期间，一些企业线下办事不便，"不见面审批"优势凸显，为经济企稳回升发挥了支撑作用。

2021年，江苏省各地区各部门各单位扎实开展"我为群众办实事"实践活动，深化"放管服"改革，通过完善体制机制、规范清单管理、搭建移动平台、健全"好差评"制度等一系列服务供给侧改革举措，推进"一网通办"，持续优化"掌上"服务，为企业和群众提供全面规范、公开公平、便捷高效的政务服务，真正让政务服务在"互联网+"的引领下变得更智慧、惠民，企业和群众的获得感、安全感、幸福感不断提升。共享各部门数据，优化政务服务，以"互联网+"为载体，打通了服务群众的"最后一公里"。

（3）南京江北新区"互联网+政务服务"，提升政府服务效能

在江苏省"不见面审批"模式大背景引领下，南京江北新区积极推动"互联网+政务服务"建设，南京江北新区自主创新服务中心于2018年年初挂牌，作为南京江北新区管委会科技创新局所属单位，其意在精细化地服务区内的科技型企业。自成立以来，在南京江北新区管委会科技创新局指导下，南京江北新区自主创新服务中心借助互联网、大数据等技术手段，集成并创新政策、金融、人才、技术、中介、活动等多项科技服务功能，建立"线上线下""一网一厅"相结合的科技服务模式，打造以"全方位的技术创新服务、多层次的科技企业培育、全链条的科技金融支撑"为主要内容的科技服务体系，为新区企业提供便捷、高效、精准的"一站式"的需求服务，解决企业在"孕育/初创期、成长期、扩张期、成熟期"全生命周期的各项需求。

3. 大数据驱动"互联网+政府服务"，让政策数据"跑起来"

（1）科技型中小企业市场地位

在我国，中小企业是国民经济和社会发展的主力军，是社会稳定的重要

基石,是扩大就业、改善民生、促进创业创新的重要力量。中小型企业数量庞大,据统计,截至2020年年底,其数量占全国企业数量的98.5%,其中科技型中小企业又是国家大力支持发展的企业,如图5-1所示,尤其是在江苏省,科技型中小企业更是主力军。据江苏省高新技术创业服务中心发布"2020江苏科技型中小企业评价数据"显示,累计有40294家科技型中小企业经过遴选,进入江苏省科技型中小企业评价库,占全国企业数量的18.1%,入库企业数较上年增长73.8%,成为全国首个突破4万家的省份,总数跃居全国第一。

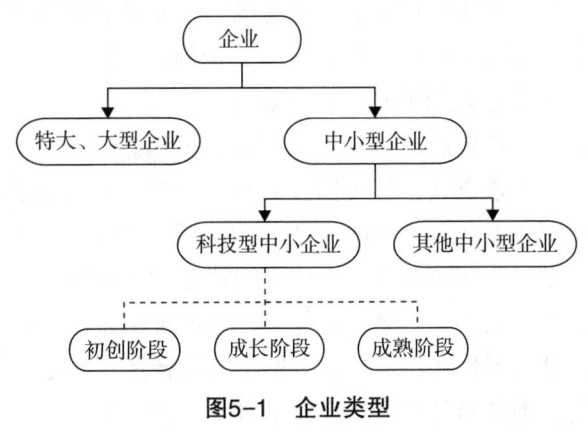

图5-1 企业类型

科技型中小企业一般是指依托一定数量的科技人员从事科学技术研究开发活动,取得自主知识产权并将其转化为高新技术产品或服务,从而实现可持续发展的中小企业。其作为我国国民经济不可分割的一部分,科技型中小企业在促进社会经济增长、缓解就业压力、推动技术创新等方面扮演着重要的角色。但科技型中小企业由于其资金短缺、融资难等问题,为保障其在市场中达到资源最优配置,需要政府政策的干预,因此国家十分重视对科技型中小企业的发展的指引。2022年1月13日,科技部官网出台最新的支持科技型中小企业发展文件,在《关于营造更好环境支持科技型中小企业研发的通知》中提到,到"十四五"末,形成支持科技型中小企业研发的制度体系,营造全社会支持中小企业研发的环境氛围,科技型中小企业数量新增20万家,增强科技型中小企业研发能力,实现"四科"标准科技型中小企业新增5万家。以支持科技型中小企业研发为主线,推动科技、金融、财税等政策加大落实力度,该通知从优化资助模式、完善政策措施、集聚高端人才、创造应用场景、夯实创新创业基础条件等方面,形成支持科技型中小企业研发的制度安排，支持科技型中小企业开展关键核心技术攻关，大幅提升中小企业研发能力，推动高水平科技自立自强。

由于科技型中小企业存在自身发展的局限性，当前我国科技型中小企业当前面临的问题主要包括：高层次科技人才匮乏、融资能力不足或融资渠道少、缺乏规范成熟的管理制度等，其中科技型中小企业融资难的问题是亟待解决的。科技型中小企业需要筹集资金以满足技术研发、产业运维等，一般通过采取直接融资、间接融资、政策融资三种主要渠道筹集资金，但其中存在诸如由于信息不对称导致贷款难、融资对象定位不明确、缺乏银行认可的抵押物、融资政策不完善等问题，导致融资难、融资慢等问题依旧存在。因此，国家政策支持和引导对科技型中小企业发展极为重要。

（2）科技型中小企业国家政策获取渠道

当前，科技型中小企业针对政策法规检索可通过政府官方渠道和商业渠道完成。政府官方渠道方面，如中国政府网的国务院政策文件库上可以检索到中央层面的重要政策法规（见图5-2）；各部委、各地方政府官网上可以检索到本机关或本系统重要政策文件；国家法律法规数据库等（仅部分举例）。商业渠道方面，如北大法宝、北大法意、中国知网等法律政策法规检索系统。除数据的准确性和权威性外，商业渠道相比于政府官方渠道一般是有偿服务。此外，还有些是各地方自建的年鉴报告，如中关村国家自主创新示范区志鉴平台。

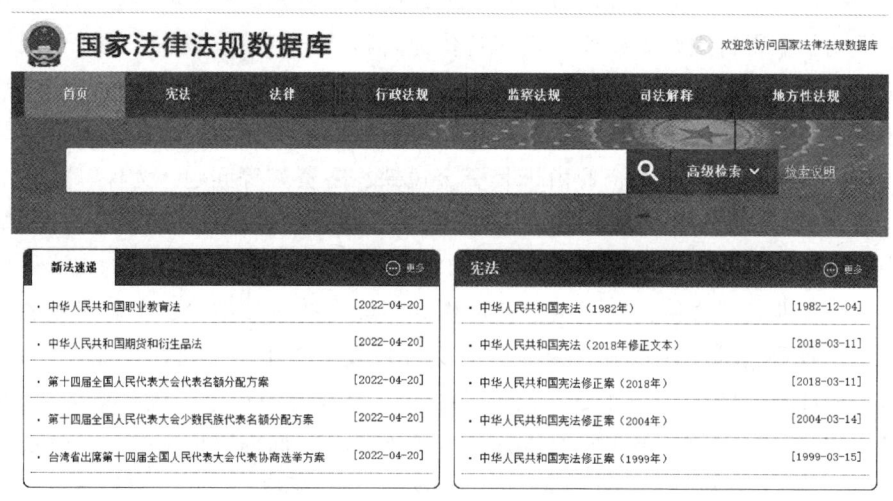

图5-2　国家法律法规数据库

部分政策法规检索类平台详见表5-1。

表5-1 政策法规检索类平台

政策法规检索渠道	类型	特色
中国政府网	官方渠道	最权威和最具公信力的网站，可以检索到中央层面的重要政策法规
中华人民共和国科学技术部	官方渠道	提供权威的国家科技发展政策法规检索服务
国家法律法规数据库	官方渠道	具有全面和权威的各方数据。数据库刊载了中华人民共和国现行有效的宪法（含修正案）、法律、行政法规、地方性法规、自治条例和单行条例、经济特区法规、司法解释的电子文本
国家中小企业政策信息互联网发布平台	官方渠道	聚焦中小企业政策信息收集、分类、宣传、汇编、传播和管理等于一体的官方平台
北大法宝	商业渠道	由北大英华公司和北京大学法制信息中心共同开发和维护的法律数据库产品，目前已开发有法律法规、司法案例、法学期刊、律所实务、专题参考、英文译本、法宝视频和司法考试八大检索系统
北大法意	商业渠道	法意科技构建了丰富的信息化产品线：智能办案、大数据、文书公开、文书质量、智慧公文、智能安防、智慧警务、教育培训和知识服务等系列产品线，有力推进了信息化的深度融合应用
中国知网	商业渠道	截至2022年6月，《中国政报公报期刊文献总库》共收录政报公报197种，文献量515805篇，是权威、规范的"红头文件"一站式检索平台❶

政策是主观指导与客观规律相结合的载体，是理论指导实践的中间环节，具体特点包括权威性、明确性和时效性。官方网站是政策最早出台的网站，一般需要第一时间了解相关政策可通过相关部门官网查看。实际操作过程中，由于政策文件级别范围较广，包括中央文件、部委文件、地方文件等，其具有区域性、时效性、针对性等特点，直接从各官网精确全面检索需要一定的专业化知识和技巧，因此对特定行业的政策进行全面和准确的检索是一个需要耐心的过程。像北大法宝、北大法意、中国知网等商业渠道检索工具借由

---

❶ 仅列举部分官网或平台。

大数据、云计算、人工智能等手段对原始政策文件数据进一步加工标引，增强了用户使用体验。但是这类工具还是局限于政策类文件检索，缺少更具体的结构化数据。对于科技型中小企业来说，进行产业布局、项目申报等仅是其中一个环节，而使用商业渠道政策检索工具一般都会面临收费的需求，且部分平台收费不菲。

(3) 政策大数据服务，助力科技型中小微企业创新发展

在"互联网+"大背景下，数据是重要的资源和资产，政府是目前拥有数据资源最多的领域，政务大数据中心是信息时代支撑政府部门日常运转的重要基础设施，政务大数据应用服务也是当前推动我国大数据与数字经济发展的重要领域。因此，要推动大数据技术产业创新发展，构建以数据为关键要素的数字经济，对提升政府部门信息化水平、推进社会治理能力和治理体系现代化的意义毋庸置疑。

在诸多政务大数据服务应用中，政策大数据服务是一个重要的服务领域。中国是一个政府主导、政策驱动型的经济发展模式，每年在国家、省和市等不同层面，都会出台大量的政策文件。各类宏观和产业扶持类政策，是企业高度关注的信息，对企业的运营和发展具有十分重要的意义。近几年，在国家政策大力支持和引导背景下，企业也逐步拥有了管理规范化和政府惠企政策项目申报的意识。在惠企政策项目申报过程中，不仅要时刻关注政府政策情况的发布和变化，还要把握政策信息的时效性和准确性，并且需要充分的政策信息支撑，支撑信息越充分，获得的信息量越大，获得的信息精准度与企业自身越相符，惠企政策项目申报的成功率越高。因此，如何高效、及时、精准地获取惠企政策信息，掌握政府对产业方向的政策引导和扶持信息，对企业运营和成长发展具有十分重要的意义和价值。

对政府而言，通过政策服务，动态汇聚各类数据信息资源，能引导企业和产业发展方向，有效解决政企两端资源和需求不匹配的问题，高效便捷地将有关政策快速落实到企业，为企业健康成长营造更好的环境。通过政策服务，政府也能及时了解惠企政策对企业和产业发展的实际作用和效果，并以此作为政策制定的依据，及时调整和优化政策。因此，通过政策服务大数据，对于政府及时了解企业对相关政策的关注程度、评估政策对企业和产业发展的扶持作用，帮助其科学制定政策，都具有十分重要的意义和价值。

对企业而言，经常会面临找不到政策、看不懂政策、错过申报、材料繁多、多个部门来回跑等难题，无法实现政策与企业间的高效对接。当前，无

论对于企业还是政策主管部门,都缺少基于智能化技术的高效政策服务。一方面,企业难以及时高效地获得政府发布的惠企政策信息,需要通过人工查看和收集政策的方式,效率低下,费时费力。另一方面,由于缺少智能化手段,政府也难以掌握企业对不同政策关注程度的信息,难以评估惠企政策对企业帮扶、促进企业成长和产业发展的实际效果。

基于上述需求背景,针对企业服务领域普遍存在的优惠政策获取难和解读难等痛点,部分地区政府为更好支撑当地中小企业发展,减轻中小企业经济负担,借助"互联网+"行动,推出政策匹配平台,巧妙搭建起企业服务的"互联网+"桥梁,让企业轻松享受优惠政策"一键直达",实现从"企业找政策"到"政策找企业"的模式转换,建立精准推送、主动服务的"秒触发"政策服务体系,充分释放政策红利,不断提升企业的获得感。例如,南京江北新区通过自主研发和创新,推出在线政策匹配服务平台——"政策罗盘"。

二、为平台运营建设铺好路、把好关

1. 何为"政策罗盘"

"政策罗盘"是南京江北新区"科技赋能政策服务"的一次技术创新与突破,是政府制定政策的"智囊"和企业寻找政策的"锦囊"。"政策罗盘"由南京江北新区管委会科技创新局联合南京江北新区第三方新型研发机构共同开发,其通过与南京江北新区企业服务平台进行联动,为南京江北新区企业提供包括政策发布、搜索、筛选、匹配、测评与申报、兑现在内的一站式、全流程政策服务。

"政策罗盘"于2021年3月22日在南京江北新区正式上线启用(见图5-3)。平台自上线以来,广受关注,江苏省市相关部门以及广州、杭州、常州等多地先后前来学习调研。截至2022年4月底,"政策罗盘"已服务企业3277家,分解核心政策315项,累计进行政策匹配150169次,累计最高扶持金额15107万元❶,借助"政策罗盘"的特色功能,充分发挥了"政策罗盘"的价值作用。

---

❶ 动起来!当刘畊宏带着《本草纲目》来到新区[EB/OL].(2022-04-29)[2022-06-10]. https://mp.weixin.qq.com/s/i2BhCVo4OqDP4TKZeJ2AEw.

图5-3 南京江北新区"政策罗盘"智能化服务平台上线新闻发布会

2. 为何使用"政策罗盘"

(1)"政策罗盘"具有安全高效的技术架构

"政策罗盘"在建设与技术方案设计时充分考虑持续性、安全性、用户体验性、为企业带来的效益性,站在支撑新区高质量发展的角度、平台长久布局的角度、用户操作使用的角度去思考。"政策罗盘"在技术架构上具有如下特点:

界面友好,易使用。平台用户操作界面较为友好,操作方便、快速、简捷,使用方便。

可靠性高,安全有保障。平台建立了有效的数据备份、恢复机制,采用高稳定性、高可用性的软硬件产品,保证系统稳定无误地正常运转,并采用全面的权限管理机制,不仅能确保数据库的安全管理,还能提供可靠的 web 服务,让企业和政府放心使用。

技术先进、可靠,架构可扩展性强。采用先进的主流技术路线和成熟可靠的技术,并可根据不断被激发出来的用户需求进行扩展,为后续的深化扩展预留下了空间。

(2)"政策罗盘"赋能政策红利释放,营造一流创新服务环境

"政策罗盘"以企业过往科技申报数据为基础,融合大量企业资质、融资、知识产权等数据形成"企业大数据库",依托大数据、深度学习人工智能、自然

语言分析技术等先进技术，并融合政策服务专家多年一线服务的实操经验，通过对数据处理和分析生成企业精准画像，并基于企业画像实现政策精准推送。同时，平台提供政策检索、智能匹配、单项政策测评等服务，致力于打破"政策壁垒""信息孤岛"，解决涉企政策数量多、解读繁、匹配难等问题，实现企业轻松找政策、政策精准找企业，充分释放政策红利，营造一流创新服务环境，带动全区企业的科技创新和产业发展，以产业带动就业惠泽民生。

三、为平台服务对象谋便利，谋发展

1. "政策罗盘"服务对象

"政策罗盘"服务对象涵盖在南京江北新区依法注册的企业，而科技型中小企业作为南京江北新区企业的"主力军"，是"政策罗盘"的重点服务对象，并且包括具有独立企业法人资格的新型研发机构、高新技术企业、技术先进型服务企业、软件企业、省民营科技企业、获得科学技术奖的企业、省科技企业上市培育计划入库企业、省高新技术企业培育库入库企业、承担过各级科技计划（项目）的企业或列入各类人才培养计划的企业、拥有自主知识产权或专有技术的企业、近三年享受研发费用加计扣除政策的企业、有高新技术产品或软件产品认定的企业、生产国家高新技术产品目录内产品的企业，以及其他经认定符合科技企业认定的企业。❶ "政策罗盘"通过为全区内众多企业提供及时准确的惠企政策推送服务，有效地解决了企业人员面对多渠道、多种类的政策信息人工筛选和匹配的低效率问题，降低了企业用人成本和办事成本，让企业及时申请惠企政策资金扶持，为企业带来诸多直接的经济效率，进一步促进企业健康稳定成长。据南京江北新区自主创新服务中心相关负责人介绍，"政策罗盘"是把企业重点关注的数百条政策进行加工标引后导入平台，然后通过大数据中心获取的数据、行政部门获得的数据、企业申报的数据形成数据库，将收集到的数据中的政策形成匹配关系，企业通过"政策罗盘"即可匹配到企业基于当前自身情况所能匹配到的政策，减少企业查询政策的环节，避免耗时查询对其本身没有实际应用价值的政策，有目的地关注到自身能满足的一些政策。

同时，"政策罗盘"可服务于政府。"政策罗盘"的建设能够不断深化"互联网+政策服务"，并能推动提升惠企综合服务线上线下融合、部门信息互

---

❶ 太强了！4600余万元政策扶持，只需要三步就能完成匹配！[EB/OL]. (2021-03-23) [2022-06-10]. https://mp.weixin.qq.com/s/E2Rktr47JFE3H5zl4Y81Bw.

通共享、政策信息主动推送等方面的智能化水平,使政府的服务能力适应新区经济快速发展的需要。"政策罗盘"利用实时的企业申报、匹配数据分析、评价功能,进一步强化对全区各企业、行业及各区域经济高质量发展形势分析工作的准确性、预见性和针对性,掌握政府对产业方向的政策引导和扶持信息,为提升经济决策的科学性提供参考依据。此外,"政策罗盘"有利于提高南京市江北新区管委会科技创新局信息化管理效率,充分整合信息化资源,也节约了大量人力、物力、财力,并将进一步促进整个新区信息化的高质量健康发展,有利于激发企业创新活力,实现资源要素的差异化配置,促进经济高质量发展,对企业运营和成长发展具有十分重要的意义和价值。

2. "政策罗盘"服务流程

"政策罗盘"向符合申请注册的用户提供快速、便捷、实用的政策查询服务。用户完善基本信息后,可以在最短的时间,通过最少的操作步骤,快速实现企业相关政策信息匹配。而实现步骤仅需三步:首先,登录平台官网,点选菜单栏中"政策服务",再点选"政策匹配",即可开启专属的"政策罗盘";其次,进入平台后,可最先看到企业的"基本信息",企业信息直接从平台企业法人库中导入,无须用户手动录入,在完善少量个性数据后,企业可得到更精准的匹配结果;最后,点击开始匹配,企业所能获得的扶持金额、企业整体的匹配情况以及企业所能匹配的每项政策都会一一呈现。同时,企业还可以查看系统为企业匹配的每项政策的政策原文、具体的匹配情况以及可视化的政策图谱。"政策罗盘"服务流程如图5-4所示。

图5-4 "政策罗盘"服务流程

3. "政策罗盘"的"黑科技"

"政策罗盘"凭借创造性的理念和先进的技术成功打造出独有的"黑科技",支撑着南京江北新区企业的创新和高质量发展。其以"企业大数据库"为基础,结合企业精准画像和政策的智能化分解,实现企业信息与政策要求之间的高效智能化匹配(见图5-5),并通过批量政策自动匹配,一键生成"智能匹配报告",帮助企业制定申报规划方案;通过单项政策精准测评,帮助企业诊断把脉，快速发现申报该政策存在的短板，提升企业项目申报的成功率。

图5-5　"政策罗盘"界面展示

"政策罗盘"的"黑科技"可具体划分为五个部分，包括政策图谱、机器智能+专家经验、政策检索、政策测评、匹配报告。

（1）政策图谱——一张基于知识图谱技术的政策图谱

政策图谱构建了政策条件、政策要素之间的关联关系，同时也根据企业信息构建企业信息图谱，为政策和企业信息的智能化与自动化精准匹配，提供数据对比分析。

（2）机器智能+专家经验——高效灵活的政策解读与分析

利用深度学习、人工智能与自然语言分析等技术，在人工智能自动化分解基础上，根据具体政策实际执行时的解读和需要，修改调整或添加政策条件，并融入政策服务专家大量额外的人工实操经验，实现机器智能与人工经验的融合，提高政策匹配的准确性和实用性。

（3）政策检索——多维度检索，全面精确

政策检索可按国家、省市和区级不同层级、不同发文部门、不同产业领域进行政策查询检索，并按照政策热度、申报时间和申报金额等维度，进行培训（见图5-6）。

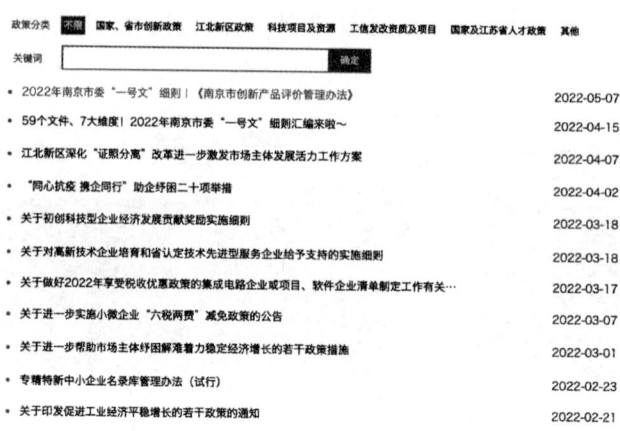

图5-6　政策检索界面

（4）政策测评——为企业诊断把脉

对于查询检索出的政策，企业可以选择进行单项政策测评，评估该项政策与企业的契合度和适用性，可得到具体自评打分。帮助企业诊断把脉，快速发现自身短板，有针对性地提升企业项目申报成功率。

（5）匹配报告——企业"体检"为企业发展提供指导

一键或自动批量匹配，并可查看匹配结果，可生成并下载匹配详情报告，详细显示每个政策条件的匹配情况，以及政策后要求提示，帮助企业了解具体问题和不足，为企业发展提供指导（见图5-7）。

图5-7　匹配报告界面

第二节 政企银一体化数字金融服务平台——科创数金

一、背景概述

1. 中小企业融资现状与困境

（1）小企业融资现状

当前，企业融资可分为内部融资和外部融资。内部融资主要是指企业依靠自身进行资本积累，包括最初的投资人、创立者投入的资金及企业在日常生产经营活动中所积累的利润，主要有企业自留资金及留存收益等。外部融资主要是指依靠外部资源积累资本，通过筹措外部资本取得日常生产经营的所需资金。

内部融资主要发生于企业自身经营能力强的阶段，此时，企业盈利能够支撑自身对扩大生产规模、正常生产经营的作用。但是对我国的中小企业而言，由于自身规模较小、盈利能力不足，导致自身内部融资基础较为薄弱，因此对中小企业而言，还是更多会依靠外部融资。虽然在如今的金融市场环境中越来越多金融机构的资金主要用于贷款，随着经济的不断运行发展，这些金融机构的资金逐步转向实体经济，但是在目前的社会大环境下，中小企业的企业信息往往是不公开的，导致信息不对称，人们无法了解到这些中小企业的实际经营状况，对中小企业的融资数据方面也不够了解，导致很多金融贷款机构无法为众多中小企业提供贷款。据有关机构的调查与结果分析称，目前众多中小企业的资金实际需要量与资金实际供给量之间仍然有着很大的差距。

曾有相关报道称，我国六成以上的中小企业从未获得过任何形式的贷款，其余不到四成的小微企业中有八成以上的企业一年内并不会获得第二次银行贷款，而一年内获得过 5 次以上贷款的小微企业占比仅 3.7%。我国大量中小企业对于资金的需求量极大，但是在很长的时期内，中小企业的资金需求都无法得到充分满足。据有关调查说明，银行等金融机构 20% 的贷款居然与企业总数高达 99% 的中小企业相匹配，与企业的占比不相符、差距悬殊。现有的融资资金根本无法满足我国众多中小企业正常的生产经营活动。[1]

---

[1] 李存鑫，刘璇. 中小企业的融资难题及应对策略 [J]. 商展经济，2022（9）：87-91. DOI: 10.19995/j.cnki.CN10-1617/F7.2022.09.087.

（2）中小企业融资困境

①融资渠道狭窄

在我国，众多中小企业中因为企业自身的内部融资无法满足企业正常生产经营的需要，那么就必须借助外部融资来获取资金。虽然外部融资渠道繁多，但中小企业在融资过程中没有更多的融资渠道可供选择，可以得到融资的渠道少之又少，由于自身规模与其他条件的限制，在融资方面举步维艰。相较而言，向银行借款较为方便可行，因此中小企业的外部融资主要还是依靠向银行借款，由此可见中小企业的融资渠道较为狭窄。

近年来，国家逐步制定相关政策，推动银行资金向中小企业流动，引导资金对中小企业提供帮助，但是因为银行借款存在诸多限制，大多数中小企业信息并不透明，银行无法获知企业的真实生产经营情况；再加上众多烦琐的银行借款审批程序、限制条件，导致很多中小企业根本无法满足这些条件，最终银行借款不了了之。

另外，在企业融资市场中，发行债券股票筹资需具备相关资格，而中小企业很难满足这些条件，因此无法发行股票及债券进行筹资。即使资本市场中融资渠道较为多元化，但适用于中小企业筹集资金的融资渠道也少之又少，融资渠道的狭窄给中小企业的融资带来诸多问题。

②信用担保体系不够健全

首先，相较国外而言，众多中小企业都是通过相关担保机构获取担保，从而进行信贷活动。但对国内而言，我国相关担保机构起步较晚，虽然发展较快但仍未在资本市场形成完备的信用担保体系。另外，国家对于信用担保体系方面的相关法律政策并未制定出台，健全的相关法律法规可以为信用担保体系的运行提供良好的外部环境。所以就目前而言，国内可以充分为中小企业提供信贷担保的相关担保机构相对较少。

其次，国内担保机构可以为中小企业提供担保的种类较少。随着中小企业的发展，对担保需求种类的增多，国内担保机构越来越无法充分满足中小企业的担保需求。

再次，由于众多相关担保机构并未与金融贷款机构建立一定的合作机制，双方存在严重的信息不对称现象，因此担保机构往往很难对中小企业信贷提供相应的信贷担保。

最后，许多银行为保证自身的资金安全流动，往往会选择大企业及一些国有企业开展信贷业务，中小企业则不会被优先考虑，因此即使相关信贷机构已经为中小企业提供了担保进行融资,也未必会取得相应的融资资金。

③融资额度低、贷款成本高

很多银行及相关金融贷款机构为保证自身资金的安全,借款对象会优先考虑大公司、名企业及国有企业,必然会导致银行可以流入中小企业的资金锐减,可以获得的信贷资金较少。另外,国家为促进国内经济稳定发展,实行量化宽松的低利率政策,但由于银行的融资成本过高,即使国家实施低利率的货币政策降低企业贷款成本,也很难让银行在为中小企业提供贷款方面提供更多的优惠。同时,央行的低利率政策主要适用于国家基础建设、国有企业、大型名企,对中小企业收益力度小、影响小,因此并未为中小企业提供实际上的信贷优惠。此外,因为中小企业普遍规模小、负债率较高,银行出于对自身利益的保护,也不会为中小企业提供更多贷款,所以中小企业的贷款成本较高。❶

2. 中小型企业融资的必要性

当今世界正经历百年未有之大变局。坚持创新在我国现代化建设全局中的核心地位,抢抓新一轮科技革命和产业变革的重大机遇,需要充分发挥科技创新在大变局中的关键变量作用。中小企业是中国科技创新的重要生力军,中国65%的专利、75%以上的科技创新、80%以上的新产品都是由中小企业完成的。❷ 科技型中小企业往往更具创新能力,更愿意冒险尝试,在科学技术从实验室向实用领域的转化过程中扮演了十分重要的角色。❸

从金融角度来看,资金投入能带动科技型企业的研发与创新。但是科技型企业的创新精神和冒险尝试也带来了较为明显的金融困境:发展前景不明朗,金融风险高。❹

科技型企业在初创期和成长期需要大量资金投入以保证创新产品得以顺利研发和生产,然而受"轻资产、高投入、高风险"等企业自身特征的影响,投资风险与企业收益不匹配。❺ 金融机构在对科技型中小企业评级时,直接套

---

❶ 李存鑫,刘璇. 中小企业的融资难题及应对策略 [J]. 商展经济,2022 (9):87-91.

❷ 杨晔,朱晨,谈毅. 技术创新与中小企业雇佣需求:基于员工技能结构的再审视 [J]. 管理科学学报,2019,22 (2):92-111.

❸ AUDRETSCH D B, BONTE W, KEILBACH M. Entrepreneurship capital and its impact on knowledge difusion and economic performance [J]. Journal of Busines Venturing, 2008, 23 (6): 687-698.

❹ 周昌发. 科技金融发展的保障机制 [J]. 中国软科学,2011 (3):72-81.

❺ 吕长明,姬卿伟. 风险投资、银行贷款跟进与企业技术创新:基于科技型中小企业调查数据的经验研究 [J]. 武汉金融,2021 (2):26-34.

用普通企业信用评级标准，评级结果通常偏低，导致企业难以筹集发展初期所需的资本，从而影响了有潜力的科技型中小企业的起步发展。只有考虑科技型中小企业融资特点的情况下，畅通企业融资的渠道，帮助优质企业获得足额支持，将低劣企业尽快从市场上淘汰，才能让资金高效循环、持续流动。建立并完善科技型中小企业信用评级体系，解决企业融资定价问题，成为引导金融部门深入支持科技型中小企业融资的迫切需要。❶

3. 中小型企业融资的政策支持

2019 年 4 月 7 日，中共中央办公厅、国务院办公厅印发了《关于促进中小企业健康发展的指导意见》，提到要切实保护知识产权。运用互联网、大数据等手段，通过源头追溯、实时监测、在线识别等强化知识产权保护，加快建立侵权惩罚性赔偿制度，提高违法成本，保护中小企业创新研发成果。完善中小企业融资政策，积极拓宽融资渠道，完善知识产权质押融资风险分担补偿机制，发挥知识产权增信增贷作用。2019 年 8 月 9 日，科技部印发《关于新时期支持科技型中小企业加快创新发展的若干政策措施》，要求拓展企业融资渠道，开展贷款风险补偿试点，引导银行信贷支持转化科技成果的科技型中小企业，加强科技金融结合试点工作，加快推进投贷联动、知识产权质押、融资租赁等。2020 年 7 月 7 日，国务院印发《关于促进国家高新技术产业开发区高质量发展的若干意见》，要求加强金融服务。鼓励商业银行在国家高新区设立科技支行。支持金融机构在国家高新区开展知识产权投融资服务，支持开展知识产权质押融资，开发完善知识产权保险，落实首台（套）重大技术装备保险等相关政策。2021 年 12 月 24 日发布的《中华人民共和国科学技术进步法（2021 修订）》中，国家鼓励金融机构开展知识产权质押融资业务，鼓励和引导金融机构在信贷、投资等方面支持科学技术应用和高新技术产业发展，鼓励保险机构根据高新技术产业发展的需要开发保险品种，促进新技术应用。

4. 数字金融对中小企业创新的影响

在政策的支持和引导下，市场对中小型企业融资问题也越来越重视。为了让银行和企业信息更对称，帮助企业获得更高的融资，企业画像、创新能力评价等产品应运而生，且各有千秋。例如，腾讯云推出的面向智慧城市、金融监管、企业情报、企业评估等场景的企业大数据综合服务平台——企业

---

❶ 曾妮. 信用评级对科技型中小企业融资的影响 [J]. 科技和产业, 2022, 22 (5): 182-187.

画像。其通过构建亿级企业知识图谱,深度挖掘企业、高管、法定代表人、产品、产业链间的复杂网络关系,提供城市、区域宏观经济分析、招商引资推荐服务,引导地方产业发展;针对监管机构,监控目标企业发展态势,第一时间进行风险预警;针对实体企业内部,提供企业情报、供应商评估管理等多项综合服务。而中国建设银行通过打造"科技企业创新能力评价体系"破解知识产权评估难题,运用大数据、智能决策、数据可视化等技术手段自动生成评价结果,打通科技型中小企业与银行信息不对称问题,将科技"软实力"变成融资"硬通货"。

除此之外,随着大数据、云计算、人工智能、区块链等技术变革,数字金融以惊人的速度革新了金融行业的各个方面。❶ 在中国尤其如此,2019 年,两家领先的移动支付提供商支付宝和微信支付均拥有超过 10 亿活跃用户,这些用户高度依赖支付平台上的"生态圈",包括预约医生、购买机票、支付电费甚至投资金融产品等。腾讯的微众银行、蚂蚁金服的网商银行以及小米的新网银行——这三家蓬勃发展的互联网银行,其员工规模只有 1000~2000 人,却每年各自为超过 1000 万的个人或小微企业提供贷款。这些具有中国特色的数字金融不仅开始改变中国的金融格局,同时也吸引了国际社会越来越多的关注。❷

中国数字金融业的快速发展主要得益于三个重要因素:传统金融服务的供给短缺、监管环境的相对包容以及信息技术特别是智能手机、大数据和云计算等快速发展。❸ 在这样的大背景下,除移动支付之外,中国数字金融行业的另一个代表性业务异军突起,就是在线借贷。它具体包括两类模式,一类是 P2P 平台,另一类是互联网银行。其中,P2P 在过去的 14 年间,经历了翻天覆地的变化,从默默无闻到野蛮生长、风险爆发再到监管落地、行业整改,正常运营的平台数目从 2016 年 3000 多家急剧下降到 2019 年的 787 家;而互联网银行则在推动普惠金融、创新信用评分技术等方面做出了重要贡献。有不少证据表明,基于机器学习和大数据分析的信用评分模型优于传统的银行

---

❶ I GOLDSTEIN, W JIANG, GA KAROLYI. To FinTech and Beyond [J]. Review of Financial Studies, 2019, 32 (5): 1647-1661.

❷ J FROST, L GAMBACORTA, Y HUANG, etc. BigTech and the changing structure of financial intermediation [J]. BIS Working Paper, 2019 (779).

❸ 黄益平, 陶坤玉. 中国的数字金融革命:发展、影响与监管启示 [J]. 国际经济评论, 2019 (6): 24-35, 5.

方法[1]。比如,微众银行、网商银行和新网银行都是基于机器学习和大数据分析创建了自己的信用评分模型,微众建立在社交媒体数据上,通过查看员工的办公环境、住宅物业质量、亲密的社交媒体朋友和其他数字足迹来评估信誉度。网商银行从电子商务信息开始,发明了"310模型"——客户花3分钟申请,获批的贷款资金在1秒钟内存入借款人的账户,整个过程无人工干预。2017年,网商银行共有377名员工,但当年提供了500万笔中小企业贷款。而新网银行则建立了一个开放银行系统来与其他已有平台连接。这些互联网银行共同的特点是,都主要向缺乏历史财务数据、抵押固定资产和政府担保的中小企业和低收入家庭提供贷款,填补了普惠金融的一个重要空白。

另有学者研究认为,金融是企业技术创新的重要外部环境,数字金融可通过促进电子商务、影响消费总量和结构、缓解融资约束,以及技术溢出等途径推动中小企业的技术创新。通过实证结果表明,我国数字金融的发展显著促进了中小企业的技术创新,影响机制为:第一,数字金融通过提高销售收入、降低管理费用提高了企业的盈利水平;第二,数字金融通过降低借贷成本、改善借款结构,使企业借款结构长期缓解了企业的信贷约束;第三,数字金融的支付、货币基金、保险、信用等业务功能均显著促进了企业技术创新。

可见,数字金融在解决中小企业融资难问题和助力中小型企业科技创新发展方面都起着重要的积极作用。

二、贯通数字金融服务主体,构建服务新形态

1. "科创数金"建设意义

科技型中小企业作为实现创新驱动、推动经济高质量发展的主力军,与生俱来具有轻资产、高风险、高成长等特点,在融资过程中普遍面临抵押物少、银企信息不对称等突出问题,严重制约了其发展壮大。近年来,南京江北新区积极探索实践,大力推进区域数字经济发展,全面聚力试验科技金融创新,设计一套适用于科技型企业的综合评价指标体系,把企业创新能力作为主要评价指标,利用大数据对企业进行精准画像,自动测算授信额度,引

---

[1] L GAMBACORTA, Y HUANG, H QIU, J WANG. How do machine learning and non-traditional data affect credit scoring? New evidence from a Chinese fintech firm [J]. Bank for International Settlements, 2019.

导和促进金融机构改进服务模式、创新金融产品，切实解决科技型企业融资痛点。

2021年6月，在省市金融监管部门、省市科技主管部门、人民银行南京分行营管部以及五家银行的共同见证下，南京江北新区正式上线"科创数金"政企银一体化数字金融服务平台（以下简称"科创数金"）（见图5-8）。"科创数金"是一款公益性科技企业贷款"利器"，致力于为新区科技企业提供高额度、低利率、高效率的金融服务。

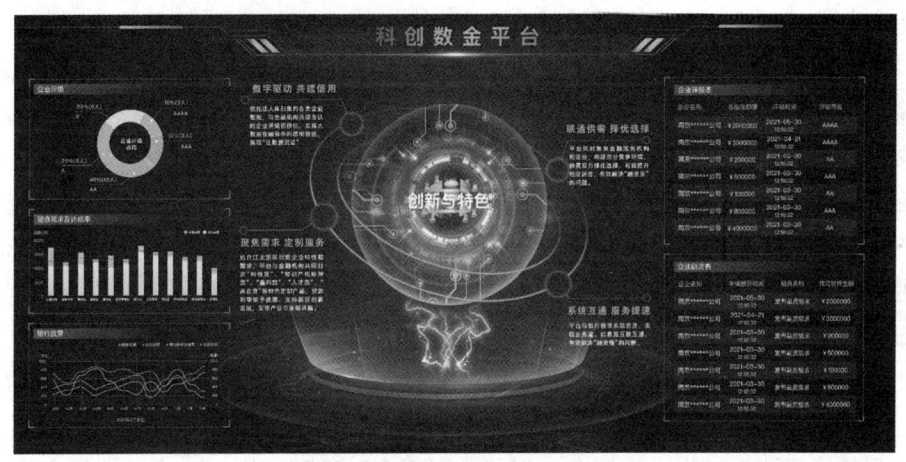

图5-8　"科创数金"平台数字大屏

2."科创数金"简介

"科创数金"是全国领先的政企银一体化数字金融服务平台，意在为服务对象提供降低企业融资成本，提升企业融资效率，缩短银行和企业家的距离，用科技帮助企业赋能，打造数字金融服务新形态。

"科创数金"通过首创的"科技企业授信额度测算模型"，实现企业360度综合价值自动评级，并利用大数据直接测算企业最高授信额度（流贷），最大限度地评估企业信贷能力，创新采用银行"竞标"报价模式与银行系统打通互联，有效降低企业融资成本，提升企业融资效率。此外，银行针对"科创数金"量身定制专属产品和专属政策，极大满足企业的各类金融需求。"科创数金"开创了企业数据资产进行定价的模式，通过数字化的手段，缩短银

行和企业家的距离,为企业提供更便捷的服务。❶

三、夯实数字金融创新驱动,打造服务新路径

1. 首创科技企业授信额度测算模型,为企业提供精准融资服务

作为由南京江北新区自主创新服务中心大力推进"智能化、一站式、主动式"的金融服务模式,"科创数金"引进北京大学深圳研究院科技企业评价体系,牵手江苏银行、南京银行等多家银行,架设政企银聚力沟通的桥梁,为企业提供精准融资服务,赋能科技企业高质量发展。

"科创数金"有效整合南京片区民营企业工商信息、经营状况信息、政策申报信息、企业资质信息、知识产权信息、风险信息6大类超过37万条企业数据,建立"民营企业大数据库",并将碎片化数据分析提炼成结构化数据,发挥企业大数据在融资中的信用效能。在此基础上,"科创数金"首创了涵盖管理能力、创新能力、知识产权、创新环境、财务状况5个维度、88项指标的"科技企业授信额度测算模型"。"科技企业授信额度测算模型"在整合各银行授信政策的基础上,创新打造民营科技企业授信额度测算模式,使银行由原先的"在项信贷评审"转变为"企业整体信贷能力测评",银行可在"最高授信额度"内提供贷款,实现银行先期授信、企业按需贷款。最终,企业根据评级测算结果,选取意向银行,银行实时受理、快速响应,贷款审批、发放、还款全流程线上操作,形成信用类贷款全线上、自助式办理的快速通道的信贷新模式。平台通过大数据测算企业的最高授信额度,在测算的最高授信额度的基础上,对创新能力强、技术含量高、成长性好的科技型企业,通过合理的调节系数提高授信额度(见图5-9)。即企业将高价值技术转化为银行授信,创新能力强、发展性越好的企业授信额度越高。评级测算结果获得了各家银行的充分认可,有效引导银行从侧重抵质押物的"资产价值型"思维,向侧重科技实力的"创新价值型"思维转变。

---

❶ "科创数金—南京银行鑫伙伴"专家论坛之"上云用数赋智"论坛圆满结束[EB/OL]. (2022-01-17)[2022-06-10]. https://mp.weixin.qq.com/s/AIPycC7iDAh_z7o7pae5AA.

第五章　南京江北新区知识产权金融其他相关成果

图5-9　"科创数金"系统平台的操作流程

2. 化身"贷款神器"，助力企业创新发展

"科创数金"采用银行"竞标"报价模式，企业提出融资需求后，可选择三家意向银行进行比价，银行为平台专门开发了特色定制产品，贷款利率给予专属优惠。同时，平台与银行深入合作，实现了与银行信贷系统直连，实现了业务流、信息流的互联互通，企业信贷全流程可线上化操作，通过"评级与额度测算—贷款申请—贷款审核"三步操作即可完成大部分业务的线上贷款，极大地缩短了贷款时间，将大大提升企业贷款效率。在企业授信额度、贷款利率、贷款效率上平台充分发挥其功能作用，化身"贷款神器"，为新区企业科技创新发展做出积极贡献。

"科创数金"通过整合企业经营数据发挥大数据信用效能、搭建价值评价模型实现综合价值自动评级、创新授信测算模式优化民营企业融资效率、推动融资科技增信助力民营企业降本增效，有效解决民营企业融资的问题。在平台上线不久，新区一家专注工业机器人的科技企业纳博特南京科技有限公司，成为平台首个"产品体验官"，受邀注册登录"科创数金"平台后，纳博特在平台上发布了300万元的融资需求，很快就有江苏银行、招商银行和南京银行工作人员与之对接，该公司通过平台的银行"竞标"模式，结合自身经营情况和融资需求，对比三家银行的利率情况，选择了南京银行为合作贷款银行，最终获得 300 万元银行贷款额度❶。并在 2021 年，"科创数金"平台分别用时 3 天、11 天，为江苏美克医学技术有限公司、南京领跑健康科技有限公司实现成功放贷千万元以上，除了成果申贷耗时短，其中江苏美克医学技术有限公司更是成功放贷两倍的申请贷款金额。

作为专为新区科技企业量身打造的"贷款神器"，"科创数金"凭借其独特性、创造性，真正解决了企业融资问题，助力企业提升科技创新能力和知识产权金融发展。据统计，截至 2022 年 4 月底，不到一年的时间，"科创数金"已发布融资需求企业数量 123 家，发布融资金额 6.06 亿元，成功放贷企业 56 家，放贷金额达 2.43 亿元。

第三节　知识产权保险

一、相关背景

1. 知识产权保险模式的含义

保险是投保人根据合同约定向保险人支付保险费，保险人按照合同约定承担赔偿保险金责任或给付保险金责任的合同关系，保险具有化解和转嫁风险的功能。知识产权保险是根据投保人和保险人双方的合同约定，将知识产权及知识产权侵权赔偿责任作为保险标的，投保人向保险人支付保险费，保险人对所承担的知识产权在发生合同约定的情形时承担赔偿责任的保险方式。知识产权权利人易遭遇知识产权诉讼风险，为规避风险，知识产权保险主要围绕专利、商标、著作权等知识产权的侵权风险而设计，用于化解由于知识产权的侵权行为而造成的民事责任赔偿和财产损失的风险。

2. 知识产权保险的重要性

随着市场经济的发展，知识产权侵权事件时有发生，知识产权保险的重要性愈加明显。企业遇到知识产权侵权事件，要么积极应诉，要么主动放弃。对于前者而言，需要企业花费大量的诉讼费用、律师代理费用以及其他各种支出，这对于我国广大中小企业而言，是巨大的负担和支出，即便最终胜

---

❶ 这家企业完成 300 万贷款，只用了四步！[EB/OL]. (2022-07-08) [2022-06-10]. https://mp.weixin.qq.com/s/_E67kow-c2X9Njf1nBQQVA.

诉，企业的正常经营发展也受到极大的影响。对于后者而言，企业更是需要承担违约成本，赔偿起诉人的损失。而通过知识产权保险，企业通过支付一定保险费用的方式，将知识产权的风险转嫁给保险公司，一旦发生知识产权纠纷，保险公司可全权代理企业进行应诉，企业将全部精力用于生产经营和管理，保障企业正常运营。因此，知识产权保险有利于保障企业的正常经营发展。

同时，知识产权是人类智力劳动成果的专有权利，通过知识产权保险制度，帮助企业提高知识产权意识，解除其后顾之忧，使其能够将主要精力用于新产品、新技术和新工艺的研发，不必担心知识全权被盗用的风险。所以知识产权保险在保障知识产权权利人的利益、促进科技创新和经济发展、改善市场竞争环境方面也有着重要意义。❶

3. 知识产权保险模式的类型

知识产权保险模式种类较多，常见的可分为知识产权执行保险、知识产权侵权责任保险、专利代理人职业责任保险、专利质押融资保证保险、专利许可信用保险。

（1）知识产权执行保险

保险人为投保人知识产权遭受他人非法侵犯主动提起诉讼时所需诉讼费用进行补偿，包括投保人针对他人知识产权侵权行为提起诉讼的费用、他人主张知识产权不侵权提起反诉的费用、重新审查投保人知识产权效力的费用等。

知识产权执行保险仅对诉讼费用进行赔偿，并不包括权利人因知识产权权利受到侵害所遭受的损失。知识产权具有专业性强、鉴别难度高、风险范围大等特点，致使保险对知识产权风险的控制难度加大，保险人无法有效预估及控制知识产权风险，因此知识产权执行保险只对诉讼费用予以承保。

（2）知识产权侵权责任保险

知识产权侵权责任保险针对知识产权潜在侵权人不适当地使用了他人的知识产权而遭受的诉讼风险进行保护，其保险标的为投保人因侵犯他人知识产权被判定侵权后的损害赔偿费用。

（3）专利代理人职业责任保险

专利代理人职业责任保险承保的经济损失是被保险人从事专利代理业务

---

❶ 郑义. 我国知识产权保险的障碍与对策 [J]. 现代商业，2020（32）：112-114. DOI：10.14097/j.cnki.5392/2020.32.040.

时，因过失造成委托人的经济损失，保险人按照本保险合同约定负责赔偿。包括应由被保险人支付的仲裁或诉讼费用及事先约定支付的必要的、合理的费用。

（4）专利质押融资保证保险

专利质押贷款保险是在专利权质押融资的基础上，对质押的专利进行保证保险，当发生坏账风险时，由保险公司分担银行风险。

（5）专利许可信用保险

保障专利实施许可合同签署后因被许可人破产或拖欠造成许可费无法收回的风险，借此鼓励高校及其他科研机构对外实施许可，促进科技成果转化。

除以上典型险种外，中国人民财产保险股份有限公司围绕知识产权创造、运用、保护、管理和服务全生命周期的风险需求，共开发了16款知识产权保险产品，❶ 包括知识产权创造类1款，知识产权运用类2款，知识产权保护类7款，海外知识产权保护类2款，以及知识产权质押融资类4款，初步形成了"产品体系完善、风险保障全面、金融综合服务"的工作格局，详见表5-2。

表5-2　中国人保财险知识产权保险产品体系❷

序号	名称	保险责任简介	范围	类别
1	专利代理人职业责任保险	被保险人造成委托人经济损失，依法承担的经济赔偿责任及法律费用	国内	知识产权创造
2	专利许可信用保险（1年）	因合同相对方破产、不履行债务等事由导致无法回收专利许可交易对价造成的损失	国内	知识产权运用
3	专利许可信用保险（多年）	专利许可人履行许可合同时，由于被许可人破产或拖欠引起的专利许可使用费的损失	国内	

---

❶ 人保财险服务知识产权"北京模式"　助力北京"两区"建设［EB/OL］.（2021-07-01）［2022-06-10］. http://ipr.mofcom.gov.cn/article/gnxw/qy/yygl/202107/1962995.html.

❷ 中国人保财险知识产权金融产品介绍［EB/OL］.（2022-03-14）［2022-06-10］. https://www.163.com/dy/article/H2D5OT3K0518JG8M.html.

续表

序号	名称	保险责任简介	范围	类别
4	专利执行保险	被保险人就受侵犯的专利权提起法律请求所产生的调查费用和法律费用	国内	知识产权保护
5	侵犯专利权责任保险	被保险人非故意实施第三者专利权，依法承担的经济赔偿责任、法律费用及合理提出专利无效宣告申请的抗辩费用	国内	
6	专利无忧保险	对被保险人专利权受第三方侵犯后，所导致的直接经济损失、调查费用和法律费用进行综合保障	国内	
7	专利被侵权损失保险	被保险人专利权受第三方侵犯所产生的直接经济损失	国内	
8	商标被侵权损失保险	被保险人商标权受第三方侵犯后，所导致的直接经济损失、调查费用和法律费用	国内	
9	地理标志被侵权损失保险	被保险人商标权受第三方侵犯后，所导致的直接经济损失、调查费用和法律费用	国内	
10	知识产权被侵权损失保险	被保险人的专利权、商标权及地理标志权受第三方侵犯后，所导致的直接经济损失、调查费用和法律费用	国内	
11	境外展会专利纠纷法律费用保险	参展境外展会时产生专利侵权纠纷支出的法律费用	海外	海外知识产权保护
12	知识产权海外侵权责任保险	被保险人及受偿方非故意侵犯第三者知识产权，依法应承担的经济赔偿责任、抗辩费用及产品撤回费用	海外	
13	专利质押融资保证保险（1年）	通过专利质押贷款而未能按约清偿到期债务的借款本金余额和利息余额赔偿义务	国内	知识产权质押融资
14	专利质押融资保证保险（多年）	通过专利质押贷款而未能按约清偿到期债务的借款本金余额和利息余额赔偿义务	国内	
15	知识产权资产评估职业责任保险	知识产权评估机构从事知识产权评估业务时，因过失造成委托人及保单指定的利害关系人的经济损失	国内	
16	知识产权质押融资保证保险	在知识产权质押融资业务中，企业未按约定履行还款义务或发生逾期还款，所产生的贷款本金、利息和相应的罚息	国内	

4. 知识产权保险模式的现状

（1）国外知识产权保险模式发展现状

知识产权保险最早由美国于1986年推出，其保险制度较为完整，形成了可以盈利和推广的保险发展模式❶，随后日本、韩国等也开始积极探索具有本国特色的海外知识产权制度，各国知识产权保险也逐渐形成各具特色的运行模式。

a. 美国

美国知识产权保险产品最早于1986年推出，以知识产权执行保险、知识产权侵权责任保险为主，由商业保险公司负责，政府主要负责健全和完善的知识产权保险制度保障。

b. 日本

日本知识产权保险最早于2003年推出，其产品以海外知识产权许可保险、专利授权金保险、专利侵权保险为主，由日本经济产业省、日本贸易保险（NEXI）负责，政府会提供50%的保费补贴，并成立海外知识产权许可保险基金予以保障支持。

c. 韩国

韩国知识产权保险最早于2010年推出，其产品以出口安全保险、北美和欧洲知识产权安全团体保险，农产品品牌和设计安全团体专项保险为主，由专利厅、知识财产保护院负责，政府会提供高额的政府支援金，针对企业情况进行调查反馈，并每年调整和改进。

d. 德国

自20世纪以来，德国知识产权保险一直在不断发展，其产品以专利财产保险、诉讼费用保险为主，主要是商业保险公司运作，政府方面通过将知识产权保险融入国家科技创新战略下成体系的政策框架中发展，获得其他相关政策的协同支持。

e. 英国

英国知识产权保险自20世纪以来也在持续发展，其产品以专利申请保险和专利执行保险为主，由专利保险局、知识产权诉讼互助保险协会负责，政府方面会在知识产权保险基础上叠加购买其他保险享受优惠政策，并提供协会初期运营经费。

---

❶ 曾莉，戚功琼. 国外专利保险制度及对我国的启示［J］. 保险理论与实践，2017（7）：104-116.

f. 丹麦

丹麦知识产权保险起源于2007年，其主要涵盖"知识产权执行者"计划、通用专利保险，由丹麦知识产权保险委员会、私营保险公司负责，政府方面提供基础性服务，如公开知识产权相关信息、提供知识产权检索服务、开展知识产权保险宣传等。

主要国家知识产权保险对比见表5-3。

表5-3　主要国家知识产权保险对比❶

国别	机构	历史	主要类型	政府支持	风控机制
美国	商业保险公司	1986年起	知识产权执行保险、知识产权侵权责任保险	健全和完善的知识产权保险制度保障	1. 投保人须委托知识产权检索分析机构进行全面检索，获得未侵犯任何现有知识产权意见后，才能投保知识产权侵权责任保险 2. 投保人须提供未侵犯任何现有知识产权的律师意见证明书 3. 知识产权交易机构为投保知识产权开展价值和风险评价
日本	日本经济产业省、日本贸易保险（NEXI）	2003年起	海外知识产权许可保险、专利授权金保险、专利侵权保险	1. 提供50%的保费补贴 2. 成立海外知识产权许可保险基金	对投保知识产权建立风险评估制度
韩国	专利厅、知识财产保护院	2010年起	出口安全保险、北美和欧洲知识产权安全团体保险，农产品品牌和设计安全团体专项保险	提供高额的政府支援金，针对企业情况进行调查反馈，并每年调整和改进	建立诉讼风险评估制度

---

❶ 梁玲玲. 国内外知识产权保险现状研究及对我国的启示 [J]. 全球科技经济瞭望, 2021, 36 (5): 48-55.

续表

国别	机构	历史	主要类型	政府支持	风控机制
德国	商业保险公司	20世纪以来	专利财产保险、诉讼费用保险	将知识产权保险融入国家科技创新战略下成体系的政策框架中发展，获得其他相关政策的协同支持	将知识产权保险评估纳入国家法律
英国	专利保险局	20世纪以来	专利申请保险、专利执行保险	在知识产权保险基础上叠加购买其他保险享受优惠政策	涵盖律师审查模式、会计师审查模式，保证知识产权合规并防止存在侵权情况
英国	知识产权诉讼互助保险协会（MIA）	2004年起	专利申请保险、专利执行保险	提供协会初期运营经费	设置知识产权诉讼审查专家委员会，对会员知识产权诉讼进行评估
丹麦	丹麦知识产权保险委员会、私营保险公司	2007年起	"知识产权执行者"计划、通用专利保险	提供基础性服务，如公开知识产权相关信息、提供知识产权检索服务、开展知识产权保险宣传等	通过知识产权检索等，对知识产权进行评估

（2）国内知识产权保险模式发展现状

2004年，中关村知识产权促进局与中国人民财产保险公司签署了我国第一份知识产权保险合作框架协议，以专利权质押贷款提供配套保险服务为切入点，为中关村专利技术产业化提供高科技成果转化险与常规保险捆绑式的一揽子保险服务。❶ 此次与保险机构的合作主要集中于专利金融保险领域，为我国开展知识产权保险工作进行了初步探索。

2009年，《北京市人民政府关于实施首都知识产权战略的意见》首次提出，要进一步加强知识产权融资、保险、质押等制度改革试点工作。2010年，

---

❶ 徐正祥. 脚步与进步——中关村国家知识产权制度示范园区发展之路［M］. 昆明：云南人民出版社，2012：85.

中共中央宣传部等九部门发布的《关于金融支持文化产业振兴和发展繁荣的指导意见》提出，探索开展知识产权侵权险。2011年，国家知识产权局联合中国人民财产保险公司开展专利保险试点研究。2012年，国家知识产权局确定北京中关村、大连、江苏镇江、广州以及四川成都5个地区在全国率先开展专利保险试点❶，中关村首批有24家企业参与试点。当时试点开展的是由中国人民财产保险公司设计的专利执行保险，试点期为3年，国家知识产权局给予了部分项目经费支持。知识产权保险工作正式进入试点阶段。

随后，国家知识产权局出台的《深入实施国家知识产权战略行动计划（2014—2020年）》等一系列文件对开展知识产权保险工作提出了明确要求。试点运作一段时间后，各地结合自身情况进行了不同的尝试，其中北京推出以金融机构为投保人的专利质押融资保险试点，并于2019年年底在北京市政府的支持下，开展了相关试点工作，知识产权保险在北京进入一个新的发展阶段。

除北京外，广东、江苏、浙江、山东、四川等地的知识产权保险也快速发展，如广东省于2009年开始提出探索专利保险工作，并于2010年年底成立了专利保险合作社，成员包括保险公司、企事业单位、社会团体和专利代理服务机构，并设立专利权产业化基金，帮助资金缺乏的中小型企业解决内部资金不足的难题，让中小企业能够放心地开展业务。

2019年，中共中央办公厅、国务院办公厅印发的《关于强化知识产权保护的意见》明确提出，鼓励保险机构开展知识产权海外侵权责任险、专利执行险、专利被侵权损失险等保险业务，知识产权保险愈发受到重视。❷

2020年，国务院印发《关于促进国家高新技术产业开发区高质量发展的若干意见》中明确提出支持金融机构在国家高新区开展知识产权投融资服务，支持开展知识产权质押融资，开发完善知识产权保险，落实首台（套）重大技术装备保险等相关政策。在2021年，国务院印发的《"十四五"国家知识产权保护和运用规划》中明确鼓励知识产权保险、信用担保等金融产品创新，充分发挥金融支持知识产权转化的作用。

因此，可以看出政府近些年来对知识产权保险愈加重视，政策上对知识产权保险的支持、宣传、指引也在不断完善和明确中。

---

❶ 董慧娟. 中国专利执行保险的最新进展、障碍及对策［J］. 中国科技论坛，2015（7）：90.
❷ 李广明. 我国知识产权保险的发展及路径选择［J］. 保险理论与实践，2021（5）：69-75.

二、知识产权保险产品案例

知识产权涵盖范围广,以其中占比最大、影响最强的专利为例,目前国内有多家保险公司正在不同试点地区开办或尝试开展各种专利保险业务。其中,人保财险在专利侵权保障和知识产权运用方面共推出多种产品,产品种类十分丰富;平安产险的专利被侵权损失保险,针对专利维权执行困难、赔偿金额低于维权成本、维权结果难以预测等多个痛点,推出了先行赔付机制,对专利权人的维权进行全面保障;华泰保险推出了首套重大技术装备专利执行保险和新技术新产品责任保险,即保险公司在专利权人进行维权时赔偿一定的维权费用,其特色在于保险产品保护的是制造重大技术装备的单件专利和专利组合;国任财险则推出了"专利侵权调查费保险",其保险责任范围包括差旅费、公证费等为专利维权前期准备支出的调查费。以下通过中国人民保险财险知识产权保险产品典型案例,以及知识产权维权相关案例展示我国当前的知识产权保险产品的运营模式。

1. 中国人民保险财险知识产权保险产品典型案例(一)❶

(1) 专利执行保险

产品内容:保障被保险人就受侵犯的专利权提起法律请求所产生的调查费用和法律费用。

产品定位:主动进攻型产品,打击侵权行为的费用补偿类保险,不保障被保险人因专利被侵权造成的任何经济损失。

保险责任:

a. 调查费用:被保险人的专利权受到第三方侵害后,被保险人为获取证据在承保区域范围内进行调查时产生的合理、必要的调查费(包括但不限于聘请相关公司产生的合理费用等)、公证费、交通费、住宿费、伙食补助费。

b. 法律费用:被保险人就其受到侵害的专利权向法院提起诉讼、向仲裁机构提起仲裁或向行政主管部门提出行政处理请求,发生的诉讼费、仲裁费、行政处理费以及律师费等其他合理、必要的费用。

c. 补偿的费用范围:以被保险人提起维权诉讼、仲裁申请或处理请求为时间点。

---

❶ 专利保险——降低专利维权成本的风险补偿机制 [EB/OL]. (2020-05-21) [2022-06-10]. https://lawyers.66law.cn/s26130848c0868_i752312.aspx.

(2) 侵犯专利权责任保险

产品内容：保障被保险人非故意实施第三者专利权，依法承担的经济赔偿责任，法律费用及合理提出专利无效宣告申请的抗辩费用。

产品定位：被动防御型产品，支持正当维权。

保险责任：

a. 侵权损害赔偿责任：在保险期间或保险单载明的追溯期内，被保险人在从事保险单载明产品的制造、使用、许诺销售、销售、进口过程中，非因故意实施投保专利清单载明的其他专利权人依照中华人民共和国法律取得的专利权，由该专利权人在保险期间内首次向被保险人提出侵犯专利权赔偿请求，依法应由被保险人承担的经济赔偿责任。

b. 法律费用：被保险人就其受到侵害的专利权向法院提起诉讼、向仲裁机构提起仲裁或向行政主管部门提出行政处理请求，发生的诉讼费、仲裁费、行政处理费以及律师费等其他合理、必要的费用。

c. 专利无效申请：事先经保险人书面同意，被保险人向行政机关提出专利无效宣告申请所支出的必要的、合理的费用，保险人按照保险合同约定也负责赔偿。

(3) 专利质押融资保证保险

产品内容：保障通过专利质押方式进行融资而未能按约清偿到期债务的借款本金余额和利息余额赔偿义务。

保险责任：在保险期间内，投保人未能按照与被保险人签订的《借款合同》的约定履行还款义务，且投保人拖欠任何一期欠款超过保险单载明的期限（以下简称"赔款等待期"）的，视为保险事故发生。保险人对投保人应偿还而未偿还的贷款本金和相应的利息按照本保险合同的约定承担赔偿责任。赔款等待期是指保险人为了确定保险损失已经发生，被保险人提出索赔前必须等待的一段时期。赔款等待期从《借款合同》中约定的应付款日开始，由保险合同双方商定，并在保险单中载明。

2. 中国人民保险财险知识产权保险产品典型案例（二）[1]

2013年12月，广东威迪科技股份有限公司（以下简称威迪公司）向中国人民财产保险股份有限公司东莞市分公司分别就"管式污水微滤处理设备（专利号 ZL200810028767.X）"等4项专利实行专利执行险投保，保期1

---

[1] 专利保险助威迪公司"扬威"[EB/OL].（2015-06-17）[2022-06-10]. http://www.iprchn.com/Index_NewsContent.aspx?newsId=86569.

年，保费3200元。

根据《东莞市专利保险补贴资金管理办法》的规定，威迪公司其中1项专利为获奖专利，由市政府对其进行统一投保，按其实际保费全额补贴；其余3项非获奖专利按首年购买专利保险实际支出保费的60%给予补贴。政府补贴部分保费由人保公司垫付，即威迪公司实际支付360元保费。

（1）理赔过程

2014年9月，威迪公司两项专利（管式污水微滤处理设备、氨基磺酸镍电镀废水回收利用系统以及方法）被广州一家韩国企业侵权，在准备起诉期间，威迪公司经过大量的调查取证，其后向人保公司报案提出了索赔申请。人保公司在接到报案后，立刻启动理赔程序，安排工作人员联系威迪公司相关人员，并在了解到此案威迪公司已全权委托专利事务所处理后，与该事务所经办人取得联系，发送了索赔须知，也初步做出电话解释指引，过后约见了专利事务所经办人并了解该案的具体情况，同时确定了理赔方案：本案保单所承保范围为专利执行保险保障调查费用和法律费用，威迪公司确认不索赔调查费用，仅索赔法律费用（诉讼代理费）。

（2）确定赔付金额

根据被保险人的书面索赔函、事务所专利维权委托合同和诉讼代理发票，两项专利代理诉讼费为8万元，属法律费用。

a. 根据保单约定，法律费用累计赔偿限额为4.8万元。

b. 按照"每次事故免赔额为200元或核定损失金额的5%，两者以高者为准"原则，本案适用免赔额为损失金额的5%，理算金额为8×（1−5%）= 7.6万元>法律费用累计赔偿限额4.8万元。

最后，本项目人保公司确定赔付金额为4.8万元。

3. 国内首单专利保险理赔案例❶

2013年1月，佛山市玉玄宫科技开发有限公司向人保财险公司投保专利执行保险，该公司为其2项发明专利（发明专利号为ZL200510090929.9、ZL200610036313.8）和2项外观设计专利购买专利保险，保费9600元，赔偿限额为576000元。

同年4月，该公司发现其用到以上发明的一款磁共振的电磁治疗仪的专利受到侵犯，在北京、深圳、广州等地有企业涉嫌仿造和销售其专利产品，

---

❶ 国家专利保险试点首宗理赔在禅城兑付［EB/OL］.（2014-01-16）［2022-06-10］. http://ip.people.com.cn/n/2014/0116/c136655-24134310.html.

生产、销售涉嫌侵权产品量非常大。当月22日，该公司针对12家涉嫌侵犯专利权的企业向佛山市中级人民法院提起民事诉讼请求，11月又根据专利保险合同向保险公司提出索赔申请。诉讼前，被保险人与佛山市缘华知识产权代理服务事务所签订了委托调查收集证据合同，收集证据后向佛山市中级人民法院提起诉讼，法院于2013年5月9日立案受理。经法院审理，认定以上两项专利涉及被侵权，最终该企业获得保险公司的赔偿金额为82173.10元。

这也成为国家知识产权局、中国人民财产保险股份有限公司自2012年开展专利保险试点以来的第一宗赔付。

三、南京市知识产权保险发展状况

知识产权保险起步和试点阶段。南京市知识产权保险相关工作最早始于2013年，根据国家知识产权局《关于确定第二批专利保险试点地区的通知》（国知管发〔2012〕120号），南京市被国家知识产权局确定为全国第二批专利保险试点城市。为深入实施知识产权战略，促进知识产权与金融资源有机融合，推动南京市高水平建设国家知识产权示范城市，为打造中国人才和创业创新名城提供有效支撑，南京市知识产权局印发《南京市实施专利保险试点工作的意见》（主要内容见表5-4），自此南京市知识产权保险相关工作正式展开。

表5-4 南京市实施专利保险试点工作的意见主要内容

标题	主要内容
工作目标	在3年（2013—2015年）试点期间： 1. 制定开展专利保险工作相关政策措施，建立全市专利保险的工作体系 2. 在全市知识产权示范（培育）企业、贯彻"企业知识产权管理规范"企业、承担知识产权战略推进计划企业和部分高新技术企业中分阶段、分步骤开展专利执行险的试点、推广和总结 3. 与有关研究机构合作，探索知识产权质押融资保证保险等险种研究与试点 4. 开展专利保险宣传和培训，构建全市专利保险服务体系
重点任务	1. 形成市专利保险试点工作机制 2. 开展企业专利保险调查和需求分析 3. 开展专利保险业务研究 4. 制定企业专利保险申请业务流程 5. 强化专利保险宣传和培训 6. 构建专利保险服务平台

续表

标题	主要内容
保障措施	1. 加强专利保险试点工作的组织领导 2. 加大专利保险经费投入

知识产权保险进一步深入试点示范阶段。2016年，为充分发挥知识产权投融资工作对国家创新发展的积极促进作用，国家知识产权局决定在广州市等72个地区和单位开展专利质押融资、专利保险试点示范工作。南京市入围全国首批专利保险示范城市，示范时间自2016年8月起，为期3年。

知识产权保险进一步系统化。2018年，南京市知识产权局印发《关于开展2018年度专利保险工作的通知》，进一步引导和支持企业进行专利投保，分散企业风险，降低企业专利维权成本，提升专利代理机构服务质量，调动知识产权权利人的积极性和主动性，提升产权意识，自觉运用法律武器依法维权。该通知中明确了专利保险险种、投保主体及保费补助标准、工作流程等，涉及的保险险种见表5-5。

表5-5 关于开展2018年度专利保险工作的通知中保险险种类别

保险险种	主要内容
专利执行保险	被保险人为获取被侵权证据或向相关部门提出处理请求发生的必要的、合理的调查费、公证费、交通费、住宿费、伙食补助费、律师费、仲裁费、诉讼费用或行政处理费等，保险公司负责赔偿
侵犯专利权责任保险	被保险人侵犯他人专利权的，依法应由被保险人承担的经济赔偿、被保险人提出专利无效宣告申请、提起仲裁或者诉讼所支出的必要的、合理的费用等保险公司负责赔偿
专利代理人职业责任保险	被保险人从事专利代理业务时，因过失造成委托人的经济损失，应由被保险人承担的经济赔偿、仲裁或诉讼费用以及其他必要的、合理的费用等保险公司负责承担
专利质押融资保证保险	在保险期间内，投保人未能按约定履行还款义务时，保险公司对投保人应偿还的贷款本金和相应的利息承担赔偿责任
境外展会专利纠纷法律费用保险	在保险期间内，被保险人在保险单载明的境外展会参展过程中，因境外第三方主张参展展品侵犯其专利权而发送警告信，或请求海关、专利行政主管部门或司法部门采取强制措施，包括但不限于没收参展展品、颁发临时禁令、提起专利侵权诉讼等，被保险人为应对上述专利侵权纠纷而支出的律师费、诉讼费等相关法律费用，保险人按照保险合同约定负责赔偿

续表

保险险种	主要内容
知识产权海外侵权责任保险	保险期间内,因被保险人、受偿方实际或预期从事保险单载明产品的制造(包括制造流程)、使用、保管、进口、销售或许诺销售、持有、许可、分销或提供过程中,非因故意侵犯第三方知识产权而在承保区域内直接引起的(一)在保险期间内首次针对被保险人提起的知识产权侵权诉讼或(二)被保险人在保险期间内首次知晓的且在保险期间内告知保险人的相关潜在诉讼,依法应由被保险人承担的经济赔偿责任及相关法律费用,保险人按照本保险合同约定负责赔偿
专利许可信用保险	被保险人在保险期间内按许可合同约定,在向被许可人交付专利产品或提供专利技术用于进行制造、使用、许诺销售、销售该专利产品后,由于下列原因引起的被保险人专利许可使用费的直接损失,保险人按照本保险合同的约定负责赔偿:(一)被许可人破产;(二)被许可人拖欠专利许可使用费
专利被侵权损失保险	在保险期间或保险合同约定的追溯期内,第三方未经被保险人许可,实施本保险单列明的专利,导致被保险人的经济损失,被保险人在保险期间内向保险人索赔的,保险人按照本保险合同约定负责赔偿

知识产权保险进一步规模化。2021年,南京市市场监督管理局印发《南京市实施专利转化专项计划工作方案(2021—2023)》中鼓励开展各类知识产权混合质押和保险;在《南京市"十四五"知识产权发展规划》知识产权金融创新计划中,要求促进知识产权保险业健康发展。加大对社会资本创办知识产权保险服务项目的支持力度,健全知识产权保险市场,增加知识产权保险险种。引导保险机构开发知识产权保险新品种,实现知识产权保险的全产业覆盖;积极探索风险投资在知识产权领域的落实,促进知识产权服务业高端化发展;《知识产权支撑产业高质量发展行动计划(2021—2023年)》中要求综合运用知识产权质押融资、证券化、保险等金融手段,提高知识产权金融创新的推动力。

四、南京江北新区知识产权保险展望

南京市知识产权保险工作已从探索阶段步入正轨,知识产权保险将会更加系统化、规范化、合理化。南京江北新区作为南京市唯一的国家级新区,自批复以来,在中央和地方知识产权规划的指引下,在南京市相关知识产权保险政策指引和规划下,积极投入新区的知识产权保险发展中,不断研究和探寻因地制宜的路径。未来,知识产权保险规模化发展将为南京江北新区知识产权高质量发展和企业科技创新成长提供强有力的保障。为促进知识产权

保险在南京江北新区高质量发展，保护企业创新成果，助力企业平稳健康发展，结合当地发展状况、政策规划、专家学者研究等相关内容，建议在知识产权保险生态体系建设方面可进行以下部署：

一是建立健全知识产权保险生态体系。健全以政府为主导、由保险企业承办、以专业中介机构为纽带、金融科技积极融入的知识产权保险生态体系。在生态体系内，由政府出台指导意见，建立知识产权保险生态规范；保险公司提供专业的融资增信、保险保障及风险管理服务；专业中介机构着力建设知识产权数据库，发挥保险和科技双特长，打通保险公司的供给和金融科技企业的需求；金融科技企业根据自身所处领域和发展阶段明确知识产权保险需求。

二是制定出台知识产权保险专项制度。知识产权保险是极具正外部性的保险产品，在服务科技创新和科技成果转化过程中具有重要作用。但是，用市场化手段建立知识产权保险制度的难度较大，出台知识产权申报保险制度和知识产权再保险制度，通过适度的强制性，将知识产权保险嵌入知识产权产生的各个环节，有利于推动知识产权保险加速推广，为金融科技企业创新发展保驾护航。

三是优化完善知识产权保险专属政策。目前国内知识产权保险的发展仍然十分缓慢，很大程度上与我国知识产权数据有限、风险大、知识产权保险供给不足有关。后续监管机构仍需进一步出台知识产权保险专属政策，简化审批程序，鼓励保险公司创新开展知识产权保险业务。同时，也要进一步加强对知识产权保险的支持力度，对购买知识产权保险的金融科技企业给予一定的政策补贴，对开展知识产权保险业务的保险公司给予适当的税收减免。推动保险公司和金融科技企业的合作，促进知识产权保险发展。政府部门对专利保险的财政支持还可以通过政策规定投保专利保险的企业或者专利给予一定的信用背书，如：当该企业用投保专利进行质押融资的时候，银行可以给予优先考虑权，或者给予一定的优惠政策；或在投保专利进行许可转让、交易等运营活动的过程中给予一定的信用背书或优惠❶。

四是创新开发知识产权保险产品。在当前车险市场综合改革深入推进的背景下，财产保险公司有必要大力发展非车险业务，优化产品和业务结构体系。随着国家科技强国战略的推进，知识产权保险业务具有巨大的发展潜力。鼓励保险公司参考美国、英国保险同业的实践，创新开发知识产权声明保险、

---

❶ 戚功琼. 我国专利保险市场化运作模式研究［D］. 重庆：重庆理工大学，2018：38.

非授权泄密保险等产品,不断丰富知识产权保险产品体系,挖掘高质量发展的新增长点。

五是培养发展知识产权保险专业中介机构。知识产权保险是专业性极强的保险产品之一。知识产权生产过程中有大量的风险点,开展知识产权保险需要有科技和保险的双重专业性。但是,金融科技企业和保险公司往往都只在本领域有专业积累,特别是保险公司的人力配备制约了其对知识产权领域的深挖程度,在开展知识产权保险业务时面临较大的道德风险和逆向选择问题。鼓励金融科技和保险行业共同组建专业的知识产权及科技风险评估公司和信息技术公司,由风险评估公司出具专业的知识产权评估报告,由信息技术公司提供知识产权领域的底层数据及分析支持。最终,发挥知识产权保险专业中介机构的优势和特长,实现知识产权保险和金融科技行业的双螺旋式发展。❶

---

❶ 万鹏. 中美科技对峙下的深圳特区金融科技发展启示——中国知识产权保险发展展望[C]//浙江保险论文汇编2021. 2021.

第六章 南京江北新区知识产权金融未来展望

第一节 国内外知识产权金融发展现状

一、美英日韩——多层次金融市场催化知识产权价值实现

1. 美国

通过多主体、多层次的金融市场形成对中小企业的金融支持体系，同时设立专注于科技企业的银行。具体包括：

（1）全国性小企业信用担保体系（SBA）

SBA 是美国独立的联邦政府机构，成立于 1953 年，目前在全美有 2000 多个分支机构，向小企业提供资金支持，是美国财政预算的重要组成部分。每年财政预算中，中小企业信用担保基金约 2 亿美元，具体方式为政府通过小企业投资公司（SBIC）向企业提供担保，刺激商业银行发放贷款提供资金支持，随后企业偿还贷款。并不是所有的商业银行都能够发放由 SBIC 担保的贷款，商业银行首先应取得小企业管理局的许可。中小企业评级的高低会直接影响商业银行分支机构的建立以及收购兼并等业务的开展，对商业银行发展有着至关重要的影响。SBA 服务对象为有一定经营历史和盈利能力的小企业，除提供少数的直接贷款（约占 1%）外，SBA 主要以提供担保的方式助力小企业融资，对出口生产企业、国际贸易企业以及中小企业的减少污染计划提供的贷款担保比例高达总投资的 90%。SBA 与贷款人建立了风险共担机制，通过对企业实行风险约束、规范制度管理、规范担保业务操作流程等方式分散和规避风险。此外，SBA 还面向中小企业提供技术援助、紧急救助等服务。

（2）区域性专业信用担保体系

加州出口信用担保体系，目的在于帮助加州小企业扩大出口，加州出口信用担保体系由政府出资，采取与协作银行合作形式，分担银行面向小企业发放贷款的风险。

（3）多层次资本市场体系

美国资本市场体系的重要组成主体包括证券交易所、另类交易系统、经纪自营商等。美国交易所交易市场不仅服务大型企业，也为少量杰出小企业服务。美国的纳斯达克市场已成立四十余年，是专为中小企业和高科技企业提供融资服务的资本市场；另类交易系统（ATS）是指交易所以外联网集中交易的市场，ATS 是小企业挂牌交易的重要场所，如 Second Market 股权交易平台等。而纳斯达克小型市场、小额股票挂牌系统、粉红单市场等是专门为中小企业提供融资服务的柜台市场，财务指标要求比较低，大量没有盈利的企业可以在此上市。

（4）风险投资公司

美国风险投资公司包括官方的、民间的。1957 年，美国国会通过《中小企业投资法》，20 世纪 80 年代后，美国政府出台《小企业投资促进法》，其有限合伙的形式、资金来源的广泛、退出途径的多元化促进了民间资本积极进入风投领域。目前，全美有近 600~700 家风险投资公司。据统计，2021 年美国风险投资交易总额达到 3300 亿美元，融资总额首次突破 1000 亿美元，达到 1283 亿美元，均创新了历史纪录❶。

（5）商业银行贷款

随着大型企业直接融资渠道的不断拓宽，美国许多城市的商业银行都纷纷设立专门的机构，为中小企业提供短期贷款。例如，在美国银行业名列前茅的富国银行（Wells Fargo）就根据其零售银行的定位，依托在全美众多的营业网点开办社区银行，利用强大的信息系统和全面的信用评分体系开展中小企业业务。

---

❶ 解密美国风险投资市场［EB/OL］.（2022-01-20）［2022-05-22］. https://baijiahao.baidu.com/s?id=1722478950815947521&wfr=spider&for=pc.

(6) 为中小企业服务的民间金融机构

美国有信用合作社、储蓄贷款以及金融公司等多种形式的民间金融机构，这些机构的存在大大缓解了美国中小高新技术企业的贷款难问题。例如，早在 1934 年，美国国会通过了《联邦信用社法》，信用社得以蓬勃发展，目前美国信用社共有会员 8900 万人，约占美国人口的 1/3，以个人或企业入股方式成立的信用合作社向其成员提供一定数量的贷款。

(7) 中小企业信用保险公司

美国是全世界率先建立信用保险公司的国家之一。1908 年，美国建立了中小企业信用担保保险协会（SAA），已经成为和财产保险与人寿保险同在的业务领域。

(8) 专注于科技企业的银行

1983 年，硅谷银行成立，作为全球最成功的科技银行，硅谷银行在支持科技创新方面走出了一条成功之路。银行把自己的目标市场定在那些新创的、发展速度较快、被其他银行认为风险太大而不愿提供融资服务的中小企业身上，成立之初主要为硅谷的创新型高科技企业及风险投资提供金融服务。目前，硅谷银行已与全球数百家风险投资基金及私募股权投资基金建立了紧密联系，为之提供银行融资服务，银行借助风险投资基金严密的管理进行客户甄别，发现具有增长潜力的项目，评估所面临的风险和回报。[1]

2. 英国

政府以资金担保、种子投资、养老基金投资等方式，对中小企业融资提供顶层保障措施，市场化资本作为补充。具体包括：

(1) 企业融资担保计划（EFG）

EFG 目的是帮助缺乏有形抵押品的中小企业的债务融资问题，克服放款人和企业之间的信息不对称难题。EFG 可用于支持 1000 英镑至 100 万英镑之间的贷款、透支和发票融资等业务。在该担保计划中，英国政府针对每一笔面向中小企业的贷款提供 75% 的政府担保，并指派了汇丰银行等大型商业银行、其他金融机构等提供此项服务。

(2) 企业投资计划（EIS）和种子企业投资计划（SEIS）

EIS 是英国政府的一项税收优惠方案，向被政府认定的合格公司进行股权投资的投资者提供一系列税收优惠，具体包括：所得税减免、资本利得税递

---

[1] 施晓春. 美国中小金融机构科技金融实践研究 [J]. 黑龙江科学, 2018 (6): 34-35.

延、资本利得税免税、损失减税等。天使投资公司可以使用 EIS 来获得对投资年度或前一年的所得税减免。此外，还引入了 SEIS，为每年向合格种子公司投资高达 10 万英镑的天使提供更高的所得税减免率（提高至 50%）。以上两项计划使得投资人可以较为放心地对知识产权丰富但处于早期发展阶段的企业进行投资。

（3）设立多项投资基金

一是企业资本基金（ECFs）。ECFs 是商业基金，旨在汇集私人和公共资金，以支持具有高增长潜力的企业。该项目由 Capital for Enterprise 管理，旨在通过为私人投资提供担保，每年投资 2~3 个新基金。二是创新投资基金（IIF）。IIF 以两种基金运作——爱马仕环境创新基金和欧洲投资基金的英国未来技术基金。IIF 成立于 2009 年，旨在支持创新业务，主要是数字技术、生命科学、清洁技术和先进制造业等战略重要领域，这些领域都具有丰富的知识产权。此外，还包括企业增长基金、Aspire 基金等，用于支持各类中小企业发展。

（4）知识产权商业化工具

2013 年，英国知识产权局开发了一些基本培训工具，称为 IP for Business，为小企业及其顾问提供对知识产权的基本理解，提供了识别潜在资产、确定何时需要专家建议以及开始制定最大化其知识产权价值的战略所需的基本知识。工具包括 IP Equip、IP Equip App、IP Health Check、IP Master Class 等。

（5）银行定期贷款与透支便利

绝大多数企业通过银行获得融资。银行融资具体包括：银行定期贷款、透支便利（为解决公司资金需求而在核定额度内允许其活期账户透支的一种融资服务）。

（6）各类基金提供的贷款

设立各类基金为中小企业提供贷款。创意英格兰商业贷款基金（Creative England Business Loan Fund）旨在刺激创意和数码中小企业的业务增长和发展，可为单个项目提供 6 万英镑到 15 万英镑的担保贷款。启动贷款（Start-up Loans）是一项政策资助的计划，为 18~30 岁的英国申请人提供贷款和辅导支持（由于他们缺乏业绩记录或资产，通常无法获得传统的融资方式），平均贷款额为 4500 英镑，偿还期限为 12~60 个月。

（7）养老基金

在英国，养老基金可以用来投资多个领域，包括向企业提供贷款，知识产权也被成功地用于帮助中小企业获得更多资金。目前有两种类型用于商业融资，分别是小型自治方案（SSAS）和自助投资个人养老金（SIPP）。其中SSAS具有更大的灵活性，包括向企业提供贷款。最常用于养老金的融资方式是售后回租机制，即养老基金从企业购买一项或多项知识产权资产，再以商定的固定期限回租给企业以换取支付流，或者（在SSAS情况下）养老基金将向使用知识产权作担保的企业提供贷款。

(8) 众筹

众筹是指通过互联网向大众筹集资金的各种方式。它是高度技术驱动的，利用互联网向广大受众传达寻求资金的信息，通常是通过在网站上建立他们的项目、计划或公司的小型招股说明书。在英国，由金融行为监管局（FCA）监管的众筹平台包括 Crowdcube、Seedrs 和 Abundance 等。❶

3. 日本

依托政府及银行主导的金融市场，通过政策性金融机构、信用补全制度、科技金融体系及政策引导投资等措施满足中小企业融资需求。

(1) 政策性金融机构

日本政府为满足中小企业的融资需求建立了国民生活金融公库、中小企业金融公库、商共合作社中央公库等政策性金融机构，这三个政策性金融机构的主要功能是为中小企业发展提供低息融资服务，但又各有侧重。国民生活金融公库主要提供小额周转资金贷款，服务对象是规模较小的中小企业。中小企业金融公库支持规模较大的中小企业，为其提供长期低息贷款。政府和中小企业协会共同出资组成商共合作社中央公库，该公库对团体所属成员提供贴现票据、无担保贷款等服务。这些政策性金融机构在一定程度上改善了科技型中小企业融资难问题。

(2) 信用补全制度

日本的直接融资市场不如间接融资市场发达，结合本国银行主导的科技金融市场的特点，日本建立了具有本国特色的信用补全制度。信用补全制度构成的信用担保体系包括两级担保，一是担保与保险相结合，二是中央与地方共担风险。担保与保险相结合是指信用补全制度包括信用保证协会制度和中小企业信用保险制度，信用保证协会在中小企业向金融机构借款时为其提供担保服务，此即信用保证协会制度；中小企业信用保险制度是指信用保证

---

❶ 陈君竹. 英国中小企业知识产权融资机制研究［J］. 中国发明与专利, 2019, 16 (3): 33-35.

协会在为中小企业提供担保时，会和中小企业保险公库签订合同，当中小企业无法还贷时，信用保证协会可根据合同向中小企业信用保险金库索赔保险金。政府和地方共担风险是指政府会根据情况补偿信用保证协会的最终损失。日本的信用补全制度被誉为最完善的信用担保体系，在间接融资市场发达而直接融资市场不发达的不平衡金融市场中实现了较好的政策效果，其担保规模在1999年年末就已远远超过美国，较好地解决了科技型企业融资问题，有效促进了科技型中小企业的发展。

（3）银行主导的科技金融体系

日本间接融资市场发达，形成了银行主导的科技金融体系。为使银行更好地为科技型企业融资服务，日本对银行融资体系进行改革创新，一是取消有关金融机构禁止对公司进行持股的规定，允许金融机构对公司进行持股；二是对融资工具进行创新，规定银行可出售公司贷款的应收账款，允许非银行机构将某些资产证券化后出售；三是改革融资制度，以知识产权担保的方式长期资助缺乏传统抵押担保物的科技型中小企业。日本以银行为中心的科技金融体系，使银行和企业形成长期稳定的关系，形成了对企业的有效监管，有助于解决融资过程中信息不对称的问题。

（4）政府深度参与风险投资

日本风险投资市场的资金主要来自政府和金融机构。1951年，日本成立专门负责向风险企业提供低息贷款的风险企业开发银行，并逐渐发展形成以银行等金融机构为主体的风险投资业，政府则在其中起主导作用。日本风险投资退出渠道远不如美国畅通，因此风险投资公司资金多投向企业创业后期。在证券交易方面，日本目前有五家证券交易所，各家证券交易所都设立了创业板。❶

（5）其他支持性政策

日本政府层将总额为400亿~500亿日元的创业投资资金通过中小企业事业团向全国47个都道府县的创业投资财团提供为期10年的无息融资。利用中小企业金融公库、国民金融公库为中小风险企业提供优惠贷款，通过中小企业信用保险公库为中小企业提供贷款担保，由科技厅下设的新技术开发事业团提供无息贷款（规定成功者偿还，失败者不偿还），对开发新产品、采用新技术的开发型中小企业，提供相当于研究经费2/3的低息贷款等。此外，日本政府下设中小企业厅，各级地方行政区域设有中小企业局、中小企业创

---

❶ 文杰. 美国和日本科技金融发展经验及启示［J］. 财经界，2018（31）：71-72.

业综合支援中心和中小企业科,主要任务是为中小企业和投资企业提供专业的创业咨询服务,包括专家咨询、经营管理讲座、创业指导和各类创业信息论坛等,为科技型中小企业与风险投资搭建信息平台。❶

4. 韩国

韩国中小企业的金融扶持体系由两个部分构成:一是韩国各大国有或私营的商业性银行;二是政府部门专设的中小企业金融服务机构。从发展历程的角度,韩国中小企业金融服务机构已经经历了数十年的实践与探索,从法律主体的角度,上述机构类似于我国的"事业单位",因此"政策性"和"非营利性"也是上述机构的主要特点。其优势在于:一方面,确保政府相关政策能够得到有效的落实;另一方面,明确服务职能,避免在具体业务环节出现过分追求经济效益的问题。

韩国政府提供直接融资和间接融资支持科技创新型企业发展。一方面,政府设立的金融服务机构可以直接向中小企业(特别是科技型中小企业)提供贷款,此举类似于我国的直接贷款模式。另一方面,政府设立的金融服务机构通过向以银行为代表的金融机构提供资金、担保等方式,降低金融机构向中小企业提供贷款的风险,推动金融机构的资金流向中小企业,此举类似于我国的间接贷款模式。

以韩国信用保证基金(Korea Credit Guarantee Fund, KODIT)为例,系依据"韩国信用保证基金法案"成立于1976年6月1日的公共金融机构。其主要工作在于,通过金融手段帮助缺少实物抵押的中小企业获得资金支持。其目标是,通过为缺少有形资产抵押的中小型企业(SMEs)提供债务担保,以实现国民经济的平衡发展。主要资本金来源是政府、金融机构和企业。根据相关法案的规定,韩国所有银行都必须按照一定比例向KODIT提供资金(捐款)。

韩国信用担保基金会联盟(Korea Federation of Credit Guarantee Foundations, KFCGF)的核心工作在于通过再担保服务,支持16个地方性信用担保基金会为中小企业发展向银行提供担保。相关业务有助于稳定这些地方性基金会的储备金并维持足够的财力。由于其主要业务范围集中于地方性信用担保基金,因此,被认为是地方政府层面针对中小企业提供金融服务的代表性机构。

2013年,韩国国家知识产权局联合韩国产业银行、KODIT和韩国中小企业银行共同启动了面向SMEs的知识产权贷款业务。

---

❶ 金珊珊,雷鸣. 日本科技创新金融支持体系的发展模式及启示 [J]. 长春大学学报(社会科学版),2013,23(9):1098-1101.

在政府层面，为了鼓励中小科技型企业积极通过知识产权进行融资，韩国国家知识产权局的工作机制是：首先，通过政策和指导意见等方式，将知识产权价值评估或是专利技术评估等工作，列入 KOTEC 和 KODIT 等金融服务机构的担保业务流程之中。通过上述机构系统化的知识产权（目前主要是专利技术）评估机制、专业化的评估人才队伍、定制化的评估模型以及职业化的评估团队，对企业用以申请贷款的技术方案进行价值评估。简言之，在政府主管部门和金融服务机构的共同推动下，专业化、系统化的知识产权价值评估实际上成为中小科技型企业通过技术或知识产权进行融资的前置程序。其次，为了保证 KOTEC 和 KODIT 等金融服务机构知识产权评估业务的水平和质量，以及相关业务的可持续性，企业需要承担知识产权价值评估的费用。研究报告显示，以专利为例，每一项专利的评估费用约为 2 万美元。但为了降低中小科技型企业申请贷款的成本，60%~80% 的知识产权价值评估费用将由政府通过韩国国家知识产权局进行补贴。有学者将韩国知识产权质押融资机制总结为以下特点：首先由政府指定哪些科技型中小企业可以接受贷款，然后这些企业到政府主导建立的技术评估中心接受知识产权价值评估，最后政府指令银行根据技术评估中心出具的评估报告，给企业发放贷款。

在金融机构方面，由于银行在知识产权金融服务中发挥着重要作用。因此知识产权金融服务体系中银行数量的增加，是韩国知识产权金融服务发展日趋成熟的标志。在 2013 年，知识产权金融服务发展初期，仅有韩国产业银行、韩国中小企业银行两家政府出资设立的国有政策性银行参与其中。韩国国民银行、新韩银行、友利银行、韩国大邱银行等多家银行均已加入知识产权金融服务体系之中，积极推出面向中小型科技企业的知识产权金融业务。初步形成了国有银行和民营银行、政策性银行和商业性银行、全国性银行和地方性银行共同参与的知识产权金融服务体系。

总体来看，韩国知识产权金融服务经历了从"政府部门+国有金融机构"发展为"政府部门+国有金融机构+民营金融机构"多类型主体参与的发展历程。在初期受到业务经验和经营风险等因素的制约，国有金融机构是知识产权金融服务的主要力量。随着业务发展的日趋成熟，民营金融机构逐渐参与其中，形成了政府部门指导与监管下，国有金融机构和民营金融机构共同参与的知识产权金融服务发展模式。❶

---

❶ 肖冰，刘海波，许可. 政府主导型知识产权金融服务的实践与启示——基于韩国"KOTEC"的案例研究［J］. 科学学研究，2021（1）：54-57.

二、中国——知识产权金融模式逐渐多样化

随着我国经济发展动力和模式转换，我国市场主体创新创造能力不断增强，截至2021年年底，我国国内企业拥有有效发明专利190.8万件，同比增长22.6%，高于全国平均增速5.0个百分点。其中，高新技术企业拥有有效发明专利121.3万件，占国内企业总量的63.6%❶。企业知识产权申请量和授权量高速增长。2010—2020年，企业发明专利申请量从24.34万件逐年增长到了89.89万件，增长率为254%，贡献了67%的发明专利申请量。同期企业申请人的发明专利授权量从8.98万件增长到了37.09万件，增长率为313%；企业申请人的发明专利授权率基本维持在30%~40%的水平。

要促进知识产权的形成与利用，使技术创新转化为生产力，离不开金融的支持，需要通过资本化来放大知识产权在创新驱动发展中的作用。科创企业一般具有轻资产运营、成长周期长、实现盈利慢等特征，在成长初期往往难以通过提供有形资产抵押来进行融资，对知识产权融资服务有较大的需求。然而，知识产权的特性使其融资可能存在一定程度的市场失灵现象。因此，加强政府引导至关重要。例如，德国拥有完善的联邦政府和州政府风险补偿机制和担保银行风险分担体系，当科技型企业不能清偿银行贷款时，德国联邦政府与州政府按照一定比例共同承担信贷损失额的65%，承贷商业银行与政策性担保机构按照2∶8的比例共同分担剩下35%的损失额，即商业银行仅承担总损失额的7%，担保银行仅承担总损失额的28%，有效地降低了金融机构在开展知识产权质押融资活动时所面临的风险。近年来，我国多地政府以支持设立担保机构、担保基金、风险补偿基金等方式，发挥了重要的引导作用，因地制宜形成了多层次的知识产权融资风险分担机制❷。中小企业除了可以运用知识产权向银行进行质押融资之外，也通过证券化、投资基金、信托等知识产权的新型金融形态获取融资，中小企业知识产权融资的内涵日益丰富。具体表现为：

（1）知识产权质押融资多元化发展

我国政府为了进一步扩大知识产权质押融资，在全国范围内大力推进中

---

❶ 中华人民共和国国务院新闻办公厅. 2021年知识产权工作量质齐升各项指标圆满完成［EB/OL］.（2022-01-12）［2022-03-15］. http://www.scio.gov.cn/xwfbh/xwfbh/wqfbh/47673/47698/zy47702/Document/1718808/1718808.htm.

❷ 涂永红, 刁璐. 以金融创新推动知识产权融资［J］. 投资研究, 2021, 40 (5)：155.

小企业知识产权质押融资试点工作,针对知识产权评估变现以及风险控制等难题,全国各地各自掀起了对知识产权质押融资的实践探索热潮,知识产权质押融资呈现出多元化发展趋势。银行对中小企业知识产权价值的认可度大幅提升,我国涌现出包括"银行+知识产权""银行+政府基金担保+知识产权反担保"以及"银行+科技担保公司+知识产权反担保"等在内的多种知识产权质押融资新模式。

(2) 知识产权融资租赁在多地试点成功

与传统融资租赁合同的标的物有所不同,知识产权融资租赁直接将知识产权作为标的物运用于融资租赁合同中,这种全新业务模式在我国仍处于试点阶段。知识产权融资租赁相关的规章制度和交易机制尚未健全是阻碍我国知识产权融资发展的首要问题。但在试点过程中,也取得了不菲成绩。例如,北京市文化科技融资租赁有限公司针对当前国内文化企业融资难的痛点,在文化融资租赁服务方面进行了持续创新,以企业的著作权、商标权、专利权等无形资产为租赁标的物开展了无形资产融资租赁业务。

(3) 知识产权融资从质押开始走向证券化

为了推进我国知识产权金融的快速发展、持续创新,我国政府逐步放开对知识产权证券化的约束,但是由于在实际操作过程中缺乏完善的法规、政策支撑,已有法规、政策缺乏可操作性;国内有关知识产权证券化的监管机制、风险防范机制也还没有建立起来,这些因素造成当前我国知识产权证券化发展速度缓慢,直到近几年才取得突破性进展。在中央对海南进行知识产权证券化的有益探索予以鼓励支持的背景下,"文科一期 ABS"(即"第一创业文科租赁一期资产支持专项计划")作为我国知识产权由质押走向证券化的标志,作为我国知识产权证券化诞生的第一个标准产品,于 2018 年 12 月 14 日在深交所成功获批;仅仅相隔七天之后,上交所也批准发行了"奇艺世纪知识产权金融资产支持专项计划",知识产权成为基础资产债券交易的新型标的物,并且"奇艺世纪知识产权供应链 ABS"获得评价机构的 AAA 级信用评级。

由此可见,近年来,知识产权融资在国内的发展经历了从无到有、从有到多的巨变,取得了令人瞩目的佳绩,为我国中小企业的发展、我国经济的发展做出了巨大贡献。❶

根据国家知识产权局的统计,2021 年全国专利商标质押融资金额达到

---

❶ 王爽. 我国中小企业知识产权融资研究 [D]. 杭州:浙江大学,2019:3-7.

3098亿元，融资项目达1.7万项，惠及企业1.5万家，同比增长均为42%，其中1000万元以下的普惠性贷款惠及企业1.1万家，占惠企总数的71.8%，充分显示了知识产权质押融资服务中小微企业的普惠特点。然而，2019年，经济日报社创业企业调查（第二期）显示，资金是创业者面临的最主要制约因素，46.1%的创业者认为"资金约束"是创业时面临的最主要困难。获得知识产权质押融资的创业企业较少，仅为406家，占比为10.15%，且企业所获知识产权质押融资金额普遍偏小，融资金额在100万元以下的企业占比达62.15%。根据中国人民银行数据，2021年中国专利与商标质押融资总额仅占全年境内非金融企（事）业单位本外币贷款余额（122.68万亿元）的0.25%，占全年社会融资规模增量（31.36万亿元）的0.99%。知识产权融资规模占比小，与高新技术企业、科创型中小企业日益增长的融资需求尚存在一定程度的不匹配。❶

三、地方省市——积极创新实践知识产权质押融资及证券化业务

1. 北京

（1）知识产权质押融资方面

2021年7月，北京银保监局、北京市知识产权局、北京市科委、中关村管委会联合印发《关于进一步做好知识产权质押融资相关工作的通知》（以下简称《通知》）。《通知》根据中国银保监会、国家知识产权局关于推动知识产权质押融资的有关要求，结合北京地区特色支持政策和优势，引导银行提升知识产权质押融资服务能力，发挥科技金融专营组织机构和贷款服务中心作用，推动业务发展。《通知》在以下三方面进行了探索创新：

一是在全国首创"白名单"双向推送机制。由北京市知识产权局等向银行推送知识产权领域表现较为突出的"白名单"企业，同时银行也可将申请知识产权质押融资的企业名单提交至北京市知识产权局，由其开展专业评估并反馈信息，从而有效解决知识产权评估难题，帮助银行精准高效地开展银企对接。

二是率先在北京地区明确倡导性指标要求。要求各银行在风险可控的前提下，力争实现知识产权质押融资年累放贷款金额逐年合理增长；已开展知识产权质押融资业务的，力争实现年累放贷款金额较上年增速不低于20%。

---

❶ 涂永红，刁璐. 以金融创新推动知识产权融资［J］. 投资研究，2021，40（5）：151.

三是积极发挥科技金融专营组织机构和贷款服务中心的作用。鼓励科技金融专营组织机构积极探索通过单列信贷计划、优化不良率考核、专项激励等方式，有效推动知识产权质押融资业务发展。特别对于已入驻贷款服务中心的银行，要求其充分运用中心数据优势、流程优势，积极开发创新产品和服务；探索通过中心实现贷款申请、知识产权评估、质押登记、担保等协同"一站式"办理。

同时，支持北京市知识产权质押融资中心建设，提供全链条知识产权质押融资服务。专利和商标质押登记窗口已于2021年2月9日对外开放。截至2022年2月10日，已办理专利权质押登记11项，涉及专利28件，质押金额1.0295亿元。办理的11项专利权质押登记均在1个工作日办结，方便申请人向银行申请放款。

（2）知识产权证券化方面

北京2021年持续开展知识产权证券化试点工作。在北京知识产权交易中心平台开设数字版权交易网上登记窗口，北京知识产权交易中心挂牌成立以来，围绕登记、交易、专业、金融四大功能定位开展服务。2021年4月28日，"中技所—中关村担保—长江—1—10期知识产权资产支持专项计划"在深交所成功获批，总规模10亿元，这是北京市首单专利许可知识产权资产证券化项目。目前，首支专利许可知识产权证券化产品第一期专项计划基础资产已封包，15家海淀区高新技术企业持有的58件专利入池，合计融资超3亿元。其中包括5家节能环保企业、7家新一代信息技术企业、2家医药健康企业和1家现代农业企业，积极助力北京地区绿色低碳产业发展，实现"双碳"目标；同时支持数字经济、医药和现代农业等"高精尖"产业加快创新发展。

2. 上海

（1）知识产权质押融资方面

2021年，上海市专利商标质押融资登记金额为76.34亿元，较2020年全年增长98.75%。2021年9月，上海出台《关于进一步加强本市知识产权金融工作的指导意见》，明确支持金融资本带动知识产权价值实现，助力解决科技创新型中小企业融资难题。该指导意见共有16条，其中推动知识产权金融服务能级提升方面，包括鼓励商业银行对企业的专利权、商标专用权、著作权等无形资产开展组合授信，有效提升企业复合型价值，扩大融资额度；支持商业银行建立符合科技创新型中小企业知识产权质押融资特点的信贷审批制度和利率定价机制等。

2022年2月，上海市知识产权局、中国人民银行上海分行、上海银保监局、市地方金融监管局联合发布了《2021年上海知识产权质押融资工作十大典型案例》，十大典型案例包括：上海银行首创"专利许可收益权质押融资"新模式；上海农商银行"地理标志"质押赋能乡村振兴；杭州银行上海分行用著名商标质押创新民企融资新模式；兴业银行上海分行打造知识产权质押融资"一站式"服务链；中国工商银行上海市分行用科创企业评级授信模型助力知识产权金融；交通银行上海市分行深化"专利+商标"混合质押融资模式；中国银行上海市分行开展知识产权融资专线便捷服务；上海浦东科技融资担保有限公司用科技担保为知识产权质押注入活力；太平洋安信农业保险股份有限公司银保联动助推知识产权质押融资；上海漕河泾新兴技术开发区构建服务银企的知识产权生态圈。

其中，"专利许可收益权质押融资"模式的首单业务受益者是上海一家环保科技公司，该公司拥有有效专利83件、发明专利19件。上海银行经过尽调走访，基于这家公司要为一家环保设备公司提供专利许可的交易背景，决定在知识产权质押融资的基础上，基于真实交易背景采用"专利许可收益权质押融资"模式，即环保科技公司将这项交易的未来收款权质押给上海银行，以此获得流动资金补充。于是，银行对这笔应收款进行质押登记，并将对应的入账账号一同做借方限制，对专利许可费的用途严格监管，逐笔审核客户方资金动账。交易双方在国家知识产权局完成专利许可交易备案登记后，陆续完成专利许可费融资业务，按授信方案将融资款项发放到指定收款账户。这种模式旨在找到银行传统信贷风控原则与难以估值的无形资产之间的平衡点，为拥有自主知识产权的企业提供稳定的现金流。如调整服务边界，"专利许可收益权质押融资"对商标许可、版权许可同样具有普适性和推广价值。❶

（2）知识产权证券化方面

2020年9月8日，浦东科创1期、2期知识产权资产支持证券挂牌仪式在上海证券大厦举行。由浦东科创集团作为发起人的知识产权资产支持专项计划已顺利发行2期，合计发行金额1.05亿元，涉及102个已授权专利、共支持17家中小型高新技术企业获得低成本融资。浦东科创知识产权资产支持专项计划是国内首个专利知识产权储架ABS（资产证券化）项目，在上海证券交易所完成储架、分期发行。其中，1期项目是国内首单知识产权暨疫情防控

---

❶ 上观新闻网. 全国首创！上海企业凭借专利许可"收益权"获银行贷款[EB/OL]. (2022-02-16) [2022-03-15]. https://www.shobserver.com/staticsg/res/html/web/newsDetail.html?id=452719&sid=67.

ABS，于 2020 年 3 月 4 日发行；2 期项目于 2020 年 8 月 14 日发行。该知识产权证券化项目以上海浦创龙科融资租赁有限公司作为原始权益人，将分散的知识产权打包融资；以上海浦东科技融资担保有限公司作为资产服务机构，专注服务中小科技企业；以差额支付承诺人上海浦东科创集团有限公司的信用作为支撑，实现了强信用的跨主体转移。

3. 广东

（1）知识产权质押融资方面

2021 年，广东省专利质押金额 404 亿元，商标质押融资 38.5 亿元，较 2020 年均有较大幅的增长。在优化政策上，广东省积极完善知识产权质押融资的扶持政策和风险补偿机制来降低中小微企业的融资成本，力求实现三个覆盖，一是让所有的知识产权门类都能够通过知识产权质押融资的机制来获得融资，二是各种类型的市场主体全覆盖，三是全省各地市实现全覆盖，目前已建立覆盖全省的知识产权质押融资风险补偿基金，各市都建立了相关机制。

同时，广东省推动银行知识产权质押融资登记便利化，不断缩短中小微企业获得资金时间。广东省市场监管局联合广东银保监局向银保监会、国家知识产权局成功申报知识产权质押登记线上办理试点，从而简化银行办理知识产权质押登记流程。推进专利商标权质权登记申请、变更申请、期限延长申请、注销申请、登记证补发申请等业务实现便利化，大力推广专利权质押登记电子化业务办理。广州代办处、广州商标审协中心创新开展知识产权质押融资一窗通办、商标质押融资"电话预约指导+电子材料预审+邮寄材料审核"等便民举措，切实让企业和群众办事"少跑""不跑"。❶

（2）知识产权证券化方面

在知识产权证券化方面，广东省积极推动知识产权证券化试点，帮助中小微企业可以在证券市场上直接获得融资。2019 年 9 月发行全国首支纯专利资产证券化产品"兴业圆融—广州开发区专利许可资产支持计划"，帮助 11 家中小企业实现融资 3.01 亿元。2021 年 11 月，纯商标知识产权证券化产品"长城嘉信—国君—广州开发区科学城知识产权商标许可资产支持专项计划"正式发行，总发行规模为 2.89 亿元，其中优先 A 档规模为 1.88 亿元，票面利率为 4.3%；优先 B 档规模为 0.87 亿元，票面利率为 4.9%。此次项目的底

---

❶ 广东举行《2021 年广东省知识产权保护状况》白皮书新闻发布会［EB/OL］.（2022-04-26）［2022-06-24］. http://www.scio.gov.cn/xwfbh/gssxwfbh/xwfbh/guangdong/Document/1723852/1723852.htm.

层资产包括12家企业的58个商标，涵盖了新一代信息技术、智能制造、新能源环保等战略性产业，商标总价值高达3.9亿元。截至2021年年底，全省已累计获批超过30支知识产权证券化产品，已获批发行的知识产权证券化产品入池均为民营科技实体经济企业，有效解决了科技企业抵押物不多、融资增信方式不足等融资难题。

4. 浙江

（1）知识产权质押融资方面

近年来，浙江结合数字化改革畅通知识产权资本化渠道，发挥创业投资对技术要素价值发现的先导作用，为科技创新提供全生命周期的科技金融服务。2021年前11个月，全省知识产权质押金额963.5亿元，其中专利质押融资719.8亿元，均居全国第一❶。

基于前期"总对总"抵押登记线上办理系统"网上查、网上办"的良好经验，浙江银保监局探索知识产权质押登记线上办理的可行性，于2020年11月获国家知识产权局、银保监会同意浙江银行业金融机构知识产权质押登记线上办理试点，首期实行国家知识产权局专用账户模式，后续根据国家专利事务系统升级改造进度稳步推进接口直连在线办理模式。一是选定首批试点银行。联合组织发动，选择前期知识产权质押融资业务办理情况较好、参与试点意愿强烈的39家银行机构作为首批试点并协调开通专用账户。二是印发专项机制方案。会同浙江省市场监管局、宁波银保监局系统谋划，联合印发试点工作方案，部署首批试点银行业务培训工作，强化机构服务意识，确保试点平稳运行。三是上线金融综合服务平台专区。推动浙江省金融综合服务平台"银行线上办理知识产权质押登记试点"专区上线运行，打通国家知识产权局专利事务系统连接，质押登记实现实时线上办理和T+1出证，银行和贷款客户"一次也不用跑"。

其他措施包括：杭州高新区（滨江）推行"创新积分贷"，将科技企业创新能力以创新积分的模式进行量化，量化体系中将科技企业的知识产权保有量作为重要考核因素之一，让科技企业的创新软实力真正转化为银行信贷支持；加强知识产权质押融资数字化改革，密切与省市场监管局等知识产权管理部门、版权管理部门联动，建立知识产权金融协同工作机制，谋划推动浙江省金融综合服务平台与知识产权综合服务平台搭建对接，加强信息数据

---

❶ 中国科技网．数字化点燃科技创新"引擎"激发浙江成果评价改革动力［EB/OL］．（2022-02-15）［2022-03-15］．http://www.stdaily.com/kjrb/kjrbbm/202202/1ca62e59c6074f7a9b46ded79892852d.shtml.

共享；要求辖内银行机构调整风险容忍度，建立健全内部尽职免责机制等。❶

(2) 知识产权证券化方面

浙江省首单知识产权证券化产品在深圳证券交易所完成首期发行。该项目由杭州未来科技城管委会牵头设计实施，省、市、区知识产权局等有关部门共同指导。项目储架发行额度为10亿元，首期发行金额为1.1亿元，发行票面利率3.9%，期限为1年。此次发行的知识产权证券化项目，是对企业持有的知识产权进行价值评估后再质押以构建底层资产，通过风险隔离、信用增进、信用评级等方式对债券产品进行设计并发行，再由证券机构在资本市场上出售以实现融资的过程。项目入池的基础资产基于杭州未来科技城区域内12家高新技术企业共计195件授权专利，涵盖人工智能、高端装备制造、生物医药等多个产业领域，其中发明专利63件，实用新型专利132件，评估价值共计1.445亿元。此次发行的知识产权证券化产品的票面利率比普通知识产权质押贷款利率低40%左右，预计累计为企业节约融资成本300余万元，每家企业的融资额度可达千万元以上。❷

5. 安徽

(1) 知识产权质押融资方面

"十三五"时期，安徽省发明专利授权量逐年稳步增长，累计发明专利授权量达7.58万件，万人发明专利拥有量从2015年的4.28件增长到2020年的15.4件，全国位次由第12位进入前8强。知识产权的转化运用也迎来新突破。2018—2020年，全省共办理专利权、商标权质押贷款3571件，融资总额达315.21亿元，为307家企业发放知识产权质押贷款补贴共计5897万元。合肥市入选国家第四批知识产权运营服务体系建设重点城市。安徽省为积极促进知识产权转化运用，出台《"十三五"安徽省知识产权保护和运用规划》，积极发展知识产权质押融资，建立知识产权质押融资市场化风险补偿机制，取得了积极的效果。2020年，安徽省专利、商标质押融资总额占全国总规模的4.63%。❸

---

❶ 中国银行保险监督管理委员会浙江建管局网站. 浙江五大举措推进知识产权质押融资试点工作"落地开花"[EB/OL]. (2021-08-17) [2022-03-15]. http://www.cbirc.gov.cn/branch/zhejiang/view/pages/common/ItemDetail.html?docId=1002329&itemId=1170&generaltype=0.

❷ 浙江省首单知识产权证券化项目落地余杭 [EB/OL]. (2022-01-04) [2022-03-15]. https://baijiahao.baidu.com/s?id=1720988038446806564&wfr=spider&for=pc.

❸ 王勇，祁伟，任媛媛. 安徽省知识产权金融现状分析及对策建议 [J]. 安徽科技，2021 (4)：13-14.

（2）知识产权证券化方面

合肥市 2020 年获批国家知识产权运营服务体系建设重点城市，中央财政资金支持合肥 1.5 亿元资金用于重点城市建设。市政府研究下发了《合肥市知识产权运营服务体系建设实施方案（2020—2023 年）》，明确探索知识产权证券化项目。2020 年以来，合肥市市场监管局（市知识产权局）经过反复调研论证，确定联合合肥兴泰金融控股（集团）等国有企业共同发行首单知识产权证券化产品。2021 年 11 月 3 日，合肥市首单知识产权证券化产品"合肥兴泰—国元证券—科技创新企业知识产权第 1 期资产支持专项计划"（以下简称"合肥兴泰知识产权 ABS01"）正式在深圳证券交易所挂牌。"合肥兴泰知识产权 ABS01"是"合肥兴泰—国元证券—科技创新企业知识产权第 1—5 期资产支持专项计划"中第 1 期，发行利率 3.95%，首期选取中盐红四方、合锻智能、城市云等 10 家合肥优质企业，作为底层专利客户，底层知识产权资产纳入 87 项授权专利，包括 33 件发明专利、54 件实用新型专利，通过专利权许可方式，形成预期收益现金流，为企业提供 100 万~4900 万元不等的融资款项，首单产品共帮助企业融资 1.495 亿元。该资产支持专项计划储架规模为 10 亿元，信用评级 AAA，共 5 期，每期产品最长可至 3 年。❶

第二节　南京江北新区知识产权金融展望：优化运营环境

一、完善政府引导机制

南京江北新区自批复成立以来，高度重视知识产权工作，在各级知识产权部门的关心和指导下，始终坚持"改革先行"发展理念，积极探路知识产权制度创新最前沿。通过顶层规划及政策引导，全面推进知识产权创造、保护、运用、服务相关工作，初步建立起了自己的知识产权金融服务体系，政府、创新主体、金融机构、知识产权服务机构等主体在其中协同联动，形成聚力，共同推动知识产权金融创新实践工作。具体包括：政策引导方面，先后出台《知识产权强区建设三年培育计划》《知识产权专项资金管理办法》《加强知识产权保护体系建设的若干意见》以及《知识产权金融发展专项政

---

❶ 安徽省市场监督管理局（知识产权局）官网. 合肥市首单知识产权证券化产品在深交所挂牌 [EB/OL]. (2021-11-10) [2022-03-15]. http://amr.ah.gov.cn/xwdt/dszc/146195621.html.

策》等系列文件，围绕知识产权创造、运用、保护、服务等方面，加大支持力度。严格保护方面，建立了跨部门协同机制，形成了集司法、行政、仲裁、调解于一体的知识产权保护链条。建设了国际知识产权和涉外法律服务平台等一批专业支撑平台。2021年，位于南京江北新区辖区内的南京市知识产权保护中心获批国家海外知识产权纠纷应对指导中心南京分中心，进一步赋能新区企业"走出去"。转化运用方面，规划建设南京国际知识产权金融创新中心，打造了"我的麦田"知识产权公共服务平台，引进了全国首个知识产权证券化专业平台、首个知识产权资产数字化平台，探索推出多领域、系列化知识产权证券化产品，促进创新主体知识产权价值更好地溢出和实现。服务生态方面，引入国家工商总局南京商标受理窗口、南京专利代办处江北工作站等国家级平台，整合商标、专利等服务职能，打造知识产权综合业务服务窗口。引进集聚知识产权相关服务机构。打造线上服务超市，整合百家中介服务资源，形成一站式服务平台。氛围营造方面，开设企业知识产权案例大讲堂，通过实际案例提升企业知识产权保护意识。每年利用"4·26"知识产权宣传周、南京创新周、紫金知识产权国际峰会等重大节点，在省市知识产权局及相关部门的支持下，联合举办各类重大活动，营造尊重知识产权良好氛围。

鉴于现阶段国内的知识产权金融主要是由政府及银行起主导作用，南京江北新区可以更多地借鉴日本及韩国的一些成熟经验，充分发挥现阶段间接融资市场的政策性优势。具体包括：第一，建立区域性政策性金融机构，为小微企业提供小额周转资金贷款，为规模较大的中小企业提供长期低息贷款等；第二，完善信用补全制度，担保与保险相结合，中央与地方共担风险。

此外，在现有工作基础上，南京江北新区后续可在南京国际知识产权金融创新中心及服务集聚区建设，数字服务、监管沙盒等技术应用，产业知识产权投资机构及基金合作，知识产权金融业务模式创新以及产业标准专利池建设运营等方面进一步强化政策导向，优化创新环境，汇聚创新要素，进一步完善知识产权服务体系建设。

二、发挥南京国际知识产权金融创新中心枢纽作用

为贯彻国家知识产权局在《深入实施国家知识产权战略加快建设知识产权强国推进计划》中有关"大力发展知识产权金融服务业"的要求，南京江北新区建设性地提出了打造"一中心、两平台、三核心"的发展战略。其中，

一中心，即打造国家级知识产权金融创新试验区；两平台，即打造知识产权金融服务物理集聚区和知识产权金融互联网公共服务平台，实现线上线下平台一体发展；三核心，即构建知识产权金融大数据研究院、价值评估体系和风险缓释体系。

南京国际知识产权金融创新中心的建设，能够进一步激活知识产权价值链条，解决科技型中小企业融资难题，推动实体经济投融资发展和创新创业高质量发展。未来针对一中心的运营，需要坚持市场化、可持续性、共赢性三项原则。第一，是政策扶持下的市场化原则。知识产权金融作为改革开放以来的新生事物，政府的大力支持不可或缺。但知识产权和金融的融合是一个市场行为，必须坚持市场化导向原则。政策扶持引导需要符合市场规律，要逐渐从行政性操作为主向市场化操作为主转变。第二，是商业运营下的可持续性原则。金融的一个重要的核心是商业性，而不是政策性，必须在商业可持续的基础上，提供更好的服务。第三，是协同配合下的共赢性原则。在市场机制下，要想促进知识产权融资的发展，必须要让参与知识产权融资的各方获得一定物质利益或者精神奖励等外部因素的驱动，这就需要建立知识产权拥有者（出质人）、担保机构、评估机构、交易机构等中间机构，商业银行、保险公司、证券公司、投资基金等金融机构"共赢"的市场机制。

在开展知识产权金融业务中，参与方较多，各参与方或相关方都有自己的政策规定、操作规范和业务流程，缺乏统一的协调机构，利益的分配和风险的分担较难达到平衡，可以通过政府主管部门设立专业的知识产权金融公司，将知识产权评估、交易、法律咨询和调查、担保、处置等环节有机地结合起来，减少成员的利益博弈分配环节，提高知识产权金融参与方的合作效率。在政府支持下，知识产权金融公司位于知识产权金融中心的关键节点，通过知识产权金融中心，可以多种方式实现知识产权的融资。另一方面，知识产权金融业务要依托知识产权金融服务平台实现，平台是面向小微企业的金融服务门户，引领企业知识产权融资的平台化、标准化和产品化。❶南京江北新区"我的麦田"知识产权公共服务平台"基于大数据知识产权评价的智能风控产品"成功入围人民银行金融科技监管试点项目。在相关工作基础上，通过不断创新，南京江北新区可以努力打造出更加具有专业性、针对性、可操作性、有效性并有推广示范作用的科技小微企业融资服务平台。

---

❶ 马杨. 建设知识产权金融创新中心［J］. 中国金融，2020（17）：94-95.

三、持续建设优化知识产权金融服务集聚区

作为知识产权金融创新工作的重要线下载体，自集聚区规划建设以来，南京江北新区先后引进江苏新结构经济学知识产权研究院、南京知识律师事务所等多家知识产权服务机构，以知识产权大厦为主阵地，加快省级知识产权服务业集聚区建设，集聚超过60家知识产权服务机构，同时南京江北新区海外知识产权维权联盟成员单位不断扩容，逐步建立起涵盖知识产权代理服务、维权援助、信息利用、战略分析、复审诉讼、商业运营、技术交易、知识产权评估、知识产权培训等业态的知识产权服务网络，形成物理集聚和功能集聚的叠加优势。2022年以来，南京江北新区在抓好疫情防控工作的同时，创新优化招商引资方式，实现"云端"谈项目、招商"不断线"。2022年4月14日，南京江北新区招商推进暨项目签约仪式在扬子江国际会议中心举行，当天，现场签约项目共计29个，总投资额380.8亿元❶。知识产权金融服务集聚区作为南京江北新区知识产权金融体系的重要组成部分，目前已形成一定的工作基础，为了更好地把握长三角一体化战略机遇，持续加强服务集聚区建设，建议后续可以从以下几方面着重推进集聚区建设工作：

一是聚焦产业特点，打造主导产业的知识产权联盟。聚焦特色产业和重点企业发展，挖掘知识产权服务业的需求，围绕芯片、医药等重点产业和企业需求，组织供求对接，促进不同企业之间的优势互补，有效整合知识产权服务业上中下游的资源，形成知识产权服务主体和创新主体的良性互动，从而为产业提供优质高效的知识产权全流程专业服务。

二是培育市场需求，完善知识产权市场导向机制。开展系统的知识产权服务市场需求调查，制作详细的知识产权服务市场报告，向企业提供全面、准确的市场需求信息，引导企业对接市场，促进市场机制发挥作用。大力培育代理、信息、法律等基础性服务需求，引导和重点发展商用化、咨询等高层次知识产权服务需求。积极推动全省重大项目决策，上市公司转型升级、并购重组业务，行业发展规划，产业联盟构建等知识产权咨询服务。

三是通过创新引领实现服务高效供给，达到引领需求端的目标。引导服务机构进行知识产权服务新产品开发，组织并开发先进的检索、分类标引、统计分析、预警分析、战略策划、管理咨询、培训等各类知识产权服务产品。

---

❶ 人民网：南京江北新区"云招商"大会举行29个项目签约总投资额380.8亿元［EB/OL］.（2022-04-14）［2022-07-31］. http://js.people.com.cn/n2/2022/0414/c360301-35223609.html.

支持有条件的知识产权服务机构建立产品研发中心，开发出适合市场和企业需要的各类知识产权服务产品，以满足快速发展的知识产权服务需求。鼓励科技企业孵化器、生产力促进中心、技术转移机构、大学科技园等机构提供知识产权服务，提升创新层次，保护创新成果，促进转化应用。鼓励知识产权服务机构为基础创新、集成创新和消化吸收再创新提供知识产权服务。鼓励知识产权服务机构为各类展会、博览会、交易会提供知识产权服务。❶

四、建设数字服务体系

2020年12月23日，国家发展改革委、中央网信办、工业和信息化部、国家能源局四部门联合出台《关于加快构建全国一体化大数据中心协同创新体系的指导意见》，明确加快构建全国一体化大数据中心协同创新体系，强化数据中心、数据资源的顶层统筹和要素流通，加快培育新业态新模式，引领我国数字经济高质量发展。到2025年，全国范围内数据中心形成布局合理、绿色集约的基础设施一体化格局。政府部门间、政企间数据壁垒进一步打破，数据资源流通活力明显增强。大数据协同应用效果凸显，全国范围内形成一批行业数据大脑、城市数据大脑，全社会算力资源、数据资源向智力资源高效转化的基本态势。

南京江北新区在知识产权数字服务方面持续探索。一方面推动全国首个知识产权资产数字化平台（IPFX平台）上线，以区块链技术为支撑，在线特色交易为主，在线公证、维权、服务、金融为辅，2021年5月入选国务院第一批全面深化服务贸易创新发展试点"最佳实践案例"。另一方面，南京江北新区"科创数金"政企银一体化数字金融服务平台于2021年6月正式上线，引进北京大学深圳研究院科技企业评价体系，联合多家银行，致力于为新区科技企业提供高额度、低利率、高效率的金融服务。此外，长三角地区第一个基于国产技术的人工智能计算中心——南京鲲鹏·昇腾人工智能计算中心也于2022年4月正式上线。该中心采用全球领先并自主研发的华为昇腾人工智能计算芯片为核心算力引擎，建设全栈自主可控人工智能计算能力，面向企业提供一站式普惠人工智能全流程服务。截至2022年4月，该中心已与100余家高校、企业和科研机构开展合作交流，涉及基础科研、智能制造、医

---

❶ 浙江省知识产权局知识产权发展处课题组. 知识产权服务业集聚区模式分析及对策建议[J]. 中国市场监管研究，2021（5）：37.

药研发等各领域；已完成50余家合作伙伴人工智能算力适配❶。南京江北新区围绕医药及芯片的产业定位，提前谋划、超前布局，与高校、科研院所、企业共建数字经济产业发展新生态，建议后续可以从以下几方面着重推进数字服务体系建设工作：

一是加快推动公共数据的开放与共享。加快实现面向新区的公共数据建设，实现共享大数据资源的目标，加强公共数据对外开放度，包括产业、税务、统计、专利等，进一步提升公共数据再利用水平；发展专利技术创新辅助支持模式，谋划专利技术布局，构建大数据专利新机制。推动政府部门带头利用大数据技术，提升社会服务与政府治理能力，同时强化企事业单位应用大数据，构建开放式协同创新平台。加强科研单位、高校、企业等创新主体间的相互合作，进行各大数据专利信息库的构建，以创新驱动技术发展。在专利运营平台中，知识产权服务机构可以引进大数据技术，支持中介服务新模式及新业态，加强与专利管理部门及创新主体进行合作❷。

二是围绕芯片与医药两大重点产业，搭建数据平台，针对以下几类信息搭建数据库：①知识产权：分领域、分区域建立全球知识产权知识图谱，并联合产业内的顶尖企业、高校和研究机构，研究编制并发布基于专利知识图谱的全球产业创新指数，充分利用专利大数据分析，明晰产业创新发展方向，为创新主体寻找技术创新突破路径；②创新主体：通过对于创新主体的动态理解产业创新发展趋势，沿产业链、区域链、创新主体链合理配置创新资源，同时为后续的质押融资、股权投资等提前储备项目，便于资本市场及相关服务机构提供与创新主体需求相适应的金融创新服务；③创新人才：通过建立产业垂直领域创新人才数据库，为政府、创新主体以及IP金融创新中心的产业及服务高端人才引进提供支撑。通过发挥不同维度的大数据信息基础支撑作用，提高科技创新效率，提升产业发展层次，推动形成若干专利竞争优势明显的产业集群。

三是鼓励金融机构建立智能风险控制体系。就智能信用风险防范而言，金融机构通过风险数据集，运用新兴技术，整合金融机构内部信息与外部数据，依托风险模型、风险监控和预警、风险计量和报告，推动实现金融机构

---

❶ 人民网：长三角首个国产技术算力中心在南京江北新区上线［EB/OL］.（2022-04-29）［2022-07-31］. http://js.people.com.cn/n2/2022/0429/c360301-35249118.html.

❷ 袁杰，郑振兴. 基于大数据背景下的专利运营创新模式研究［J］. 技术经济与管理研究，2021（3）：34.

信用风险管理防控。就智能操作风险防范而言，可运用新兴技术打造操作风险数据集和审计数据分析系统，实行自动化监控❶。第三方机构利用大数据技术可以有效提高服务效率。例如，担保机构借助数据挖掘对融资企业的实力进行全方位的评估，加大对企业资质的审查力度，对质押专利进行综合的评价，从而决定是否对融资企业进行担保❷。

五、善用监管沙盒制度

监管沙盒是指金融监管当局为金融科技创新提供一个时间和空间有限的模拟测试机制，其本质是平衡金融创新和金融监管的一种管理机制❸。该机制的优势在于为进行金融创新的金融机构和为其服务的非金融机构在一定的监管范围内提供了初期发展空间。继2019年年底中国人民银行金融科技创新监管试点工作开展两年之后，2021年11月19日，资本市场金融科技创新试点首批项目在中国证券监督管理委员会指导下在北京正式揭晓。就在此前的9月、10月之间，北京、深圳以及重庆先后宣布此前纳入金融科技创新监管试点的部分项目完成评估测试，达到"出盒"标准。在国内，监管沙盒已然告别了制度草创的旧阶段，进入常态运作的新时期。南京江北新区依托对金融科技创新成果的深度应用，可以逐步探索建立监管沙盒机制，开启监管和被监管企业沟通、互动以加快创新产品和服务面世的新模式，着重在以下几方面把握工作方向：

一是厘清风险源头以善用金融科技。金融科技若运用不当就容易引发金融风险。面对金融科技对传统金融领域的挑战，监管者可化被动为主动，在厘清风险的源头后善用金融科技。把控风险、善用金融科技是监管沙盒的意义。一方面，监管者可通过沙盒机制厘清有价值与无价值的金融科技。另一方面，需分析触发风险的原因。作为融资手段的配资业务反映了市场的需求，其实正是目前证券公司融资融券业务的诸多限制促使了场外配资的发展，所以并不是关闭相关系统后问题就可以解决了，更重要的是把握市场的需求与动态，主动以有益的金融科技便利金融服务、以监管科技把控风险。

---

❶ 薛莹，胡坚. 金融科技助推经济高质量发展：理论逻辑、实践基础与路径选择［J］. 改革，2020（3）：60-61.

❷ 夏轶群，盛广印. 大数据背景下科技型中小企业专利质押融资有效违约信用激励机制探析［J］. 金融理论与实践，2021（4）：35.

❸ 郑步高，林淼，张继行. "监管沙盒"的国际经验及我国的实践［J］. 中国经贸导刊，2021（9）：49.

二是监管政策的稳定性与可预测性。一方面，金融监管者应顺势而为、积极应对金融创新带来的挑战。对于新创企业的发展而言，其在发展之初或会遭遇不明朗的监管态度、不明确的监管依据或严格的限制条件，于前者，企业会呈现野蛮生长的状态，如P2P社交借贷作为一种新的金融尝试，在国内需如何监管无明确规定，在金融监管的机构监管分工模式下亦难以确定合适的监管者，由此得到了迅速的发展；于后者，即使金融创新受到现有法规的限制，但其仍然在另一迂回路径上前行，如我国比特币的发展以及HOMS系统的应用。所以，如果金融创新的发展是无可避免的且发展的风险是可控的，那么相关政策可以在金融新创企业发展之初即顺势而为，积极应对、把握监管的主动权由此也可避免其野蛮生长或迂回生长下对已有金融秩序的破坏。另一方面，通过监管沙盒为金融新创企业提供稳定的监管环境。已有的商业模式得以发展的条件之一是具备相对稳定的监管环境，其无所谓最好，只不过是在与金融创新博弈的情况下，相较而言具备了稳定的监管政策。而金融新创企业要发展则需改变双方博弈的条件，即监管制度环境。将金融科技与金融新创企业置于稳定的、可预测的监管环境中去检验其可行性，也是公平竞争与有益尝试的体现。如实行监理沙盒❶的地区，或通过主管者承诺或通过豁免的方式为沙盒中的测试企业提供其行为的可预见性，向其传递清晰的信息，让其可大胆地在沙盒环境内展开测试，由此亦有助于形成监管者与创新者之间良性的互动与信任，缓解政策的稳定性与回应性之间的关系。

三是明确监管的目标与定位。一方面，监管沙盒的目的是让已有的政策不会成为政策突破和创新的阻碍。就目前监管沙盒的运行来看，要求进入沙盒测试的企业需具有创新性，而该创新性又面临现行法规的限制，由此通过监管沙盒机制提供豁免的尝试。而该有益的尝试其实就是让政策突破与政策创新成为可能，基于监管沙盒的目的与功能，其不应该仅定位于金融创新，在其他的政策领域亦可有所作为。即监管者监管的目的不应仅定位于规则监管，而更应该是如何通过监管使得有益于市场的模式得以更好地发展。另一方面，监管金融创新的最终目的是完善相关监管政策、促金融创新发展。对于金融新创企业而言，参与沙盒测试并不是其最终的目的，通过沙盒测试使其金融创新产品或服务具备市场化的可能才是根本，而这依赖于监管政策的适时调度。在监管沙盒中，主管机关与新创企业会一起商讨测试的具体策略，在实验结束后会要求参加测试的企业提交测试报告供主管机关审查。监管沙

---

❶ 监理沙盒设计属于功能型监管模式。

盒的存在可以通过检讨的方式去除阻遏发展的政策、完善已有的规范，进而使得真正有价值的金融创新能产生普惠金融的效益。❶

第三节　南京江北新区知识产权金融展望：创新业务模式

一、设立并有效运用知识产权基金

知识产权基金是将知识产权与资本相结合，共同推动重点产业升级、服务经济社会创新发展、支撑创新型国家建设的重要手段。自改革开放以来，我国的人口红利得到充分释放，相应的以劳动密集型为主的产业结构逐渐形成。知识产权基金不仅推动了科技成果的转化，也促进了传统产业的结构调整优化，完善包括知识产权基金在内的知识产权运用和服务体系有助于提高自主知识产权的质量和价值。由于股权融资通常具有资金使用期限长、无短期付息压力以及可为被投企业引入股东战略资源等优点，在美国多层次资本市场中，风险投资基金为科技型中小微企业早期的融资发挥了关键作用。英国、日本及韩国也存在大型机构或政府联合多方设立的投资基金，作为政府支持体系的重要补充。发展知识产权基金有利于撬动引导更多社会资本投入科技创新中。建议后续可以从以下几方面着重开展知识产权基金工作：

一是提前引入金融机构和资金管理业务。譬如与金融机构合作设立母基金，再和地方企业（如融资平台、知识产权运营中心等）合资成立项目公司或子基金，负责知识产权基金的具体投资和运营。这种方式有助于提前将金融机构以及金融机构的服务引入，使得知识产权基金在资金、服务上都较之成立后再寻找金融机构的支持更具确定性和稳定性，也有助于后期的再募资。

二是运用组织形式的设计加强对知识产权基金的收益保障和风险防范。当前知识产权基金的运作并不成熟，且涉及的知识产权较之其他金融标的风险更大，政府引导的知识产权基金，可以采取有限合伙制的组织形式。不仅可以根据具体情况灵活设置和运营，也在一定程度上为基金的各类投资者提供风险隔离墙。就采用母子基金形式的知识产权基金，建议明确资金的三层

---

❶ 蔡元庆，黄海燕. 监管沙盒：兼容金融科技与金融监管的长效机制［J］. 科技与法律，2017（1）：10-12.

构建：银行、保险等低成本的金融资金构成优先层，承担最少风险；政府资金构成劣后层；中间层是吸引到的社会资金等夹层资金，基于优先层的杠杆提高收益。

三是加强各知识产权基金之间的联系与协调。目前各知识产权运营基金联系很少，基本是在各地区独立发展。但基金、投资主体、业务等可以跨地区拓展，加之知识产权管理本身风险高专业性强，这种分地区设立的状况会造成部分运营资源的浪费，应加强各基金间的联系和协调。例如，基金管理机构之间加强联合，积极牵头联合大型科研机构和国内领头企业共同推动知识产权交易和互换平台的发展，促进专利池等知识产权资源的整合。❶

四是引导其他社会资本股权投资。考虑到基因及芯片两大产业普遍存在研发周期长、难度大的特点，融资需求通常较大且期限较长，仅依靠现有的知识产权质押融资难以充分满足其融资需求。在现有知识产权质押贷款服务基础上，进一步引导带动创投基金、风险投资等市场化投资机构的长期股权资本投入。

二、鼓励知识产权信托业务

国务院知识产权战略实施工作部际联席会议办公室印发的《2019年深入实施国家知识产权战略加快建设知识产权强国推进计划》指出，加强知识产权综合运用，鼓励信托公司综合运用股权、债权、投贷联动、产业基金、知识产权信托等方式开展知识产权投融资业务。鼓励融资担保公司开发适合知识产权的信用担保产品，加大对小微企业知识产权融资的支持力度。知识产权信托业务目前多通过资产证券化模式开展。

截至2022年上半年，南京江北新区已先后成功发行江北扬子1期知识产权资产支持专项计划以及"江北科投—绿色担保灵雀知识产权1—5期资产支持专项计划"。后者是南京江北新区发起的全国首单灵雀知识产权证券化项目的第一单，创新性地将特定信托模式应用于知识产权证券化产品中。知识产权证券化产品的创新为南京江北新区探索知识产权信托产品奠定了良好的工作基础。建议后续可以从以下几方面着重开展知识产权信托工作：

一是在配套政策上，通过建立更加优化的配套设施提升外部激励水平。如在以下方面加大加强支持力度：首先，加快制定有关知识产权的法律法规，使知识产权信托发展有章可循，保持良性发展态势。其次，解决知识产权在

---

❶ 郑鲁英. 知识产权基金的中国实践及其发展应对[J]. 财政金融, 2021, 41(4): 5.

信托过程中的登记问题,这是知识产权信托发展面临的重要法律障碍。再次,在发展知识产权信托方面给予税收优惠,如按照导管原则,委托人向受托人转移知识产权时可不征收相关税费;在知识产权使用、运用的收入环节给予增值税、所得税等税收优惠。最后,给予信托公司发展知识产权信托的优惠政策,如针对发展知识产权的信托公司给予监管评级加分、降低知识产权信托风险资本系数等。

二是在业务能力上,支持信托人才队伍建设。现阶段信托公司直接参与知识产权管理经验较少,未来发展知识产权信托需要全面提升业务能力。具体措施包括:第一,提高知识产权评估、管理、运用等方面的专业能力,强化知识产权信托的设计和创新能力,逐步形成知识产权信托发展的可行路径和战略布局策略;第二,针对知识产权业务特点建设专业流程和风控政策,注重知识产权价值评估,强化风险管控能力;第三,加强与高校、科研院所合作,选拔培育兼具信托知识和知识产权专长的复合型人才,强化人才基础,组建专业团队,实现知识产权信托业务的专业化发展。❶

三、建设运营产业标准专利池

南京江北新区以国际健康城、南京生物医药谷等专业载体为重点,努力打造生命健康千亿级产业集群。新区生命健康相关产业链涵盖医药研发、生物制药、诊断试剂、基因检测、医疗器械、医药销售、健康服务等上下游环节,生命健康全产业链初步形成❷。计划到2025年,集聚基因及生命健康类企业超1200家,基因及生命健康产业呈现高端化、创新化、集群化发展,产业收入突破3000亿元。

标准专利池的建设运营对于产业发展起到重要的保障作用。专利池本质上是一种集中管理专利的模式,有利于消除专利实施中的授权障碍,利于专利技术的推广应用;减少专利纠纷,降低诉讼成本;降低交易经营成本,增加企业专利使用许可费收入;促进企业自主研发与技术创新,开拓国际市场,保护国内市场❸。建议后续可以从以下几方面着重引导产业标准专利池建设运

---

❶ 袁吉伟,李淼,吕静,等. 科技兴国战略下的知识产权信托创新发展[J]. 当代金融家,2020(12):123.

❷ 南京江北新区:"双区叠加"+"两城一中心"打造国际创新策源地[EB/OL]. (2019-09-27)[2022-03-15]. http://njna.nanjing.gov.cn/xwzx/xqyw/201909/t20190927_1666933.html.

❸ 李岩,陈燕,孙全亮. 构建我国企业专利池的策略及运作模式研究[J]. 知识产权,2013(10):83-83.

营工作：

一是互兼容互操作产业技术领域更适合构建专利池。交叉互融和紧密衔接的产业技术决定了产业内企业之间相互竞争和合作的关系，鼓励互兼容互操作产业技术领域构建专利池可以协调企业之间的竞合关系，专利池有利于吸收重要的专利技术、吸纳产业内优秀的企业、突破产业技术瓶颈，促进产业技术创新；同时，专利池的构建促进了技术标准的形成，激发企业技术创新活力，保障了创新成果的质量。但专利池"搭便车"现象会在一定程度上阻碍企业技术创新，因此为避免此类现象，对专利池技术标准的把控一定要尤为严格；此外，制定并选择适合专利池成员的分配方式，可作为对专利池研究的重点❶。

二是强化战略新兴产业标准与专利双重布局。我国正处于建设创新型国家的关键时期，加快培育和发展战略性新兴产业是重中之重。就具体举措来讲，应鼓励企业建立专利联盟，完善标准体系和市场准入制度，加快建立有利于战略性新兴产业发展的行业标准和重要产品技术标准体系，优化市场准入的审批管理程序。尤其要完善国际标准化活动特别是战略性新兴产业领域国际标准动态跟踪研究机制，充分发挥企业、科研机构和行业协会的作用，全面跟踪研究其他国家相关的标准研究动态，尽早介入、重点参与战略性新兴领域国际标准制修订，及时反映区域产业（企业）的意见和要求。在战略性新兴产业领域进行标准与专利的双重布局，鼓励标准与专利的交叉、融合、协同。

三是形成附着于"产业链+集群"的企业标准与专利竞争格局。发达国家标准化战略中最突出的特点是强调了企业在战略实施中的主体地位，强调要推动以企业为主的利益相关方积极参与国际标准竞争。在国际竞争中，企业既代表企业利益，也代表产业利益，更代表国家利益，要突出企业在标准化战略实施过程中所起的作用，为其搭建走向国际的平台。除了加大宣传力度，从政策和机制上，支持、鼓励和引导企业积极参与国际标准化活动，支持和鼓励有研发能力的企业参与并承担相关国际标准的制修订任务外，最关键的是要积极培育和发展企业联盟标准。首先要在法律制度上确认这种企业联合制定标准的形式，赋予其相应的法律地位，引导企业吸纳更多有研发能力的科研机构、高

---

❶ 方曦，梁天娇，尤宇，等. 专利池对池内企业技术创新全过程影响机制：系统动力学方法[J]. 科技管理研究，2021（22）：207-209.

等学校等联合起来制定标准,推动专利技术的标准化和国际化❶。

> 【专题访谈】

数字金融赋能知识产权金融创新发展

陈 莹

南京大学工程管理学院教授,南京大学金融科技研究与发展中心执行主任,南京数字金融产业研究院有限公司执行院长,江苏省资本市场研究会副秘书长。

"十四五"规划纲要提出推进产业数字化转型,推动数据赋能全产业链协同转型,深入推进服务业数字化转型。通过科技赋能,数字金融相较于传统金融机构缩短了业务流程及资金融通中的链条,降低了整体交易的显性经济成本,同时提高了信息的使用效率,能够进一步提高知识产权转化效率。知识产权金融体系建设,要全面推动实体企业、投资机构、服务机构、服务平台等主体共同发展。

1. 科技赋能,数字金融助力知识产权快速高效转化

分析师: 近年来,我国知识产权金融从无到有,从小到大,取得了显著的成效,投资基金、融资租赁、信托等新型知识产权金融产品也不断涌现,内涵不断丰富。但是,必须清醒地看到,当前的知识产权金融存在着供给不足、难以支撑创新型供给体系的资金需求等问题。您认为,在知识产权金融业务实践过程中有哪些难点?南京数字金融产业研究院成立以来,围绕数字金融服务开展了哪些创新实践?

陈莹: 目前知识产权金融发展过程中存在的问题包括知识产权金融服务风险防控难、知识产权评估机制不完善、知识产权质押标的处置难等。其中,在处置环节,知识产权金融业务出现风险之后质押标的难以处置的主要原因包括两方面:一方面是交易拍卖难,我国知识产权交易市场还不成熟,知识

---

❶ 董玉鹏. 基于协同创新的高技术产业知识产权联盟组织与行为模式研究 [J]. 人大法律评论, 2018 (2): 272-273.

产权的处置拍卖极难达成交易，且转让程序复杂；另一方面是知识产权授权许可难，知识产权应用并不具备普适性，授权许可需要找到同行业或者同领域企业进行合作，在原实施企业未能良好运作的情况下，新的实施企业面临着很大的挑战。围绕上述问题，我认为可以建立并完善事前引导、事中协同推进、事后风险补偿的知识产权融资运营机制，搭建服务平台，通过创新区块链、大数据和人工智能技术应用，形成知识产权金融数字化链条，拓宽中小企业融资渠道的同时，通过科技赋能，提高金融需求响应速度，建立实时风控。

南京数字金融产业研究院在实践中做了不少有突破性、借鉴性和前瞻性的工作。例如，南京数字金融产业研究院作为中心和基地的运营机构，首创国家级数字金融基础设施——扬子江数字金融平台；首提数字资产概念并形成系统的资产数字化编码方案；首创示范项目引领机制，全球招募4批56个项目，其中4个入选央行与国家六部委联合开展的金融科技应用试点项目；设立首支区块链基金，孵化项目30多个；落地全球首个金融科技代表处，与国际中立性技术标准机构W3C联合制定数字资产国际标准；协助示范项目摘取全球首张数字银行牌照，贡献"一带一路"创新成果；唯一系统性深度参与证监会区域性股权市场区块链试点的方案设计与建设工作并在5个试点省份中率先与中央监管链联通；举办国内首个数字金融大会；描绘长江之舟数字化综合管控与数字金融服务新探索，成功申报南京首个央行"监管沙盒"。我这里有一组数据，截至2022年4月，平台已接入24大类139个维度的数据源，开发100余个数字精算、交叉验证与风控模型；完成数字资产登记233笔，为近百家中小微企业提供金融服务约81亿元。可以说，南京数字金融产业研究院在盘活知识产权资产、加速知识产权价值转化等领域做了不少有益的探索和创新实践，也取得了较好的成效。

2. 模式创新，政府及金融机构合作解决中小企业融资难题

分析师：知识产权金融服务体系为创新企业发展注入金融活水，促进了创新链与产业链的精准对接与双向融合，打造了更为全面的技术创新体系。例如，以广州、深圳、香港为先行代表，粤港澳大湾区正加速构筑全链条知识产权金融服务体系，推动"无形知产"正在变为"有形资产"。那么，结合国内创新实践及成果有哪些知识产权金融服务模式可以借鉴？

陈莹：全国多地正在积极探索知识产权金融业务，北京、上海浦东、武汉已相继形成了具有地方特色的知识产权金融制度，通过健全知识产权评估机制、引入信用担保中介机构、丰富职权实现方式等形式提升知识产权金融效率。例如：

北京主要是"银行+企业专利权/商标专用权质押"模式。该模式的最大特点是政府机构并没有直接参与到知识产权质押融资的法律关系中，而仅以局外人的身份对符合知识产权质押贷款条件的科技型中小企业在知识产权质押融资方面给予贴息支持。其缺点是由于缺少专门机构作为担保人，银行在开展知识产权质押融资时为保证风险可控往往设置严格的贷款条件，贷款对象一般是处于成长期、具有一定规模且有还款能力的科技型中小企业，而尚处种子期的科技型中小企业则难以获得贷款。

再例如上海浦东，主要是"银行+政府基金担保+专利权反担保"的间接质押模式。涉及的主体包括企业、银行，以及政府机构即浦东生产力促进中心。该中心作为政府职能的延伸，直接介入科技型中小企业知识产权质押贷款业务中并承担了95%以上的风险。企业以其拥有的知识产权作为反担保质押给浦东生产力促进中心，然后由银行向企业提供贷款，各相关主管部门充当了"担保主体+评估主体+贴息支持"等多重角色，政府成为参与的主导方。其最大特点是政府机构以担保人的身份，直接参与科技型中小企业知识产权质押融资。弊端则是政府机构承担了较大风险，一旦企业无法偿还银行贷款，政府机构作为担保人必须向银行清偿债务，这无疑加大了地方财政潜在的债务危机风险。

再例如武汉，主要是"银行+科技担保公司+专利权反担保"混合模式。通过引入专业担保机构——武汉科技担保公司，在一定程度上分担了银行的风险，减轻了政府的负担。武汉市探索知识产权质押融资新模式的积极创新，尤其是引入专业担保公司，具有一定的推广价值。

需要注意的是，借鉴参考国内模式的同时，区域知识产权金融服务体系的顶层设计需要与地区特点和发展规划相结合，与地方实体产业发展需求相协调。

3. 价值先行，科技储备夯实知识产权金融服务基础

分析师：金融资本是知识产权转化的重要支撑，是促进知识产权价值实现的重要手段。我国知识产权金融支持科技创新力度的不断加大，银行在信贷、深化市场改革等方面，进行了多种知识产权金融模式创新，有效为科创企业赋能。南京江北新区在发展知识产权金融过程中，可以进一步探索实践的前沿方向有哪些？

陈莹：我认为，围绕知识产权金融，可以在以下几方面进行进一步探索：

一是建设一个具有新区特色的科技成果转化服务平台，并做成可复制可推广的模式；加快建设新区知识产权金融数字实验室，解决知识产权质押融资中的堵点、痛点和难点问题，提高知识产权金融便利度；鼓励商业银行在新区设立科技支行，支持开展知识产权质押融资。

二是推动新区一批高质量科技成果，尤其是职务科技成果和高价值专利，进场培育孵化，快速资本化和产业化，储备一批优质上市资源。

三是推动形成知识产权ABS的优质底层资产，创新知识产权ABS产品类型，并在交易所挂牌；在江北新区知识产权ABS基础上进一步加强与各类主体的合作，优化完善知识产权证券化的政策体系和具体实施方案；探索知识产权证券化实践创新。

四是聚集一批高质量的投资机构、技术转移中介机构和专业服务机构，共同打造良好市场生态。

此外，为了促进知识产权金融更好地服务于南京实体产业发展，需要加大对重点产业及企业的支持。扩大和提升新区知识产权金融发展的规模和质量，扩大科技创新企业的资金支持覆盖，制定知识产权金融支持科技企业发展的目标和措施，优化知识产权金融服务对象。同时，优化产学研多元主体协同机制。知识产权金融发展的基础是高价值知识产权，因此创造高质量的知识产权，并通过专利组合或专利池的形式进一步提高知识产权资产的价值。

【专题访谈】

以区域发展需求为导向建立区域知识产权金融服务体系

何　平

清华大学经济管理学院副院长、金融系主任，教授，宾夕法尼亚大学经济学专业毕业，经济学博士学位。

改革开放四十多年来，我国不断加快推进知识产权强国建设及强国战略谋划，知识产权金融是国家知识产权战略的重要内容。近年来，知识产权金融伴随着知识产权制度的发展演变不断发展壮大，作为我国创新发展越来越重要的市场机制，建立完善的知识产权金融的市场环境，是国家创新驱动发展的基础性和制度性需要。

1. 政策引导及产业导向的市场化发展，以区域特色的知识产权金融服务体系服务当地经济发展

分析师：我国知识产权金融在多项政策推动下已初具规模，但目前仍处在萌芽阶段，"风控难、评估难、处置难"等问题还没有得到有效解决。您认为从我国知识产权金融目前发展现状来看应如何突破？

何平：总体来说，我认为解决以上问题的前提和基础是需要夯实知识产权保护相关法律法规的健全和执行，确保创新主体知识产权的所有权和收益权得到充分的保障，不断降低乃至杜绝剽窃仿冒的存在。而解决以上问题的核心突破口在于建立健全知识产权评估体系，确保知识产权评估的公正性、专业性、科学性和一致性，克服知识产权评估过程中出现的道德风险和信息不对称问题，并在此基础之上完善知识产权的流通体系，加强企业和金融机构对知识产权金融的普及教育和专业训练。具体来说，我认为包含但不限于以下内容：第一，要重视专业化人才的培养，加大相关科研投入，形成具有中国特色的知识产权评估理论体系和应用模型，打造熟悉国内外前沿知识产权评估理论和实践的人才队伍；第二，要设立专业化、市场化的第三方知识产权评估机构，并通过知识产权评估流程的科学设计确保第三方知识产权评估机构的公正性；第三，要政府设立知识产权评估的监督机构，完善知识产权评估的监督体系，进一步确保知识产权评估的公正性；第四，要推动知识产权评估的数据建设，建立知识产权公共信息平台，建立健全相关利益主体之间的数据共享机制，丰富知识产权评估的数据来源，降低知识产权评估过程中的信息不对称问题。

分析师：新形势下，南京江北新区的经济空间协调发展的路径和逻辑正在发生深刻变化，新机制的形成需要各类主体协同推进，发挥有效市场和有为政府的双重作用，那么对要素流入活跃的新区建设而言，区域知识产权金融服务体系的顶层设计和建设过程中有哪些需要重点关注的问题，才能让新区的城市发展更有温度、更富创造力和竞争力？

何平：区域知识产权金融服务体系的设计和建设还需要以区域发展需求为导向，充分发挥地方财政的积极作用，注重区域知识产权金融服务需求的挖掘和落实，有以下若干较为重要的问题：第一，要针对区域经济发展状况、产业发展和创新的方向加强相关领域的知识产权评估和知识产权金融服务人员的人才队伍建设，形成专业的评估和金融服务团队。第二，要积极发挥财

政的引导作用，在知识产权密集和聚集的地区，设立专门支持知识产权密集型企业的区域性政策金融机构，整合区域金融资源，为企业提供全生命周期的融资支持。第三，要因地制宜解决知识产权金融服务的目标群体的核心诉求。知识产权金融服务的目标群体主要是中小企业，特别是处于初创期、成长期的科技型企业，它们的资金需求具有"短、小、频、急"等特征，而知识产权金融通常涉及主体多、流程长、手续烦琐，顶层设计和建设需要针对当地需求便利地提供服务。第四，要推动知识产权运营形成统一的认识，有效发挥市场、政府、商业银行、担保机构、保险公司、投资基金、证券公司、中介等各方的作用，集思广益，协作完成有效的产品、技术、平台和机制的开发与落地，更好地满足不同发展阶段企业的知识产权融资需求。

2. 吸收新技术发展模式，助推知识产权金融"江北模式"再升级

分析师：习近平总书记指出，新发展格局绝不是封闭的国内循环，而是开放的国内国际双循环，构建新发展格局要深入参与国际循环，更好地利用国内国际两个市场、两种资源。结合国内外的创新实践及成果，您认为国家级新区在建设发展知识产权金融体系过程中有何先进案例和模式可以借鉴？

何平：在国外，知识产权金融模式主要有美国的市场主导型模式，德国的风险分摊型模式，日本的半市场化模式，韩国的政府主导模式。其中一些值得借鉴的模式有：首先，与国内以知识产权质押贷款为主的知识产权金融模式不同，国外资本市场将知识产权作为标的融合到资本市场的多元化发展中。其中，知识产权证券化发展十分迅速，而且涵盖对象非常广泛。其次，与我国以银行为主导的模式不同，国外更多的是由专业性的非金融机构对知识产权进行估值，提高权威性和估值的可靠性。专业化团队也可以更敏感地捕捉潜在的机遇，以市场为引导开发新的知识产权金融模式和机制。目前国内已经进行了一些有益的探索，例如：中关村示范区首创纯知识产权质押融资模式、江苏省南京市在知识产权公共服务平台——"我的麦田"、浙江省"浙江知识产权在线"中搭载的线上知识产权超市、福建"知创福建"一键式公共服务平台、山东省知识产权公共服务平台、成都市基于区块链技术的知识产权融资服务平台等，通过这些平台破解"科技金融"难题。

对比国内外知识产权金融模式的发展，建议新区可以借鉴这些模式，以"政府引导+市场主导"为基调，有效引入第三方专业机构，发展贴合当地情况和需求的知识产权金融模式。同时，模式的探索创新、一站式平台和市场的搭建、专业机构的有效利用、科技金融的有效融合也可以大大提升知识产

权金融体系的效能。

分析师：国家级新区建设发展需要通过深化改革、发挥政府作用、加强创新协同，找准自己在国内大循环和国内国际双循环中的位置和比较优势，畅通生产、分配、流通、消费各环节，从上述角度来看，知识产权金融更好地服务于区域实体产业和经济的发展需要从哪些方面着力？

何平：在国家级新区建设发展过程中，可以从政府引导、风险分担、激励供给、提升市场需求侧活力、完善平台、市场和生态的搭建等方面着力，引导知识产权金融更好地服务于实体产业发展，例如：第一，要加大政府引导力度，充分发挥政策性金融作用；第二，要构建有效、合理的知识产权金融风险分担机制；第三，要鼓励银行、证券、保险、信托等机构参与知识产权金融服务，打造专业化的知识产权金融服务体系；第四，要加大宣传引导力度提升企业的知识产权创新意识和金融化意识；第五，要建立国家层面的知识产权公共信息平台，同时搭建多层次知识产权公共交易平台，整合交易资源和信息。

针对目前南京江北新区的知识产权金融的发展水平，在继续发展知识产权质押融资的基础上，南京江北新区可以积极探索新的知识产权估值方法，积极尝试知识价值信用贷款、新型知识产权金融产品与机制的设计以及智能综合服务平台的创新与搭建。同时，在数字经济以及互联网、区块链、大数据、人工智能等技术蓬勃发展的大趋势下，南京江北新区可以主动拥抱大数据、元宇宙、区块链等技术，积极探索新兴科技，尤其是区块链技术，促进在知识产权的流通、知识产权收益的管理以及知识产权金融中的应用，推动知识产权金融的智能化发展与普及。